PRÁCTICA DE LA SANACIÓN CENTRADA EN EL ALMA

Vol. I: Protocolos y Procedimientos

MANUAL DE INSTRUCCIONES

Thomas Zinser, Ed.D.

Derechos de autor 2013 por Thomas Zinser, Ed.D.

Todos los derechos reservados. Ninguna parte de esta publicación puede ser reproducida, almacenada en un sistema de recuperación, o transmitida, en cualquier forma o por cualquier medio, electrónico, mecánico, fotocopia, grabación, o de otra manera, sin el permiso previo por escrito del editor.

Libro de tapa blanda, ISBN 978-0-9834294-8-7

Publicado por
Union Street Press
2701 Union SE
Grand Rapids MI 49507

Traducido al Español por Karin Momberg

Para Aaron y Rachel

Contenidos

Prólogo...vii
Agradecimientos..xi
Introducción..xiii

Primera Parte: Protocolos de Apertura..1
   Capítulo 1   La Parte Protectora de la Mente...............................3
   Capítulo 2   Contacto con el Yo Superior....................................9
   Capítulo 3   Protocolo de Identificación....................................15
   Capítulo 4   Revisión del Yo Superior.......................................27

Segunda Parte: Protocolos Clínicos..39
   Capítulo 5   Protocolo para Estados del Ego.............................41
   Capítulo 6   Protocolo para Vidas Pasadas................................69
   Capítulo 7   Protocolo para Espíritus...77
   Capítulo 8   Cuando los Espíritus se Resisten.........................109
   Capítulo 9   La Desconexión...117
   Capítulo 10 Trabajo con Almas en la Oscuridad.....................131
   Capítulo 11 Protocolo para ET/Seres Dimensionales.............159
   Capítulo 12 Protocolo para Estado del Ego Externos............181
   Capítulo 13 Protocolo para Entidades Creadas.......................199
   Capítulo 14 Protocolos para Eliminar Dispositivos y Energías....211
   Capítulo 15 Combinando Protocolos......................................223
   Capítulo 16 Sanación Centrada en el Alma: Comentarios de Cierre......241

   Apéndice A: Inducción al Trance..249

Prólogo

Cuando leí la introducción del primer libro de Tom Zinser, *Sanación Centrada en el Alma*, vi que el viaje de descubrimiento de Tom se parecía mucho al mío. Ambos éramos psicólogos en ejercicio que utilizábamos la hipnosis clínica y los dos nos encontrábamos con casos e información que las teorías psicológicas convencionales no podían explicar y, por lo tanto, tendían a descartar.

Esta situación me parece irónica. Aunque uno pueda ser tachado de 'poco científico' por sostener puntos de vista como los que se exponen en este volumen, un verdadero científico debe aceptar las pruebas que tiene ante sus ojos, independientemente de que choquen con sus creencias preexistentes o de lo incómodo que le hagan sentir. Un psicólogo te dirá que este choque de juicios crea un estado de disonancia cognitiva, por el que dos visiones contradictorias del mundo provocan ansiedad en el individuo que intenta dar sentido al orden de las cosas. Para reducir esa ansiedad, muchas personas rechazan la nueva información y se quedan con la antigua. Ser abierto de mente no es fácil.

La verdad innegable es que muchos de los problemas clínicos que vemos con frecuencia en terapia no son tratables con terapia convencional o medicamentos. Algunas fobias, por ejemplo, pueden tratarse fácilmente con técnicas convencionales y, sin embargo, estas mismas técnicas son completamente ineficaces cuando se trata a otro paciente que sufre el mismo tipo de fobia. ¿Por qué debería ser así? Muchos clínicos simplemente se encogen de hombros, expresan su simpatía al paciente y siguen adelante. Sin embargo, dado que debe haber una razón para todo, parece que simplemente no entendemos la estructura subyacente que explica estos resultados clínicos diferentes.

No hay que subestimar el valor que supone escribir sobre estos casos y los retos clínicos que representan. Sé por experiencia propia lo difícil que es presentar puntos de vista alternativos a los colegas. Intentar transmitir a los psicólogos los beneficios terapéuticos de la hipnosis ya es bastante difícil, pero conseguir que exploren el tema del alma y la terapia 'relacionada con el alma' es aún más complicado.

Los dos libros de Tom en este campo representan un gran avance y una importante contribución para los clínicos. Son un regalo inestimable tanto para el principiante como para el profesional avanzado, y estoy inmensamente agradecido a Tom por su trabajo por varias razones.

El primero es su valentía al publicar sus hallazgos frente a cierto escepticismo e incluso hostilidad de sus compañeros. Tom conocía estos riesgos, pero no le disuadieron.

La segunda es que los libros de Tom proporcionan por fin un marco ampliado y coherente para comprender a qué nos enfrentamos realmente en el trabajo clínico profundo. Arrojan nueva luz en lo que había sido un área oscura y poco comprendida de la psique.

Por último, estoy agradecido a Tom por documentar sus métodos innovadores con extensas historias de casos. Trabajar con transcripciones de años de sesiones es un trabajo que requiere mucho tiempo y esfuerzo y Tom ha perseverado admirablemente en la tarea. Ofrece historias de casos para cada técnica presentada, ilustrando las variaciones de hacia dónde pueden ir las cosas con un paciente. Esto requiere mucha dedicación y compromiso con la enseñanza.

Después de leer el primer libro de Tom, que explicaba lo que ocurría en la psique profunda, me di cuenta de que esta nueva información podría explicar muchos de los bloqueos que había encontrado con pacientes en el pasado, bloqueos que mis técnicas normalmente eficaces no parecían poder cambiar. Me moría de ganas de ponerme manos a la obra para abordar nuevamente esos bloqueos, pero lamenté la falta de un manual de instrucciones incluido en el libro. Estaba tan cerca y tan lejos. En mi frustración, escribí a Tom para hacerle varias preguntas y entablamos una correspondencia. Tom me explicó que su segundo libro cubriría la parte práctica y sería el manual de sus técnicas. Al oír esto, me hacía mucha ilusión tenerlo en mis manos, y por fin lo tuve.

Con este segundo libro, Tom ha proporcionado una explicación detallada y sistemática de su forma de trabajar en hipnoterapia profunda, haciendo que sus métodos sean claros, fáciles de entender y, por lo tanto, accesibles a un público clínico más amplio. Después de leer sus libros, por fin entendí cómo encajan las cosas y qué tipo de enfoques serían necesarios en cada circunstancia. Antes, en cambio, iba a ciegas. Tom también ayuda a que los profesionales no pierdan mucho tiempo y recursos valiosos persiguiendo pistas falsas, entrando en callejones sin salida o abandonando prematuramente a un paciente.

Tras aplicar durante varios meses las técnicas descritas en este segundo volumen, puedo confirmar que mi forma de trabajar ha cambiado para siempre. Es probable que a ti también te ocurra lo mismo. Tienes en tus manos un libro que podría revolucionar tu forma de trabajar con clientes y aumentar tu porcentaje de éxito con los casos difíciles. Disfruta del aprendizaje y hacia dónde te llevará, ten la certeza de que ahora estás equipado para ayudar a la gente de formas que quizá ni siquiera soñabas cuando empezabas.

Buena lectura y gracias, Tom, por tu contribución.

-Félix Economakis
Psicólogo titulado, hipnoterapeuta clínico
Director de *The Heath Therapies* en Londres;
autor de *Take Charge of Your Life with NLP* y
Harden Up: Building Resilience In A Changing World.

Agradecimientos

Estoy agradecido de todos aquellos clientes que compartieron conmigo su viaje de sanación y sus historias del alma. Sin ellos no existiría la Sanación Centrada en el Alma.

Estoy agradecido de Gerod, cuya información y orientación fueron esenciales para identificar los numerosos fenómenos que encontré con mis clientes y aprender qué enfoque adoptar para resolverlos. Sin Gerod tampoco habría protocolos ni Sanación Centrada en el Alma.

Estoy agradecido de Katharine, que canalizó a Gerod, por su compromiso de ayudar a otros que podrían beneficiarse de la información y orientación de Gerod. Estoy agradecido por nuestra larga colaboración para ayudar a otros más allá de mis propios clientes. A través de su habilidad para actuar como un canal claro, Katharine jugó un papel central también en el desarrollo de la Sanación Centrada en el Alma.

Quiero dar las gracias especialmente al Dr. Alan Sanderson, de Londres, por su edición del manuscrito original. Gracias también a Felix Economakis, Michael Kivinen y Mary Kay O'Neil, que revisaron el manuscrito e hicieron varias correcciones. Este libro se lee mucho mejor gracias a su ayuda.

Por último, quiero dar las gracias a mi esposa, Jane, que me ha brindado su apoyo a mí y a este trabajo durante treinta años a pesar de sus exigencias y de los sacrificios que requería.

Introducción

Para Hipnoterapeutas

Este libro está escrito para hipnoterapeutas que deseen aprender más sobre la Sanación Centrada en el Alma (SCA) y que quieran incorporar algunos de sus métodos y técnicas a su propia práctica. Este libro asume que 1) ya practicas la hipnoterapia o estás en proceso de formación, y 2) que estás familiarizado con las técnicas hipnóticas básicas, incluyendo la señalización ideomotora. Si no está familiarizado con esta técnica, existen muchos libros y artículos que pueden enseñarte a utilizarla. La señalización ideomotora es una de las herramientas básicas de la SCA y es un requisito previo para practicar este método.

Lo poderoso de la señalización ideomotora es que rápidamente pasa por alto la mente consciente y establece una comunicación directa con niveles inconscientes. El comportamiento verbal es una actividad tan consciente que muchas personas tienen dificultades para mantener el estado de trance y también para responder verbalmente al hipnoterapeuta. Es como si el cliente fuera arrastrado de nuevo a algún nivel de conciencia para poder articularse e informar al terapeuta. Como resultado, el cliente a menudo comienza a dudar y a cuestionarse sobre si lo que está reportando es realmente información del inconsciente o si es la mente consciente la que está presentando pensamientos o imágenes. Este retroceder de la consciencia también puede activar las defensas que normalmente operan cuando una persona funciona conscientemente. Esto, a su vez, frustra el propósito mismo del trabajo en trance, que es evitar estos bloqueos y defensas.

A menos que todos tus clientes entren fácilmente en un estado de trance, necesitarás de la señalización ideomotora para evitar la influencia de la mente consciente y sus defensas. Un individuo que fácilmente entra en trance es aquel en el que esta disociación se produce rápidamente y el ego cede el control de la voz a aquellas partes que existen en niveles inconscientes. No entendemos por qué algunas personas se disocian tan fácilmente y otras no. No hay duda de que es más fácil y más cautivador trabajar con un cliente que es capaz de disociarse fácilmente en trance. Permite que el Yo Superior, los estados del ego y las entidades externas se comuniquen verbalmente sin que la mente consciente se involucre o interfiera. Sin embargo, sólo un pequeño porcentaje de mis clientes tiene esta capacidad. La mayor parte de mi trabajo con clientes se realiza a través de la señalización ideomotora.

Además de cierta experiencia con hipnosis, este libro también asume que has leído mi primer libro, *Sanación Centrada en el Alma*. Si no lo has hecho, por ahí debes empezar. Este libro es una extensión de aquél. A lo largo de este libro me referiré a la *Sanación Centrada en el Alma* y me basaré en ella. Sin embargo, a diferencia del primer libro, este se centra en la aplicación. Es un manual *práctico*. Si practicas la hipnoterapia, puedes probar por ti mismo las técnicas y métodos que aquí se presentan. Es como aprender a nadar: sólo se sabe realmente al hacerlo.

Este enfoque de la sanación surgió de mi propia práctica clínica, que se basaba en la terapia de los estados del ego. La sanación e integración de los estados del ego sigue siendo un enfoque primordial en la SCA. Estas partes del Yo, entendidas como seres conscientes, son a menudo la fuente del dolor, el conflicto o la confusión del cliente. Esto es especialmente cierto en los niveles emocional, psicológico y psíquico. Sin embargo, los estados del ego también suelen afectar al cuerpo físico. La mayoría de los estados del ego se crean durante una experiencia física y, por lo tanto, sus experiencias suelen tener un componente corporal. Identificar estas partes disociadas del Yo y llevarlas a la integración con el Yo consciente y el alma suele formar parte del proceso de sanación del cliente.

Un segundo enfoque importante en la práctica de la SCA es la intrusión o interferencia de espíritus u otros seres que no pertenecen al propio Yo/alma del cliente. El énfasis aquí está en lo que *no* forma parte del cliente. Hay muchas entidades y energías diferentes que pueden interferir con una persona en diferentes niveles de conciencia. Este tipo de intrusión y violación de una persona a niveles inconscientes también puede ser, como los estados del ego, una fuente de problemas para el cliente. Este problema no se presenta con todos los clientes, pero no es raro. Por lo tanto, identificar y limpiar a un cliente de la participación intrusiva de algún espíritu/entidad es a menudo parte del proceso de sanación.

Un tercer foco importante en el proceso de Sanación Centrada en el Alma son las vidas pasadas del cliente. Los conflictos o traumas no resueltos de vidas pasadas pueden desencadenarse en la vida presente del cliente y causar una amplia gama de síntomas o dificultades. Estos pueden abarcar desde lo físico hasta lo mental y lo espiritual. En general, podemos decir que esto es cierto para todos nosotros. A todos nos afectan de alguna manera las experiencias de vidas pasadas de nuestra alma. Sin embargo, en el caso de algunos clientes, estos conflictos de vidas pasadas son especialmente fuertes y pueden irrumpir en la vida presente.

En la Sanación Centrada en el Alma, es muy probable que el proceso de sanación de un cliente implique otras vidas. A veces es un tema importante, otras veces no. He trabajado con algunos clientes en los que los estados del ego de la vida presente eran el enfoque exclusivo y las vidas pasadas nunca surgieron. (Esto puede depender de la creencia consciente del cliente y de su actitud hacia la reencarnación). También ha ocurrido lo contrario. El trabajo interior de un cliente se ha centrado casi exclusivamente en las vidas pasadas, y los estados del ego de la vida presente nunca han salido a la luz. Sin embargo, la mayoría de las veces se pueden esperar ambas cosas.

Por último, la cuarta área en la que se suele centrar la Sanación Centrada en el Alma es la más difícil de tratar. La llamo *energética*. La SCA reconoce que existen energías sutiles y campos de energía que no pueden ser percibidos directamente por nuestros sentidos físicos. La Sanación Centrada en el Alma también reconoce que cada persona no es sólo un cuerpo físico, sino que también está compuesta por lo que las tradiciones orientales llaman *cuerpos de energía sutil*. Dentro de este marco, cada uno de estos cuerpos energéticos está regulado por un centro energético llamado chakra. Desde el chakra de la raíz, en la base de la pelvis, hasta el chakra de la coronilla, en lo alto de la cabeza, se cree que cada chakra regula un cuerpo energético. Estos niveles energéticos son mucho más extensos y complejos de lo que expongo aquí, pero el reconocimiento de los siete chakras principales es un buen punto de partida.

En la Sanación Centrada en el Alma no es raro encontrar bloqueos o daños en uno o más chakras del cliente. En ese caso, restablecer el equilibrio y el flujo de energía de un chakra se convierte en un objetivo del proceso de sanación. El bloqueo puede estar relacionado con estados del ego, espíritus, enfermedades físicas, heridas emocionales o energías y dispositivos psíquicos. El Yo Superior puede indicar que el chakra de un cliente necesita atención inmediata, o puede convertirse en un objetivo secundario al que podamos volver más tarde. Idealmente, queremos ver los chakras y cuerpos energéticos de cada cliente funcionando a un nivel saludable.

Hay otros problemas que pueden considerarse energéticos. Puede haber agujeros en el aura de una persona; puede haber depósitos de energía descritos como 'tóxicos' o 'sedimentos' emocionales que necesitan ser expulsados. No puedo predecir ni definir todas las formas que puede adoptar la energía. Sólo puedo decir que al trabajar con un cliente estoy atento a las energías y dispositivos etéricos que puedan ser una fuente de bloqueo o interferencia en el proceso de sanación del cliente. Hablaré más sobre estas energías y dispositivos más adelante en el libro. También daré ejemplos y los protocolos para tratar con ellos.

En general, los estados del ego, los espíritus/entidades intrusas, la influencia de vidas pasadas y la energía son los fenómenos que se presentan con más frecuencia en el proceso de sanación de un cliente. Uno o más de estos fenómenos son a menudo la fuente o un factor que contribuye al área problemática del cliente. Este libro presenta los métodos y protocolos utilizados en la Sanación Centrada en el Alma para trabajar y resolver estos diferentes fenómenos. Aunque no podemos predecir lo que se presentará en el proceso de sanación de una persona, yo diría que la mayoría de las veces encajará en una o más de estas categorías. Este libro trata de cómo identificar el fenómeno que se presenta y seleccionar el protocolo que ayudará a resolverlo.

Cada protocolo es una serie de pasos específicos para tratar un fenómeno concreto. Los protocolos también pueden ser bastante específicos en cuanto a qué preguntar y cuándo hacerlo. Un protocolo, por ejemplo, se utiliza para trabajar con sub-personalidades, mientras que otro se utiliza para tratar con espíritus intrusos.

Los Protocolos

La primera parte presenta tres protocolos diferentes. El primero se utiliza para establecer comunicación con la parte protectora de la mente de un cliente. Este protocolo se utiliza normalmente una sola vez con cada cliente. El segundo protocolo se utiliza para establecer comunicación con el Yo Superior del cliente y este protocolo se utilizará durante todo el proceso de sanación del cliente. El tercer protocolo es el de Identificación. También se utiliza a lo largo del proceso de sanación para identificar a alguien o algo que se presente en el trabajo de sanación.

La segunda parte presenta los protocolos clínicos. Cada protocolo es una serie de pasos diseñados para tratar un fenómeno concreto utilizando la señalización ideomotora. Una vez que se ha identificado a alguien o algo que necesita ser tratado, el terapeuta puede utilizar el protocolo diseñado para ese fenómeno en particular. Los protocolos no deben considerarse fórmulas rígidas que deban aplicarse de manera 'estereotipada'. Los protocolos funcionan como guías paso-a-paso para abordar y resolver los distintos tipos de entidades, dispositivos y energías que pueden presentarse en el transcurso del proceso de sanación. Al mismo tiempo, hay palabras, preguntas y afirmaciones específicas que utilizo a lo largo del proceso de sanación. He desarrollado este lenguaje y estas frases a lo largo del tiempo, y he descubierto que son la forma más fiable y eficaz de comunicarme con el mundo interior. Tú mismo puedes juzgarlo. Lo más importante son los objetivos de cada protocolo, no necesariamente los pasos que se dan para llegar a ellos.

Cambio de Paradigma

La idea o creencia en un Yo Superior no es nueva. Muchas religiones y tradiciones espirituales reconocen un Yo Superior. Sin embargo, recibe muchos nombres diferentes y está teñido por la cultura de la que procede. Sin embargo, el problema de nuestra cultura occidental, dominada por la ciencia empírica, es que no tenemos un marco conceptual para hablar de fenómenos como el Yo Superior. La ciencia empírica no reconoce, y mucho menos explora y estudia, fenómenos no físicos como el Yo Superior, los espíritus, los fenómenos psíquicos, las vidas pasadas, etc.

La ciencia empírica llega a un límite en este punto. No puede abordar realidades metafísicas, ni siquiera hipotéticamente, sin contradecir su supuesto más fundamental, es decir, que la materia es el fundamento de la realidad. Para plantear siquiera la posibilidad de realidades no físicas, la ciencia empírica tendría que abandonar su propio fundamento básico. Sería como humillarse a sí misma. Aceptar la existencia de realidades metafísicas exigiría un cambio de paradigma en el que *la conciencia,* y no la *materia,* fuera el fundamento de la realidad. Es un paradigma en el que la conciencia se reconoce como una fuerza en sí misma, independiente de la materia.

Lo que es cierto para la ciencia empírica también lo es para nuestra psicología moderna. Se encuentra en este mismo límite, atrapada en la misma paradoja. No puede reconocer las dimensiones psíquica y espiritual del ser sin abandonar su supuesto de que la materia -el cuerpo- es la definición final de quién es una persona.

Este libro no abordará la dicotomía entre los paradigmas empírico y metafísico. Eso está mucho más allá del alcance de este libro. En cuanto a la Sanación Centrada en el Alma, ya se ha decidido al respecto. Pertenece claramente al segundo campo. La SCA reconoce las dimensiones psíquicas y espirituales del ser. Reconoce también que existen fenómenos, condiciones, entidades y energías no físicas que pueden afectar a una persona para bien o para mal.

Creo que llegará el día en que la gente acepte comúnmente la existencia de estas otras dimensiones de la conciencia y la realidad. Creo que la ciencia, impulsada por el deseo humano de saber, llegará a estos límites y encontrará la forma de cruzarlos. También creo que el reconocimiento público de estas realidades será un elemento central en el cambio de un paradigma empírico a uno metafísico.

Mientras tanto, como sanadores y terapeutas en el mundo cotidiano, siempre estamos traspasando estos paradigmas, y tenemos que reconocer que un cliente que se adentra en este proceso de sanación muy probablemente también tendrá que traspasarlos. Muchos de mis clientes sienten que no pueden hablar de sus problemas o de su proceso de sanación cuando se trata de este tipo de fenómenos. Por eso, algunos se sienten aislados y solos. Hay otros clientes que ya se sienten bastante cómodos con las realidades metafísicas. Son clientes que han establecido algún tipo de compromiso factible en su mundo cotidiano. Saben con quién pueden o no hablar de estas cosas.

Para aquellos clientes que acaban de abrirse a estos mundos, este ajuste a un nuevo paradigma puede afectarles a muchos niveles. Desde el punto de vista psicológico y cognitivo, las suposiciones de toda la vida y las creencias más arraigadas sobre la realidad se ponen en tela de juicio y corren el riesgo de derrumbarse. Esto puede resultar confuso y, a veces, aterrador para el cliente, que intenta recalibrar e integrar esta nueva perspectiva. La apertura a estos ámbitos también puede afectar las relaciones sociales. En nuestra cultura occidental, estos fenómenos siguen estando muy estigmatizados. Hay personas -familiares, amigos y compañeros de trabajo- con las que los clientes sienten que no pueden hablar por miedo a ser rechazados, a que se les considere extraños o incluso locos. Por este motivo, cuando un cliente acaba de despertar a estos niveles, es necesario estar atentos a los efectos del cambio en él. Si el cliente tiene problemas para adaptarse a este cambio, se puede abordar en terapia.

Tampoco es infrecuente que una persona que está pasando por lo que se llama una *emergencia espiritual*, busque tratamiento. Esto es cuando las realidades metafísicas o espirituales irrumpen en la conciencia de uno y no hay manera de que la conciencia del ego de la persona comprenda lo que está sucediendo. Supongo que la mayoría de las personas pasan por una emergencia espiritual en algún momento de su vida, quizá más de una vez. También creo que muchas de éstas, si no la mayoría, son despertares dolorosos. Es natural. Para algunas personas, sin embargo, estas crisis son tan extremas que necesitan de un apoyo activo y tratamiento para ayudarles en el proceso de reintegración a un nivel diferente de conciencia. En la Sanación Centrada en el Alma, se puede trabajar con el Yo Superior para ayudar a una persona a ordenar lo que está sucediendo, determinar si hay interferencias externas implicadas y encontrar aquellas partes del Yo, de vidas pasadas o de la vida presente, que están reaccionando a los cambios que se están produciendo a nivel consciente.

¿Quién es Candidato para el Tratamiento?

Existen pocas reglas rígidas y rápidas para determinar quién es un candidato adecuado para la Sanación Centrada en el Alma. Depende de la persona, de los fenómenos o problemas implicados y del propio juicio del cliente sobre los efectos o no del proceso de sanación. En general, no trabajo con niños menores de dieciocho años. No creo que los niños y la mayoría de los adolescentes tengan todavía un ego fuerte o el desarrollo de la identidad necesarios para empezar a trabajar intensamente a niveles psíquicos y espirituales. Esto es especialmente cierto si el niño ha sufrido abusos o traumas extremos. Es probable que el proceso de sanación haga aflorar este dolor y trauma, y podría amenazar con abrumar al niño de nuevo. Una excepción a esto es cuando un tema muy específico como la intrusión de un espíritu o un recuerdo de vidas pasadas parece estar causando un problema significativo. En estos casos, trabajaré con un niño si creo que el problema concreto puede tratarse con una intervención específica y limitada.

En lo que respecta a los adultos, una persona no es un buen candidato para el tratamiento si está atrincherada en una posición de víctima. Esto no significa que una persona no haya sido *victimizada* en su vida, pero eso es diferente a ser una víctima. Por lo general, este tipo de determinación no puede hacerse antes de que la persona comience el tratamiento. He trabajado con muchas personas que llegaron al tratamiento con una fuerte mentalidad de víctima y muy pronto durante el tratamiento empezaron a cambiar su perspectiva y a salir de esta posición. Desde el punto de vista de la Sanación Centrada en el Alma, esto en sí mismo es un paso curativo. Sin embargo, si una persona no puede hacer este cambio, al menos cognitivamente, entonces eso mismo se convertirá en el foco de la terapia. A menudo, este tipo de cliente pondrá fin a la terapia antes de llegar a este punto.

No trataré a alguien que esté activamente psicótico y no tenga el apoyo social necesario para ayudarle a hacer frente a las abreacciones y defensas que puedan desencadenarse en las sesiones de tratamiento. En la psicología moderna, el término *psicosis* se refiere a una persona que sufre una ruptura cognitiva con la realidad. Se supone que esa realidad es la realidad física, tridimensional, que conocemos a través de nuestros sentidos. La psicología moderna no aborda el tema de que puede haber otras dimensiones de la realidad y la persona psicótica puede estar enredada en una o más de estas realidades.

Creo que la Sanación Centrada en el Alma puede ofrecer un tratamiento eficaz para algunas personas diagnosticadas como psicóticas. Cuando una persona cuente con el apoyo necesario, evaluaré si el tratamiento puede ser útil. Si parece prometedor, haré un seguimiento con una sesión inicial de hipnosis para evaluar la respuesta del mundo interior, especialmente en lo que respecta a la capacidad de comunicación del Yo Superior. Desde el punto de vista de la Sanación Centrada en el Alma, hay muchos fenómenos, tanto internos como externos al cliente, que pueden estar irrumpiendo en su conciencia o afectándola fuertemente.

Estas experiencias pueden ser profundamente aterradoras, confusas o ajenas a la persona consciente. Si se tratan como producto de la imaginación de la persona o como el resultado estricto de un desequilibrio bioquímico, el tratamiento se convierte en supresión y negación.

Trabajar o no con una persona que presenta síntomas psicóticos es, en última instancia, una decisión del terapeuta. Como siempre, hay muchos factores a tener en cuenta. La cuestión aquí es que algunas psicosis, si no la mayoría, implican otros niveles de realidad y conciencia que son la fuente de los síntomas psicóticos de la persona.

Terapia a Nivel Consciente

En la Sanación Centrada en el Alma, el énfasis se pone en el trabajo interior. Sin embargo, hay momentos en cada cliente que requieren terapia a nivel consciente, o lo que algunos llaman terapia de conversación. Un cliente, por ejemplo, cuyo trabajo interior está gatillando recuerdos o flashbacks de abuso, puede necesitar ayuda para tratar conscientemente lo que está saliendo a la luz. Un cliente puede estar experimentando un conflicto o una crisis en su mundo cotidiano y necesitar centrarse en ello durante la sesión de terapia o a lo largo de varias sesiones. Se trata de una práctica terapéutica habitual, por lo que no siento la necesidad de profundizar en ella. Asumo que, como terapeutas experimentados, ustedes saben cuándo un cliente necesita procesar o tratar algo a nivel consciente. Sólo quiero señalar que en la Sanación Centrada en el Alma se hace hincapié en el trabajo interior, pero el proceso va y viene entre la terapia a nivel consciente y el trabajo interior.

Sobre este Libro

Hay varias cosas que quiero advertir al lector de antemano sobre este libro. Como está dirigido a hipnoterapeutas, me he tomado la libertad de escribir el libro en tres voces. La voz predominante es en tercera persona: el clínico y científico. Presentaré y explicaré diferentes fenómenos y los métodos utilizados para tratarlos. Escribiré sobre los protocolos y procedimientos específicos utilizados en la Sanación Centrada en el Alma desde un punto de vista más objetivo.

En la segunda voz, me dirigiré directamente a ti como terapeuta practicante y colega. No presumo conocerte personalmente, pero sí que, como hipnoterapeutas, compartimos alguna experiencia, lenguaje y conocimientos comunes.

Por último, he utilizado la narración en primera persona para hablar desde mi experiencia personal sobre lo que he observado y aprendido o lo que creo acerca de estas diferentes realidades.

Espero que este cambio de una voz a otra no sea una distracción, sino que añada distintos niveles de profundidad y perspectiva a una obra difícil.

También me he tomado la libertad de incluir un gran número de ejemplos clínicos para ilustrar los diferentes protocolos para tratar distintos fenómenos. Los ejemplos se presentan en forma de transcripciones impresas del diálogo entre el terapeuta y el mundo interior del cliente. Puede resultar una lectura tediosa y exigente, a menos que se tenga un interés específico y se quiera entrar en los detalles de su funcionamiento.

Aquí es donde el libro es como un manual de instrucciones. Los diálogos que se pronuncian en treinta segundos pueden tardar varios minutos o más en leerse y comprenderse. Se reduce la velocidad y el ritmo naturales del diálogo hablado, como cuando se escucha música a una velocidad incorrecta. También hay muchas repeticiones, ya que se abordan los mismos fenómenos desde distintos puntos de vista. Para los terapeutas, espero que los ejemplos ofrezcan una comprensión de los principios en los que se basan los protocolos. De este modo, podrán utilizarlos con flexibilidad. Los ejemplos también ofrecen una redacción específica que puede utilizarse textualmente y servir de modelo para formular protocolos eficaces para sus propios clientes y situaciones específicas.

Uso de Términos

Hay varios términos que utilizo en el libro de forma particular. Quiero alertar al lector sobre ellos para evitar confusiones:

1) A efectos de este libro, los términos terapeuta y facilitador se utilizan indistintamente.
2) Los términos Luz, Dios, Alá, Divino, Fuente, Todo Lo Que Es, Creador también se utilizan indistintamente en este libro. No creo que las palabras puedan captar la realidad de lo Divino. Desde mi punto de vista, todos estos términos se refieren a un poder superior y a una conciencia que creó las almas y que está más allá de nuestra comprensión humana.
3) En los diálogos de ejemplo, utilizo los términos 'dedo del sí' y 'primer dedo' indistintamente. Ambos indican que el dedo índice del cliente se levanta. El término que utilice dependerá de la pregunta que formule o del contexto de la situación interna del cliente. También utilizo ambos términos para introducir alguna variación en mi diálogo. Lo mismo ocurre con los términos 'dedo del no' y 'segundo dedo'. Ambos se utilizan dependiendo del contexto y para añadir variación a mis preguntas y diálogo.
4) Las abreviaturas utilizadas en los diálogos de ejemplo son:
   - TE   Terapeuta
   - YS   Yo Superior
   - EE   Estado del ego
   - ES   Espíritu
   - AO   Alma oscura
   - VP   Estado del ego de una vida pasada, sin género identificado
   - VPM   Estado del ego masculino de una vida pasada
   - VPF   Estado del ego femenino de una vida pasada
   - EEE   Estado del ego externo
   - ET   Extra-terrestre

Inducción de Trance

En el Apéndice A, he incluido una transcripción de lo que considero mi inducción estándar para clientes y el establecimiento de señales ideomotoras. Cada hipnoterapeuta tiene sus métodos favoritos para inducir el trance. El que yo utilizo no tiene nada de especial. Lo incluyo para aquellos que sientan curiosidad o que puedan encontrar útiles algunos de sus elementos. Mi propia inducción incorpora diferentes elementos de otros terapeutas que he encontrado útiles, así como técnicas que he desarrollado yo mismo. Sin embargo, sea cual sea el método de inducción utilizado, el objetivo es que el Yo consciente se haga a un lado y permita la comunicación con partes del inconsciente.

Primera Parte
Protocolos de Apertura

1

La Parte Protectora de la Mente

El primer paso en la Sanación Centrada en el Alma, una vez que el cliente ha entrado en trance, es comunicarse con *la parte protectora de la mente* del cliente. Se trata de una parte de la mente que es consciente y está siempre centrada en la realidad presente. La parte protectora es, en el fondo, una función de supervivencia. Aunque no es completamente independiente del Yo consciente, parece funcionar con un alto nivel de autonomía. Su percepción se centra en el presente porque ahí es donde está el cuerpo. Éste es su propósito principal: garantizar la supervivencia y la seguridad del cuerpo.

Sin embargo, la parte protectora, como parte de la conciencia humana, llegó a asumir también la función de protección emocional y psicológica. El dolor es dolor -proceda del interior o del exterior- y cualquier dolor que se lleve demasiado lejos empieza a amenazar al cuerpo. Entonces, la parte protectora, en su estrecha conciencia, reaccionará ante el dolor y la amenaza emocionales y psicológicos, además de físicos.

Esto incluye el dolor o la amenaza de dolor que siente un cliente en cualquier momento del proceso de sanación. Después de que Gerod me hablara de la parte protectora, se me ocurrió que ésta debía de ser una fuente importante de los bloqueos que encontraba en clientes anteriores. Dado que la sanación a menudo conlleva dolor y traumas del pasado, ya sea de la vida actual del cliente o de una vida anterior, pensé que la parte protectora de muchos clientes probablemente me percibía como un toro en una tienda de cristalería.

Teniendo esto en cuenta, y hablando en general, el protocolo para tratar con la parte protectora consta de varios pasos. El primero es establecer la comunicación con la parte protectora desde el principio. Una vez que hemos establecido contacto con la parte protectora, el siguiente paso es asegurarse de que entiende de qué se trata el proceso de sanación y por qué el dolor del pasado se abre en el presente. A menudo, la parte protectora del cliente ya es consciente de esto si el terapeuta ha hablado del proceso con el cliente antes de que comience el trabajo de trance. Si la parte protectora no lo entiende, el terapeuta puede explicarle brevemente el proceso de compartir, liberar e integrar. El otro método, y el que yo utilizo con más frecuencia, es pedirle al Yo Superior del cliente que comunique esta comprensión a la parte protectora. Esto suele ser bastante eficaz una vez que la parte protectora está dispuesta a recibir la información. El paso final, entonces, es obtener el acuerdo de la parte protectora para cooperar sin bloquear el proceso cuando el material doloroso está saliendo a la luz.

La parte protectora casi siempre está de acuerdo con el proceso de sanación porque, al fin y al cabo, lo reconoce como un fortalecimiento del Yo y un alivio potencial del dolor. Esto también concuerda con el objetivo constante de la parte protectora.

Así pues, una vez que el cliente está en trance y se han especificado las señales, se pide a la parte protectora que se presente. Se puede suponer que está escuchando. Su atención está en el presente y en este momento, eso significa que está centrada en ti y en lo que dices y haces. Lo que no puedes suponer es que *la parte protectora* responderá a ese nombre. Esto debe quedar claro desde el principio. Por eso, cuando pregunte por la parte protectora, incluiré una descripción de su función general. Utilizo este tipo de frase

TE: A la parte protectora de la mente, esa parte que siempre está consciente aquí en el presente, esa parte que siempre ha servido para proteger a (Nombre del Cliente) de peligro y dolor. A la parte protectora de la mente, ¿estás dispuesta hoy a comunicarte conmigo?

Normalmente, la parte protectora está dispuesta a comunicarse y responderá con un sí. Si no responde tras varios intentos, es muy probable que su comunicación esté bloqueada por alguien o algo. Si esto ocurre, habrá que resolver el bloqueo o bloqueos antes de poder establecer la comunicación con la parte protectora. La identificación y resolución de un bloqueo de este tipo requiere un protocolo diferente. Esta situación se abordará en un capítulo posterior.

Sin embargo, hay ocasiones en las que es la propia parte protectora la que se niega a responder. Si es así, es probable que todavía perciba el proceso de sanación como una amenaza y necesite que la tranquilicen o le den más información. Asegurarse de que la parte protectora comprende el proceso de sanación suele ser suficiente para obtener su cooperación. Al final, la parte protectora siempre hará lo que, según su percepción, es mejor para todo el ser. En este caso, el alivio del dolor y la mejora de la salud son percibidos por la parte protectora como lo mejor para el Yo. Por lo tanto, en última instancia, responderá con un sí al proceso de sanación una vez que comprenda su propósito. El protocolo para tratar con la parte protectora es el siguiente:

- Establecer una comunicación directa con la parte protectora.
- Confirmar que entiende el propósito del proceso de sanación.
- Solicita su consentimiento para cooperar en la sanación.
- Si se niega, abordar cualquier reserva directamente o a través del Yo Superior, y volver a pedir su consentimiento.

A continuación, presento un ejemplo típico de comunicación con la parte protectora y obtención de su cooperación.

Abordando a la parte protectora: Ejemplo 1

Una vez lista la inducción al trance, la primera pregunta se dirige a la parte protectora.

TE: Le pregunto ahora a la parte protectora de la mente, esa parte que siempre está consciente aquí en el presente, y que siempre ha servido para proteger a Nancy de peligros o dolor... A la parte protectora, siempre que te sientas segura, ¿estás dispuesta a comunicarte conmigo ahora? Si es así, se levanta el dedo del sí, de lo contrario el dedo del no.

PP: Se levanta el dedo del sí.

TE: A la parte protectora de la mente: ¿comprendes ahora el proceso de sanación del que Nancy y yo hemos estado hablando aquí a un nivel consciente?

PP: Se levanta el dedo del sí.

TE: ¿Estás de acuerdo, entonces, con el proceso de sanación y nuestro trabajo con esas partes internas para la sanación y liberación?
PP: Se levanta el dedo del sí.
TE: A la parte protectora: ¿estás recibiendo Luz ahora?
PP: Se levanta el dedo del sí (Si dice que no, entonces pídele al Yo Superior que le envíe Luz, esto puede llevar a una rápida cooperación).
TE: A la parte protectora: con tu permiso, ahora te voy a pedir que des un paso al lado y permitas que el Yo Superior se acerque. ¿Estás de acuerdo?
PP: Se levanta el dedo del sí.
TE: Antes de que hagas eso, ¿te gustaría que el Yo Superior te envíe más de esa energía de Luz/Amor?
PP: Se levanta el dedo del sí.

El ejemplo anterior es breve y sencillo, y suele serlo siempre que la parte protectora no esté bloqueada. Al comunicarse con la parte protectora, también hay que asegurarse de que recibe Luz. He trabajado con más de una persona en la que su parte protectora no estaba consciente o recibiendo Luz - y tal vez no lo había estado por mucho tiempo. Por lo tanto, como último paso, incluso cuando la parte protectora está recibiendo Luz, le preguntaré si está dispuesta a que el Yo Superior le envíe Luz, o le envíe más Luz.

Si la parte protectora rechaza la Luz en este contacto inicial, lo consideraré un problema. Seguramente está protegiendo algo doloroso o está reaccionando o alguien o algo está interfiriendo. En este caso, después de confirmar que es la parte protectora la que se está comunicando, la prioridad sería ayudarla a recibir la Luz o resolver cualquier bloqueo en el camino.

Abordando a la Parte Protectora: Ejemplo 2

TE: Le pregunto ahora a la parte protectora de la mente -esa parte que siempre está consciente aquí en el presente, y que siempre ha servido para proteger a Nancy de peligros o dolor- a la parte protectora, mientras te sientas segura, ¿estás dispuesta a comunicarte conmigo ahora? Si es así, se levanta el dedo del sí, de lo contrario el dedo del no.

No hay respuesta.

TE: A la parte protectora: estamos aquí para ayudar. Queremos ayudar a todas las partes del Yo a liberarse del dolor y el miedo. A la parte protectora: mientras te sientas segura y nada sea forzado, ¿estás dispuesta a comunicarte conmigo sobre esto?

No hay respuesta.

TE: A la parte protectora: Aún no veo una señal. No estoy seguro de si alguien o algo está bloqueando la comunicación. A la parte protectora: ¿eres capaz de comunicarte conmigo si así lo decides?

PP: Se levanta el dedo del sí.

TE: ¿Hay algo que te asuste o preocupe sobre este proceso de sanación?

PP: Se levanta el dedo del sí.

TE: ¿Eres consciente de aquellas partes internas que llevan dolor o angustia?

PP: Se levanta el dedo del sí.

TE: Si esas partes pudieran estar libres de todo miedo y dolor, ¿querrías eso para todo el ser?

PP: Se levanta el dedo del sí.

TE: ¿Estarías dispuesta a recibir más información sobre este proceso de sanación?

PP: Se levanta el dedo del sí.

TE: Al Yo Superior, te pido ahora que envíes a la parte protectora esa información sobre la Luz, el proceso de sanación y cómo cada parte interior puede ser liberada de todo dolor y miedo. Y a la parte protectora: puedes levantar el primer dedo cuando hayas recibido esa información, de lo contrario el segundo dedo.

PP: Se levanta el primer dedo.

TE: ¿Has recibido esa información?

PP: Se levanta el dedo del sí.

TE: ¿Esta información te hace sentido?

PP: Se levanta el dedo del sí.

TE: ¿Estás recibiendo Luz para ti ahora?

PP: Se levanta el dedo del sí.

TE: ¿Estás dispuesta entonces a que trabajemos con esas partes interiores para sanar y liberar?

PP: Se levanta el dedo del sí.

Una vez que la parte protectora dice sí al proceso de sanación, normalmente no tendrás que volver a comunicarte con ella en sesiones posteriores. Hay excepciones. Hay momentos en el proceso de sanación en los que la parte protectora se activa porque se ha tocado algo muy doloroso, o porque hay partes internas que reaccionan a lo que está surgiendo y la parte protectora necesita frenar el proceso. En estos casos, sin embargo, cuando es la parte protectora la que bloquea, seguirá siendo cooperativa y estará dispuesta a indicar por qué está bloqueando. Entonces, el terapeuta puede ofrecerle las garantías adecuadas de que sus preocupaciones pueden abordarse y resolverse para que el proceso sea seguro.

Sin embargo, si la parte protectora está bloqueada, el objetivo de la sesión será identificar y resolver el bloqueo. En este punto, existe un protocolo y unas estrategias diferentes para identificar dicho bloqueo y abordarlo. Ya no te ocuparás de la parte protectora, y tendrás que volver a ella cuando el bloqueo se haya resuelto. Hablaré de este protocolo y sus estrategias en un capítulo posterior.

Pero supongamos de momento que todo va bien. La parte protectora se presenta, es capaz de comunicarse, tiene contacto con el Yo Superior y acepta no bloquear el proceso de sanación.

2

Contacto con el Yo Superior

El segundo paso en la Sanación Centrada en el Alma consiste en establecer una comunicación directa con el Yo Superior del cliente. La mayoría de las veces, éste será un procedimiento rápido y sencillo. A menos que algo o alguien lo esté bloqueando, el Yo Superior siempre está dispuesto a comunicarse y siempre apoya la sanación. La parte más difícil será 1) confirmar que es el Yo Superior el que se está comunicando, y 2) establecer una relación de trabajo con él. Esto llevará un poco más de tiempo. Considero las dos o tres primeras sesiones con un cliente como un período de calibración. Es el momento de asegurarse de que las señales ideomotoras están bien establecidas. También es el momento de comunicarse y trabajar con el Yo Superior y evaluar si se desempeña bien y con libertad.

Al igual que con la parte protectora, establecer la comunicación con el Yo Superior es un paso único. Es como una presentación formal y sólo tiene que hacerse una vez. Sin embargo, a diferencia de la parte protectora, el terapeuta se comunicará y trabajará conjuntamente con el Yo Superior durante todo el proceso de sanación del cliente. El Yo Superior posee una amplia gama de habilidades para ayudar en el proceso de sanación.

Como terapeutas, necesitamos saber qué puede y qué no puede hacer un Yo Superior para saber qué preguntas hacer. Si trabajas con un cliente cuyo Yo Superior es capaz de comunicarse verbalmente -sin contaminación ni interferencia del Yo consciente-, esto es mucho menos preocupante. Tener que comunicarse con el Yo Superior de un cliente sólo con respuestas de *sí/no/no sé* requiere cierta precisión en el lenguaje. Será importante que el terapeuta y el Yo Superior tengan una comunicación y un entendimiento claros durante todo el proceso acerca de 1) qué se está tratando en cada momento, 2) qué es lo que queremos que haga el Yo Superior y 3) si sabemos que es capaz de hacer lo que le pedimos. Lo que se consiga en estas primeras sesiones con un cliente también servirá para confirmar o no, que es el Yo Superior con quien te estás comunicando.

Debido a las diferencias culturales y lingüísticas, cuando pido por primera vez al Yo Superior del cliente que se manifieste, utilizaré varios adjetivos para describir la parte del Yo que estoy solicitando. Al igual que con la parte protectora, es posible que el Yo Superior no se reconozca inmediatamente por el término que estoy utilizando. Esto no ocurre muy a menudo, pero hay casos en los que el Yo Superior de un cliente parece haber estado dormido o reprimido. En estos casos, es como si el terapeuta tuviera que ayudar al Yo Superior a despertar y acelerar sus motores, por así decirlo. Una vez que esto ocurre, el Yo Superior suele ponerse al día con bastante rapidez.

Una de las cosas más importantes que hay que entender sobre el Yo Superior es que no 'elige'. No le dirá a una persona lo que tiene que hacer. No le dirá si debe aceptar un nuevo trabajo, mudarse o casarse. Éstas son decisiones que el Yo debe tomar. El Yo Superior no infringirá con el libre albedrío. Ni siquiera está en su naturaleza hacerlo.

Al mismo tiempo, podemos preguntar al Yo Superior si una cosa u otra está en armonía con la Luz, o es de la Luz. Si una persona (o el terapeuta, como representante) hace la pregunta, el Yo Superior es libre de responder. Como es habitual en nuestras interacciones con la Luz, ésta no se entrometerá y siempre dirá que sí cuando se le invite. Lo mismo ocurre con el Yo Superior; no dirá lo que hay que hacer, pero iluminará el camino o actuará como un guía si la persona lo pide.

Al hacer preguntas de sí/no, blanco/negro, tenemos que tener cuidado de no hacer preguntas al Yo Superior que requieran una elección que le corresponde al Yo consciente. Si tengo dudas sobre una pregunta concreta, puedo preguntar al Yo Superior si es una pregunta a la que es libre de responder. Entonces, si la respuesta es afirmativa, procederé; de lo contrario, formularé la pregunta de otra manera o pasaré a una nueva línea de cuestionamiento.

Las preguntas que componen los protocolos son aquellas que he descubierto que el Yo Superior suele responder libremente y que conducen más directamente a los resultados deseados en el proceso de sanación. Además de pedir Luz, muchas preguntas piden al Yo Superior conocimiento o información. Siempre y cuando no infrinja con el libre albedrío de la persona, el Yo Superior suele ser libre de dar información, sobre la vida presente y las vidas pasadas. La línea puede ser difusa entre las preguntas que está bien hacer y las que se salen del límite. Para hacerlo aún más difícil, basado en su perspectiva de un nivel más elevado, el Yo Superior a veces puede responder preguntas que parecerían infringir con el libre albedrío de uno, pero que están permitidas desde ese nivel del alma. No podemos saber esto de antemano. Mi mejor guía aquí, más allá de las preguntas de los protocolos, es tener en cuenta que el Yo Superior puede no ser libre de responder de la forma en que se ha planteado la pregunta.

Éstas no son las únicas preguntas que pueden hacerse al Yo Superior. Imagino que se pueden hacer todo tipo de exploraciones con el Yo Superior, conscientemente o en trance, a solas o en grupo. Estas exploraciones, sin embargo, no son necesariamente parte del proceso de sanación, por lo tanto, esa vía no se aborda aquí. Algunos clientes, en su propia búsqueda espiritual, pueden desear explorar y no hay nada malo en ello. Sin embargo, los ejemplos que siguen se centran en el proceso de sanación.

Estableciendo contacto con el Yo Superior: Ejemplo 1

TE: A la parte protectora: Te pido entonces que des un paso al lado y permitas que el Yo Superior se acerque para comunicarse conmigo. ¿Estás de acuerdo?
PP: Se levanta el dedo del sí.
TE: Le pido ahora al Yo Superior, esa parte profunda del Yo/alma, esa parte que es consciente de mucho más y sabe mucho más que el Yo consciente... Al Yo Superior, ¿estás dispuesto hoy a comunicarte conmigo?
YS: Se levanta el dedo del sí.
TE: Al Yo Superior: ¿Conoces el proceso de sanación que estamos comenzando hoy?
YS: Se levanta el dedo del sí.
TE: ¿Y estás de acuerdo en que continuemos?
YS: Se levanta el dedo del sí.

Pedir al Yo Superior que se comunique y solicitar su consentimiento para el proceso de sanación parece sólo una formalidad. Mientras no esté bloqueado, el terapeuta siempre puede esperar una respuesta *afirmativa* a estas dos preguntas. El Yo Superior siempre está dispuesto a ayudar al Yo de cualquier manera que pueda para el bien más elevado de la persona. Esto es tan consistente que si no recibes una señal de sí a estas dos preguntas, entonces puedes estar casi seguro de que el Yo Superior está siendo bloqueado o interferido. Si el dedo del no se levanta, entonces puedes estar seguro de que no te estás comunicando con el Yo Superior.

Si el Yo Superior está bloqueado en este intento inicial de contacto, entonces identificar y resolver ese bloqueo se convierte en el objetivo inmediato de la sesión. Algunos bloqueos son simples y fáciles de abordar, como un estado del ego que tiene miedo de la Luz. Otros bloqueos son complejos y pueden requerir más de una sesión para resolverse. Se utilizan diferentes protocolos y estrategias para tratar estos bloqueos. La prioridad en este momento sigue siendo establecer una comunicación directa con el Yo Superior. Por lo tanto, una vez que se ha resuelto un bloqueo con el Yo Superior (o una serie de bloqueos), el terapeuta vuelve a pedir al Yo Superior que se comunique. Si el Yo Superior sigue bloqueado, entonces se repite el protocolo para encontrar y resolver el bloqueo hasta que el Yo Superior esté libre para comunicarse.

Establecer una comunicación directa con el Yo Superior del cliente en este punto inicial del proceso de sanación es importante por dos razones.

En primer lugar, el Yo Superior, con sus muchas capacidades, desempeñará un papel central, no sólo en el proceso de sanación de la persona, sino también en cada sesión. De hecho, sin la ayuda del Yo Superior, no estoy seguro de cuánto avanzaría la sanación de una persona antes de bloquearse. Por lo tanto, es imperativo que la comunicación entre el Yo Superior del cliente y el terapeuta sea abierta y clara. Esto es válido no sólo para la sesión inicial, sino también para todas las sesiones posteriores. El terapeuta se pone en contacto con el Yo Superior al principio de cada sesión para asegurarse de que tiene libertad para comunicarse, pedirle información y orientación e iniciar la acción.

La segunda razón para establecer una comunicación directa con el Yo Superior del cliente es que es una especie de barómetro que mide lo fuerte y abierta que es la conexión entre el Yo y el alma. Si el Yo Superior es capaz de comunicarse desde el principio, es una buena señal. Si se bloquea la comunicación en esta sesión inicial, puede ser indicativo de conflictos o bloqueos a un nivel más profundo en este conducto entre el Yo y el alma. Es posible, por ejemplo, que el Yo Superior de un cliente haya estado cubierto, suprimido o bloqueado durante algún tiempo, tal vez incluso desde la infancia. Este sería un caso en el que el terapeuta tendría que ayudar a activar el Yo Superior. Como Gerod lo describió una vez, "puede que tengas que recordarle lo que es".

Por el momento, supondremos que no hay bloqueo y que el Yo Superior ha respondido con un *sí* y que está de acuerdo con el proceso de sanación. Cuando llegues a este punto en el que la parte protectora está cooperando y el Yo Superior se está comunicando directamente, entonces estarás preparado para explorar los síntomas o problemas que presenta el cliente.

3

Protocolo de Identificación

Las Primeras Dos Preguntas

El siguiente paso en el Protocolo de Apertura es pedir al Yo Superior que revise el área o áreas problemáticas concretas que han sido identificadas por el cliente. El propósito de la revisión del Yo Superior es determinar si algo está ocurriendo a nivel energético, psíquico o espiritual, ya sea que esté causando el problema del cliente o como factor contribuyente significativo. Si el Yo Superior dice que sí, que ha identificado a alguien o algo, entonces el desafío es identificar lo que ha encontrado utilizando sólo señales ideomotoras. (Si estás trabajando con un cliente cuyo Yo Superior es capaz de comunicarse verbalmente, entonces esto no es tanto un problema. Sigue con el protocolo, la comunicación verbal facilita mucho todo el proceso).

A lo largo de cientos de sesiones clínicas, con la ayuda de la información y orientación de Gerod, empecé a reconocer patrones en los tipos de fenómenos que se presentaban con los clientes, las preguntas y sugerencias a las que cada uno de ellos respondía o no, y cómo había que tratar cada fenómeno en el proceso de sanación. Con el tiempo, desarrollé un protocolo -una secuencia estándar de preguntas sí/no- que me permitía determinar rápidamente el tipo concreto de fenómeno que el Yo Superior había identificado en su revisión.

Descubrí, en términos generales, que los fenómenos que encontraba encajaban en ocho categorías. Así, cuando se presenta un fenómeno desconocido, el protocolo asume que pertenece a una de las ocho.

Estas categorías son:
1) Estados del ego (vida presente o vida pasada)
2) Espíritus
3) Extraterrestres
4) Seres dimensionales
5) Entidades creadas
6) Estados del ego externos
7) Dispositivos/objetos
8) Energías autónomas.

Para determinar a qué categoría pertenece un fenómeno que se presenta, el Protocolo de Identificación comienza con dos preguntas. Una pregunta es si el fenómeno que se presenta es *alguien* o *algo*. La otra pregunta es si el fenómeno que se presenta forma parte de la energía del Yo/alma del cliente o es externo.

Por *alguien* me refiero a un ser consciente que es un estado del ego, un alma independiente (espíritu, extraterrestre, dimensional), una entidad creada (un ser-pensamiento), o alguna parte de otra alma (un estado del ego externo). Por *algo*, me refiero a un dispositivo físico o etérico o a una energía de funcionamiento autónomo que está actuando como un bloqueo o que está afectando negativamente al Yo de otras maneras. Estos dispositivos y energías pueden crearse a partir de la propia energía del Yo/alma del cliente o ser externos al alma habiendo sido insertados desde el exterior.

Estas distinciones son importantes porque un *alguien* se aborda de manera diferente a un *algo*, y lo que es parte de la energía del Yo/alma del cliente será tratado de manera diferente a alguien o algo que no pertenece al cliente. En general, si alguien o algo forma parte del Yo/alma, el objetivo del tratamiento suele ser la integración. Hay excepciones, sobre todo cuando se trata de dispositivos o energías. (Esto se tratará en un capítulo posterior) Si no forma parte del cliente, el objetivo es disiparlo y/o eliminarlo.

Basándonos en estas categorías, las dos primeras preguntas del protocolo nos llevarán a una de estas cuatro posibilidades. Cuando te encuentras con un fenómeno nuevo, se trata de una de estas dos posibilidades:
- Alguien - parte del alma
- Algo - parte del alma

- Alguien - externo al alma
- Algo - externo al alma

Podemos ver esto como un árbol de decisión en el que las dos preguntas dan lugar a cuatro ramas primarias que conducen a los ocho fenómenos. (Véase la figura 1.)

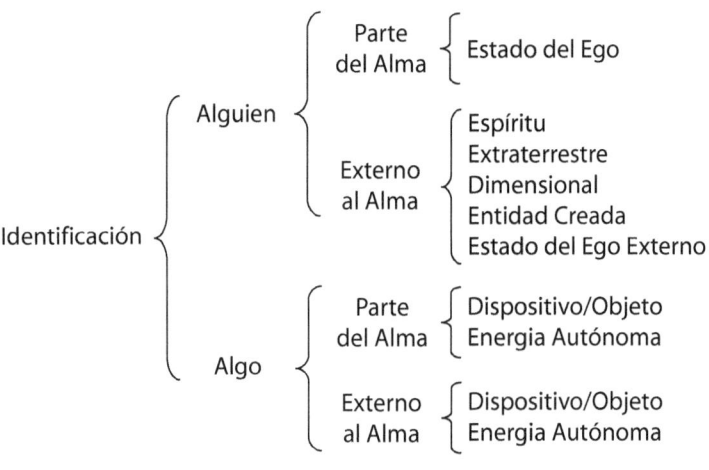

Figura 1

En la práctica, sin embargo, hay una complicación. Al utilizar la señalización ideomotora, sólo se puede formular una pregunta a la vez y, dependiendo de la situación, las dos preguntas pueden formularse en orden inverso. En efecto, esto significa que en realidad hay dos versiones del protocolo dependiendo de cuál de las dos preguntas haga primero el terapeuta. Si la primera pregunta es si un fenómeno que se presenta forma parte del Yo/alma o no, el resultado es un árbol de decisión diferente. Ambos conducen a los mismos ocho fenómenos, pero a través de una secuencia diferente. La segunda versión del protocolo sería la siguiente:

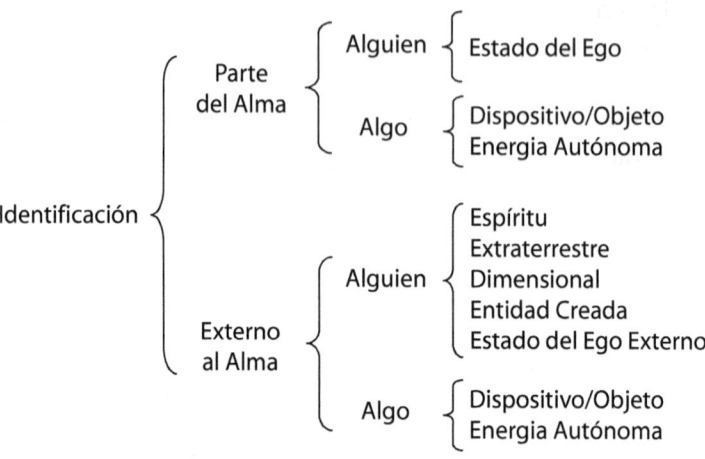

Figura 2

La pregunta que se formule en primer lugar suele depender de lo que haya ocurrido en la sesión hasta ese momento. Creo que también depende de la experiencia y la intuición del terapeuta. Uno se hace una idea de las distintas situaciones y posibilidades y de qué pregunta tiene más probabilidades de suscitar una respuesta. En mi caso, diría que la mayoría de las veces empiezo con la pregunta de si el fenómeno que se presenta es *alguien* o *algo*.

Qué pregunta hacer primero no suele ser un tema crítico. A veces puede dar lugar a confusión, llevar más tiempo del necesario o desencadenar una reacción negativa. Sin embargo, en la mayoría de los casos, si una pregunta no funciona, se intenta la segunda. En mi opinión, la importancia de la primera pregunta es terapéutica. Desde el principio, no quiero hacerle una pregunta a alguien que no pueda responder, que lo asuste, lo confunda o lo lleve a cerrarse. Quiero hacerle una pregunta que capte su atención y establezca una conexión inmediata. Si es posible, quiero una interacción positiva, no negativa. Esta primera pregunta también prepara el terreno para las preguntas siguientes, algunas de las cuales pueden asustar o amenazar al estado del ego o a la entidad con la que me estoy comunicando.

He aquí dos ejemplos sencillos que ilustran la diferencia.

Protocolo de Identificación: Ejemplo 1

TE: Al Yo Superior, ¿pudiste encontrar la fuente de ese bloqueo?
YS: Se levanta el dedo del sí.
TE: Si es alguien, se levanta el primer dedo. Si es algo, como un dispositivo o energía de algún tipo, entonces se levanta el segundo dedo. Si no está claro, se levanta la mano.
YS: El primer dedo levanta.
TE: Al Yo Superior, ¿es una parte del Yo/alma?
YS: Se levanta el dedo del sí.
TE: Te pido entonces, que ayudes a que esta parte se acerque... y a esta parte: ¿estás dispuesto hoy a comunicarte conmigo?
___ Se levanta el dedo del sí.
TE: ¿Sabes que eres parte de este ser y alma con la que estoy trabajando?
___ Se levanta el dedo del no.

Protocolo de Identificación: Ejemplo 2

TE: Yo Superior, ¿lograste encontrar la fuente de ese bloqueo?
YS: Se levanta el dedo del sí.
TE: Yo Superior, ¿es parte del yo/alma?
YS: Se levanta el dedo del sí.
TE: Si es alguien, se levanta el primer dedo. Si es algo-como un dispositivo o energía de algún tipo-entonces se levanta el segundo. Si no está claro, se levanta la mano.
YS: Se levanta el dedo del sí.
TE: Te pido entonces, que ayudes a que esta parte se acerque... y a esta parte: ¿estás dispuesto hoy a comunicarte conmigo?

Veintiséis Posibilidades

Por lo general, no importa qué pregunta se formule primero, siempre que se responda a ambas. En cualquier caso, conduce a una de estas cuatro ramas y, a continuación, a uno de los ocho fenómenos. El protocolo, sin embargo, va más allá para identificar más específicamente *quién* o *qué* se presenta. Esto se debe a que, dentro de cada categoría de fenómenos, hay diferentes tipos. Hay diferentes tipos de estados del ego, diferentes tipos de espíritus y seres dimensionales. Hay diferentes tipos de dispositivos etéricos, desde los más simples hasta los más sofisticados.

Dentro de la categoría de estados del ego, por ejemplo, hay estados del ego de vidas pasadas, estados del ego de vidas presentes, personalidades espejo o estados del ego que han abandonado el alma.

Cada tipo necesita ser abordado de una manera ligeramente diferente o requiere un tipo particular de resolución. Por lo tanto, es importante poder identificar con qué tipo de estado del ego se está trabajando para saber cómo tratarlo y resolverlo. Lo ideal sería que todos los estados del ego pudieran compartir y liberar sin ninguna dificultad. El terapeuta no necesitaría saber nada más sobre lo que el estado del ego comparte, para luego pasar al siguiente.

Quiero subrayar que los distintos tipos de fenómenos dentro de cada categoría se basan en mi experiencia clínica. Esto no quiere decir que no haya otros tipos. Con el tiempo, reconocí patrones entre los diferentes fenómenos que se presentaban independientemente en mi trabajo con muchos clientes. Algunos de ellos se presentaban de forma tan constante y frecuente que se añadieron al protocolo como un *tipo* de fenómeno concreto que había que descartar.

Cuando me senté a analizar los protocolos que había estado utilizando en el proceso de sanación, se me ocurrieron veintiséis categorías posibles. No te dejes intimidar por el número. Algunas de las diferencias entre tipos son tan pequeñas que el mismo protocolo sigue funcionando para cada uno de ellos o sólo requiere un pequeño ajuste. En la práctica, existen catorce protocolos para tratar los veintiséis tipos de fenómenos.

En la Parte 2, hablaré de los distintos fenómenos y presentaré los protocolos clínicos para tratar cada categoría y tipo de fenómeno. En este momento, siguiendo con el Protocolo de Identificación, sólo quiero enumerar los veintiséis fenómenos posibles, junto con sus características identificativas. Además, cada línea representa la secuencia que sigue el protocolo para identificar el fenómeno en cuestión. Es una lista que no tiene mucho sentido ahora, pero que lo tendrá a medida que avances en el libro. Además, es una lista a la que puedes recurrir cuando sea necesario.

No todos los fenómenos que encuentres necesitarán ser identificados a este nivel. La siguiente lista, sin embargo, se aplica a aquellos casos en los que sí es necesario, para poder resolverlo. Es una lista de los fenómenos junto con el tratamiento que requiere cada uno.

Alguien

Parte del alma

- Alguien - parte del alma - un estado del ego - creado en la vida presente - está presente dentro del alma - necesita compartir, liberar e integrarse.
- Alguien - parte del alma - un estado del ego - actualmente fuera del alma - necesita ser recuperado - necesita compartir, liberar e integrarse.
- Alguien - parte del alma - un estado del ego - creado en una vida pasada - está presente dentro del alma – necesita compartir, liberar e integrarse.
- Alguien - parte del alma - un estado del ego - creado en una vida pasada - actualmente fuera del alma - necesita ser recuperado - necesita compartir, liberar e integrarse.

Externo al Alma

- Alguien – externo al Yo/alma del cliente - un alma desencarnada (espíritu) - presente dentro de la energía del cliente - necesita conectarse con la Luz - se va voluntariamente o es removido por la fuerza.
- Alguien – externo al Yo/alma del cliente - un alma desencarnada (espíritu) - operando desde fuera de la energía del cliente - necesita conectarse con la Luz - cortar lazos con el alma del cliente.
- Alguien – externo al Yo/alma del cliente - un alma encarnada, de otro planeta o de otra dimensión - presente dentro de la energía del cliente - necesita conectarse con la Luz - dejar voluntariamente al cliente o ser removido por la fuerza y cortar los lazos con el alma del cliente.
- Alguien – externo al Yo/alma del cliente - un alma encarnada, de otro planeta o de otra dimensión - operando desde fuera de la energía del Yo/alma del cliente - necesita conectarse con la Luz - cortar los lazos con el alma del cliente.
- Alguien – externo al Yo/alma del cliente - una entidad creada (un ser de pensamiento) - presente dentro de la energía del cliente - necesita ser disipado o removido del alma.
- Alguien – externo al Yo/alma del cliente - una entidad creada (un ser de pensamiento) - operando desde fuera de la energía

del cliente - necesita ser disipado y/o cortar lazos con el alma del cliente.
- Alguien – externo al Yo/alma del cliente - estado del ego externo - presente dentro de la energía del cliente - necesita conectarse con la Luz - regresar voluntariamente a su propia alma o ser removido a la fuerza y cortar lazos con el alma del cliente.
- Alguien – externo al Yo/alma del cliente - estado de ego externo - operando desde fuera de la energía del cliente - necesita conectarse con la Luz - cortar lazos con el alma del cliente.

Algo

Parte del Alma

- Algo - parte del alma - un objeto/dispositivo de algún tipo - presente dentro del alma - necesita ser impregnado de Luz y reintegrado.
- Algo - parte del alma - un objeto/dispositivo de algún tipo - presente dentro del alma - necesita ser disipado y expulsado.
- Algo - parte del alma - un objeto/dispositivo de algún tipo - actualmente fuera del alma - necesita ser recuperado y reintegrado con el Yo/alma.
- Algo - parte del alma - un objeto/dispositivo de algún tipo - actualmente fuera del alma - necesita ser disipado y/o cortar lazos con el alma del cliente.
- Algo - parte del alma - una energía autónoma - presente dentro del alma - necesita reintegrarse con el alma.
- Algo - parte del alma - una energía autónoma - presente dentro del alma - necesita ser disipada y expulsada.
- Algo - parte del alma - una energía autónoma - presente fuera del alma - necesita ser recuperada y reintegrada.
- Algo - parte del alma - una energía autónoma - actualmente fuera del alma - necesita ser disipada y cortar lazos con el alma del cliente.

Externo al Alma

- Algo – externo al Yo/alma del cliente - objeto/dispositivo - ha entrado en el alma - necesita ser expulsado, o disipado y expulsado.
- Algo – externo al Yo/alma del cliente - objeto/dispositivo - fuera del alma - necesita ser disipado y/o cortar lazos con el alma del cliente.

- Algo – externo al Yo/alma del cliente - una energía autónoma - ha entrado en el alma- necesita ser expulsada, o disipada y expulsada.
- Algo – externo al Yo/alma del cliente - una energía autónoma - operando desde fuera del alma - necesita ser disipada si es posible, o al menos cortar los lazos con el cliente.

Si ampliamos el árbol de decisión para incluir estas otras posibilidades, se parece al diagrama de la Figura 3. Para efectos prácticos, se trata de un diagrama del Protocolo de Identificación completo.

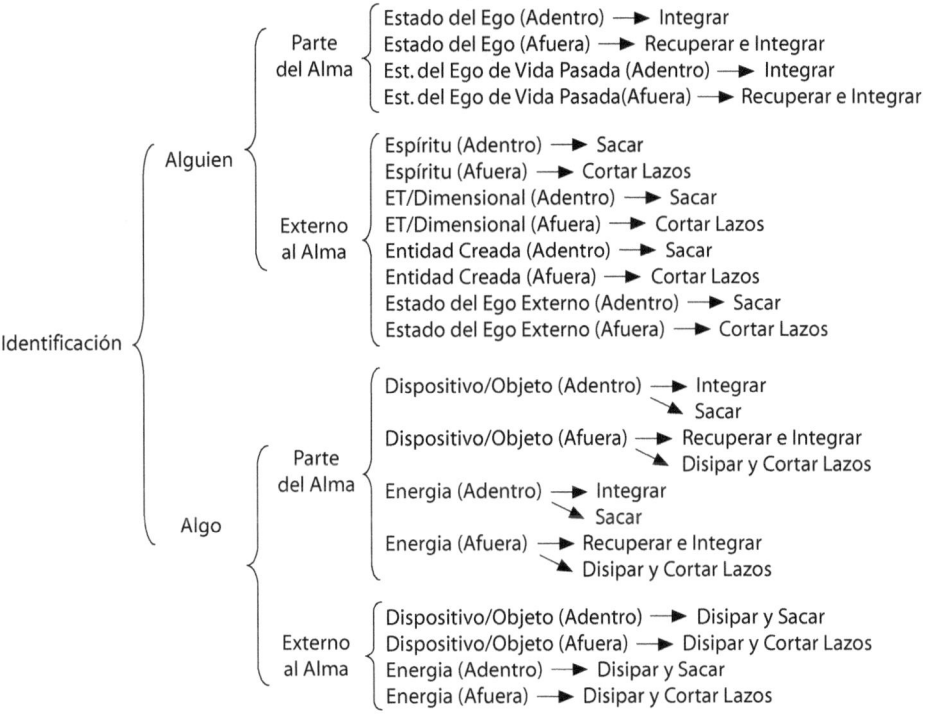

Figura 3

Es posible que con un cliente determinado sólo nos encontremos con dos o tres de estos fenómenos. El problema es que nunca sabemos con qué dos o tres nos vamos a encontrar. Como hemos visto antes, existe una segunda versión del protocolo. El diagrama de la Figura 3 comienza con la distinción entre alguien y algo. Si el protocolo comienza con la distinción entre lo que forma parte del Yo/alma del cliente y lo que es externo, entonces se aplicaría el siguiente diagrama. (Véase la Figura 4.)

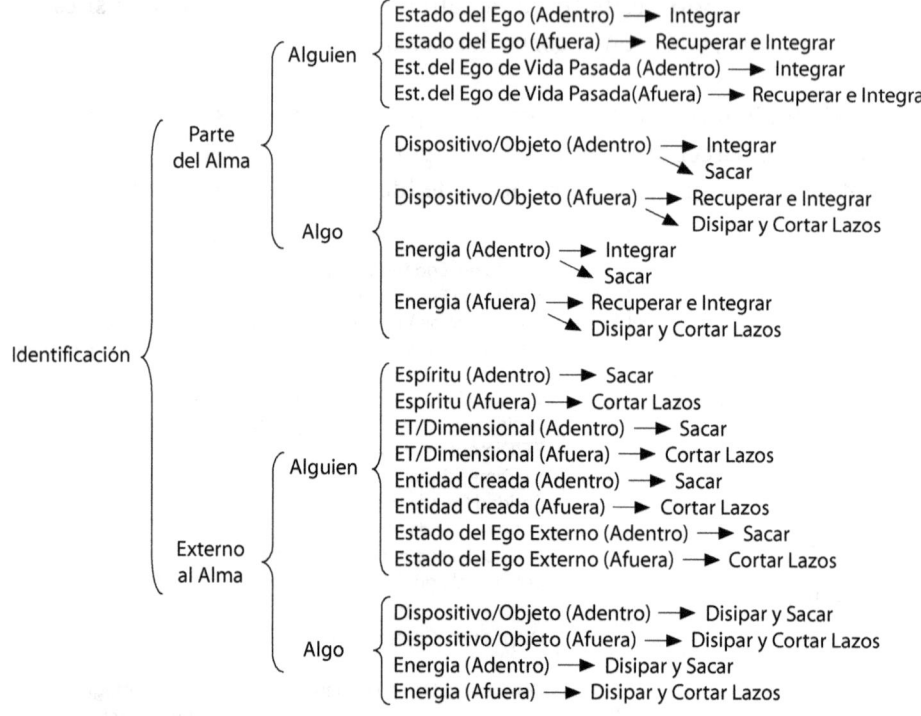

Figura 4

Nuevamente, cada versión identifica los mismos fenómenos posibles y prescribe el mismo tratamiento, sólo que llegan a ellos mediante una secuencia de pasos diferente.

El árbol de decisión es bastante fácil de aprender. Básicamente es una serie de preguntas que eliminan posibilidades a medida que avanza para identificar un fenómeno específico. Sin embargo, se necesita práctica para adquirir soltura en el uso del Protocolo de Identificación como herramienta básica y ser capaz de moverse con eficacia a través del árbol de decisión de posibilidades. En poco tiempo, te convertirás en un experto en pensar con esta estructura de *sí/no*.

El Protocolo de Identificación se verá entretejido a lo largo del resto de este libro a medida que se den diferentes ejemplos de los protocolos clínicos. La regla general en la práctica de la Sanación Centrada en el Alma es saber siempre con quién o con qué se está tratando en cada momento. El Protocolo de Identificación te ayudará a responder a esa pregunta para que puedas decidir qué protocolo de tratamiento utilizar. Este proceso de identificación también crea un rastro claro, para que el terapeuta pueda dar marcha atrás cuando sea necesario. Es algo así como la policía que tiene que mantener la cadena de pruebas mientras lleva a cabo una investigación.

Cuando el Yo Superior ha terminado una revisión, se utiliza el Protocolo de Identificación para identificar específicamente a *quién* o *qué* ha encontrado. Este es el primer paso necesario. El terapeuta debe saber con quién o con qué está tratando en cada momento para saber cuál es la mejor manera de abordarlo o enfrentarse a él. Esta situación se produce constantemente a lo largo del proceso de sanación, en el que el terapeuta puede encontrarse con un bloqueo o interferencia y debe identificar su origen para poder resolverlo. Por esta razón, considero el Protocolo de Identificación como una herramienta útil que se utiliza junto con todos los protocolos clínicos y que debería estar siempre a mano. El Protocolo de Identificación te indica *con qué* te estás enfrentando; los protocolos clínicos te dicen *cómo* abordarlo.

El uso del Protocolo de Identificación, sin embargo, se extiende mucho más allá de este contacto inicial con el Yo Superior. Durante una sesión, el protocolo se utiliza siempre que se ha identificado a alguien o algo nuevo o se está presentando por sí mismo. Además, el protocolo se utiliza no sólo con el Yo Superior, sino también con cualquiera que el terapeuta se esté comunicando, como un estado del ego o un espíritu.

4

Revisión del Yo Superior

Volviendo ahora al Protocolo de Apertura, quedamos en que el Yo Superior comunica un sí, que está de acuerdo con el proceso de sanación. El siguiente paso es pedir al Yo Superior que haga una revisión interna de las áreas problemáticas o síntomas identificados. Los siguientes ejemplos ilustran cómo podría ser el intercambio.

Revisión del Yo Superior: Ejemplo 1

TE: Al Yo Superior: John y yo hemos hablado a un nivel consciente sobre sus crisis de pánico esta semana pasada. Yo Superior, ¿estás consciente de estas crisis de pánico?

YS: Se levanta el dedo del sí.

TE: Yo Superior, te voy a pedir que revises esta área para ver si alguien o algo está involucrado en desencadenar estos sentimientos de pánico. ¿Estás de acuerdo?

YS: Se levanta el dedo del sí.

TE: Por favor revisa entonces, si hay alguien o algo a un nivel inconsciente involucrado en las crisis de pánico. Se levanta el primer dedo cuando la revisión este completa; el segundo dedo si la revisión se ha detenido. (Pausa)

YS: Se levanta el primer dedo.

TE: Yo Superior, ¿Pudiste revisar bien esa área?

YS: Se levanta el dedo del sí.

TE: ¿Encontraste a alguien o algo involucrado en estas crisis de pánico?

YS: Se levanta el dedo del sí.

TE: Si es alguien, se levanta el primer dedo; si es algo, el segundo dedo; si ninguno de esos encaja, se levanta la mano.

Revisión del Yo Superior: Ejemplo 2

TE: Al Yo Superior: Paula y yo hemos hablado a este nivel consciente sobre el miedo que ella tiene al ir a dormir por la noche. Yo Superior, ¿eres consciente de ese miedo?
YS: Se levanta el dedo del sí.
TE: Yo Superior, te pido que revises en el interior y veas si alguien o algo está involucrado en ese miedo. Se levanta el primer dedo cuando la revisión esté completa. El segundo dedo si se ha detenido o hay un problema.
YS: Se levanta el segundo dedo.
TE: Yo Superior, ¿esa revisión fue bloqueada o detenida?
YS: Se levanta el dedo del sí.
TE: Yo Superior, te pido que encuentres la fuente de ese bloqueo. Se levanta el primer dedo cuando lo hayas encontrado, de lo contrario el segundo dedo.
YS: Se levanta el primer dedo.
TE: Yo Superior, si es alguien, se levanta el primer dedo; el segundo dedo si es algo o alguna energía; se levanta la mano si ninguno de esos encaja.
YS: Se levanta el primer dedo.
TE: Yo Superior, ¿estás de acuerdo en traerlo aquí para comunicarnos?
YS: Se levanta el dedo del sí.
TE: A este: ¿sabes si eres parte de esta alma con la que estoy trabajando?
___   Se levanta el dedo del no.
TE: Si crees que no perteneces a esta alma, se levanta el primer dedo. Si no estás seguro, se levanta el segundo dedo.
___   Se levanta el segundo dedo.
TE: A éste: ¿estás dispuesto a recibir información sobre si eres o no parte de esta alma?
___   Se levanta el dedo del sí.
TE: A la cuenta de tres entonces, te llegará. Empezando: uno, dos, tres... y el Yo Superior o un guía, le envían a éste esa información sobre sí mismo, si es o no parte de esta alma con la que estamos trabajando. Y a éste: se levanta el primer dedo cuando hayas recibido esta información, de lo contrario el segundo dedo.

Revisión del Yo Superior: Ejemplo 3

TE: Al Yo Superior: Ben y yo hemos hablado sobre esta rabia que él sintió ayer, y en otros momentos. Yo Superior, te pido que revises esta área en el interior de Ben y veas si hay alguien o algo involucrado en el desencadenamiento de esa rabia. Se levanta el primer dedo cuando la revisión esté lista, se levanta el segundo dedo si la revisión se ha detenido.

YS: Se levanta el primer dedo.

TE: Yo Superior, ¿pudiste completar bien esa revisión?

YS: Se levanta el dedo del sí.

TE: Yo Superior, ¿encontraste a alguien o algo involucrado en desencadenar esa rabia?

YS: Se levanta el dedo del sí.

TE: Si es alguien, se levanta el primer dedo. Si es alguna cosa o alguna energía, se levanta el segundo dedo. Si ninguno de estos encaja, se levanta la mano.

YS: Se levanta el primer dedo.

TE: Yo Superior, te pido entonces que lo ayudes a acercarse a comunicarse conmigo. Y a éste: ¿eres parte de esta alma con la que estoy trabajando? Si es así, se levanta el primer dedo, si crees que no perteneces a esta alma, se levanta el segundo dedo. Si no estás seguro, se levanta la mano.

___ Se levanta la mano.

TE: A este con el que me estoy comunicando: ¿estás recibiendo energía de Luz/Amor? Si es así, se levanta el primer dedo, de lo contrario el segundo. Si no lo sabes, se levanta la mano.

___ Se levanta el segundo dedo.

TE: A éste: ¿estás dispuesto a que te envíen energía de Luz/Amor ahora?

___ Se levanta el dedo del no.

TE: ¿Tienes algún miedo con respecto a esto?

___ Se levanta el dedo del sí.

TE: A éste: ¿estás dispuesto a que se te envíe un pedacito de Luz -puedes detenerlo inmediatamente si lo necesitas- pero si te gusta, puedes quedártelo. La Luz no te forzará. ¿Estarías dispuesto a probar sólo ese pedacito de Luz y tomar tu propia decisión al respecto?

___ Se levanta el dedo del si.

TE: LE voy a pedir al Yo Superior que te envíe ese pequeño trozo de Luz. Permítete tocarlo y decide por ti mismo. Se levanta el primer dedo cuando veas esa Luz, de lo contrario el segundo.
___ Se levanta el primer dedo.
TE: ¿Recibiste esa Luz?
___ Se levanta el dedo del sí.
TE: Si necesitabas detenerlo, se levanta el primer dedo. Si decidiste quedártelo, se levanta el segundo dedo.
___ Se levanta el segundo dedo.
TE: A éste: ¿te parece ahora que eres parte de esta alma- si es así, se levanta el primer dedo; si crees que no perteneces a esta alma, se levanta el segundo dedo; si aún no estás seguro, se levanta la mano.
EE: Se levanta el primer dedo.
TE: A éste: parece que eres parte de esta alma, ¿es así?
EE: Se levanta el dedo del sí.
TE: ¿Fuiste creado en esta vida presente de Ben?
EE: Se levanta el dedo del no.
TE: ¿Crees que eres de una vida pasada o diferente?
EE: Se levanta el dedo del sí.

Revisión del Yo Superior: Ejemplo 4

TE: Yo Superior, ¿Lograste completar bien esa revisión?
YS: Se levanta el dedo del sí.
TE: ¿Encontraste a alguien o algo involucrado con esa voz que Jerry sigue escuchando?
YS: Se levanta el dedo del sí.
TE: Yo Superior, se levanta el primer dedo si es alguien; el segundo dedo si es algo o alguna energía; se levanta la mano si ninguna de estas dos opciones encaja.
YS: Se levanta el primer dedo.
TE: Yo Superior, ¿estás de acuerdo en que lo abordemos directamente?
YS: Se levanta el dedo del sí.
TE: A éste: ¿eres parte de esta alma con la que estamos trabajando?
___ Se levanta el dedo del no.
TE: Si crees que no formas parte de esta alma, se levanta el primer dedo. Si no estás seguro, se levanta el segundo.
___ Se levanta el segundo dedo.

TE: A este: ¿estás dispuesto a recibir información sobre si *eres* o *no* parte de esta alma?
___ Se levanta el dedo del sí.

En este punto, el terapeuta comenzaría con el protocolo para estados del ego de vidas pasadas.

Este fue el protocolo general para conectar con el Yo Superior e iniciar su papel de guía interior en el proceso de sanación. Una vez que he establecido comunicación directa con el Yo Superior de un cliente y éste ha llevado a cabo una revisión, se marca el siguiente paso en el proceso. A partir de este momento, el Yo Superior será tu aliado y desempeñará un papel central en el proceso de sanación del cliente. Como verás, el Yo Superior también desempeña un papel central en cada uno de los protocolos clínicos.

Suelo establecer contacto directo con el Yo Superior al comienzo de cada sesión. Una vez que el cliente está en trance, le pregunto si puede volver a comunicarse conmigo. Es una forma de asegurarme de que la comunicación con el Yo Superior de la persona sigue abierta y clara y está libre para ayudar en lo que vamos a hacer en la sesión de sanación.

Si no recibo un sí a esta pregunta, entonces sé que alguien o algo está bloqueando o interfiriendo. Una vez establecida la comunicación con el Yo Superior durante el Protocolo de Apertura, siempre estará dispuesto a comunicarse. Si recibes un *no* a esta petición -en esta primera sesión o en sesiones posteriores-, entonces sabrás que no es el Yo Superior el que se está comunicando. Si eso ocurre, entonces pasas al Protocolo de Identificación para identificar la fuente del bloqueo o interferencia. Más adelante, hablaré de cómo aplicar el Protocolo de Identificación a aquellas situaciones en las que te encuentres con un bloqueo.

Por ahora, en el mejor de los casos, una vez que el Yo Superior indica que puede comunicarse, suelo pedirle que me oriente sobre cuál es el mejor lugar para empezar la sesión, o le pregunto si está de acuerdo en que empecemos con un tema en particular. Suelo nombrar los dos o tres temas más significativos que mi cliente tiene sobre la mesa en ese momento. Puede tratarse de un tema doloroso que dejamos en la sesión anterior. Puede tratarse de un sueño aterrador que el cliente acaba de contar que tuvo la noche anterior. O podría tratarse de varias crisis de pánico que él o ella experimentó la semana pasada.

Al enumerar estas posibilidades para el Yo Superior, siempre incluyo la opción de que ninguna de las opciones que estoy sugiriendo sería lo mejor para abordar. Esto le da al Yo Superior la oportunidad de señalar que percibe que hay alguien o algo más importante de lo que necesitamos ocuparnos primero. Si se levanta la mano, señalando que ninguna de las opciones encaja, entonces empezaré a trabajar con el Yo Superior para identificar quién o qué percibe como el mejor lugar para empezar. He aquí cinco ejemplos.

Revisión del Yo Superior: Ejemplo 5

TE: Yo Superior, Larry y yo hemos hablado del sueño perturbador que tuvo esta semana. También en la última sesión nos quedamos con un grupo de seis estados del ego. Yo Superior, ¿sigues siendo consciente del grupo de seis con el que estuvimos trabajando la última vez? Si es así, se levanta el primer dedo, de lo contrario se levanta el segundo dedo.

YS: Se levanta el primer dedo.

TE: Yo Superior, si ese grupo es el mejor lugar para empezar la sesión de hoy, se levanta el primer dedo. Si sería mejor empezar con el sueño, se levanta el segundo; si deberíamos empezar con alguien o algo más, entonces la mano se levanta.

YS: Se levanta el segundo dedo.

TE: Veo el segundo dedo. Yo Superior, ¿es el sueño el mejor lugar para comenzar a trabajar?

YS: Se levanta el dedo del sí.

TE: Te pido entonces que revises ese sueño y veas si hay alguien o algo involucrado en el sueño que necesita ser tratado. Se levanta el primer dedo cuando la revisión esté completa; se levanta el segundo dedo si la revisión se ha detenido o bloqueado.

YS: Se levanta el primer dedo.

TE: Yo Superior, ¿lograste hacer una buena revisión?

YS: Se levanta el dedo del sí.

TE: Yo Superior, ¿encontraste a alguien o algo involucrado en el sueño que necesita ser tratado?

YS: Se levanta el dedo del sí.

TE: Si es alguien, se levanta el primer dedo, si es algo, se levanta el segundo.

YS: Se levanta el primer dedo.

TE: Yo Superior, ¿es una parte del alma de Larry?
YS: Se levanta el dedo del no.
TE: Si ése es un alma, se levanta el primer dedo, si es una entidad creada o una parte de otra alma, entonces se levanta el segundo dedo. Si ninguno de esos encaja, se levanta la mano.
YS: Se levanta el primer dedo.

En este punto, el terapeuta utilizaría el protocolo para dirigirse a un espíritu(s).

Revisión del Yo Superior: Ejemplo 6

TE: Yo Superior, si sería mejor abordar el sueño o las crisis de pánico de las que Nancy y yo hemos hablado, se levanta el primer dedo. Si alguien o algo más necesita ser tratado primero, se levanta el segundo dedo.
YS: Se levanta el segundo dedo.
TE: Yo Superior, si es alguien a quien debemos dirigirnos, se levanta el primer dedo; si es algo o alguna energía, entonces se levanta el segundo dedo. Si ninguno de esos encaja, se levanta la mano.
YS: Se levanta el primer dedo.
TE: Yo Superior, ¿es esto una parte del alma?
YS: Se levanta el dedo del sí.
TE: Yo Superior, ¿estás de acuerdo en que nos comuniquemos directamente con él?
YS: Se levanta el dedo del sí.
TE: Yo Superior, te pido entonces, que lo ayudes a acercarse. (Pausa) Y a éste: ¿eres parte de esta alma con la que estoy trabajando?

En este punto el terapeuta utilizaría el Protocolo para los Estados del Ego.

Revisión del Yo Superior": Ejemplo 7

TE: Yo Superior, ¿estás dispuesto hoy a comunicarte conmigo?
YS: Se levanta el dedo del sí.
TE: Yo Superior, ¿eres consciente del grupo de tres con el que trabajamos en nuestra última sesión?
YS: Se levanta el dedo del sí.
TE: Si ese es el mejor lugar para continuar ahora, se levanta el primer dedo. Si debemos tratar el sueño del que Nancy y yo hablamos o las

crisis de pánico, entonces se levanta el segundo dedo. Si ninguno de esos encaja, entonces se levanta la mano.

YS: Se levanta el segundo dedo.

TE: Si debemos tratar el sueño, entonces se levanta el primer dedo. Si es mejor abordar las crisis de pánico, se levanta el segundo dedo. Si ninguno de esos, entonces se levanta la mano. (Todavía quiero dar al Yo Superior una salida de las dos opciones presentadas).

YS: Se levanta el primer dedo.

TE: Yo Superior, si hay alguien involucrado en el sueño con quien debemos comunicarnos, se levanta el primer dedo. Si es algo o una energía a la que debemos dirigirnos, entonces se levanta el segundo dedo. Si ninguno de esos encaja, se levanta la mano.

YS: Se levanta el segundo dedo.

TE: Si es algo como un dispositivo, un objeto, o un cordón, se levanta el primer dedo. Si es más como una energía, se levanta el segundo dedo.

YS: Se levanta el segundo dedo.

TE: Yo Superior, ¿es esa energía parte de la energía del alma?

YS: Se levanta el dedo del sí.

TE: ¿Hay más de uno?

YS: Se levanta el dedo del sí.

En este punto el terapeuta cambiaría al Protocolo para Energías.

Revisión del Yo Superior: Ejemplo 8

TE: Yo Superior, veo que se ha levantado el primer dedo. ¿Pudiste hacer bien esa revisión?

YS: Se levanta el dedo del sí.

TE: Yo Superior, ¿encontraste a alguien o algo involucrado con los frecuentes dolores de cabeza de Jim?

YS: Se levanta el dedo del sí.

TE: Yo Superior, si es alguien, se levanta el primer dedo; si es algo o alguna energía, se levanta el segundo.

YS: Se levanta el primer dedo.

TE: Yo Superior, ¿es una parte del alma? Si es así, se levanta el primer dedo. Si no forma parte del alma, se levanta el segundo dedo.

YS: Se levanta el segundo dedo.

TE: Yo Superior, ¿es éste un alma? Si es así, se levanta el primer dedo. Si es una entidad creada o una parte de otra alma, se levanta el segundo dedo. Si no estás seguro, Yo Superior, se levanta la mano.
YS: Se levanta el primer dedo.
TE: Yo Superior, ¿ha entrado ese espíritu en el alma?
YS: Se levanta el dedo del sí.
TE: Yo Superior, si este es uno con el que debo comunicarme directamente, se levanta el primer dedo. Si debemos sacarlo ahora, se levanta el segundo. Si debemos hacer otra cosa, se levanta la mano.
YS: Se levanta el primer dedo.
TE: Te pido, entonces, Yo Superior que lo ayudes a acercarse. ... Y a éste: ¿sabes que eres un alma? Si es así, se levanta el primer dedo, de lo contrario el segundo. Si no estás seguro, se levanta la mano.
YS: Se levanta el primer dedo.

En este punto el sanador utilizaría el Protocolo para Espíritus.

Revisión del Yo Superior: Ejemplo 9

TE: Yo Superior, ¿encontraste a alguien o algo en el nivel inconsciente que está involucrado en estas crisis de pánico?
YS: Se levanta el dedo del sí.
TE: Si es alguien, se levanta el primer dedo; si es una cosa, se levanta el segundo; si ninguno de esos encaja, se levanta la mano.
YS: Se levanta el primer dedo.
TE: Yo Superior, ¿es ésta una parte de la energía del alma de Jodie? Si es así, entonces se levanta el primer dedo, si no forma parte del alma, se levanta el segundo dedo. Si no estás seguro, se levanta la mano.
YS: Se levanta el primer dedo.
TE: Te pido, entonces, Yo Superior, que lo ayudes a acercarse. Y a éste: ¿estás dispuesto ahora a comunicarte conmigo?
___ Se levanta el dedo del sí.

No quiero dar la impresión aquí de que el control sobre la dirección del proceso de sanación del cliente se cede sin más al Yo Superior. También se da importancia a las preocupaciones del cliente, ya sea que se centren en un tema específico como las crisis de pánico o en una experiencia que haya tenido durante la semana. Cuando ha sucedido algo traumático o significativo, la necesidad que siente el cliente de afrontarlo puede tener prioridad y el Yo Superior suele estar de acuerdo en que es un tema que hay que tratar en primer lugar.

Sin embargo, la forma de plantear la pregunta cambia. Si se hace así "Yo Superior, ¿estás de acuerdo en que abordemos esta crisis de pánico de la que Cindy y yo hemos hablado hoy?". Una señal de *sí* del Yo Superior apoya el trabajo sobre las crisis de pánico, pero esa señal de *sí* no debe interpretarse como que el Yo Superior está de acuerdo en que es el *mejor* lugar para empezar la sesión. Si el cliente elige conscientemente centrar la sesión en un tema concreto, el Yo Superior no suele oponerse a ello. Le doy al Yo Superior dos o tres opciones junto con levantar la mano para la opción "ninguna de estas" con el fin de evitar esta situación. No quiero poner al Yo Superior, ni a nadie dentro, en una elección forzada en la que ninguna de las opciones es correcta para la pregunta que hemos formulado. Al usar la señal de la mano, es como si le diéramos a la persona con la que nos comunicamos la oportunidad de decir: "Oye, estás haciendo la pregunta equivocada".

Por ahora, siguiendo con nuestro mejor escenario, el Yo Superior señala que ha completado su revisión.

Eligiendo un protocolo

Este es el punto, como terapeutas, en el que no podemos predecir lo que el Yo Superior ha encontrado y quién o qué se va a presentar. Esto se aplica a la primera revisión que hace el Yo Superior y a todas las sesiones posteriores. No sabemos con qué nos vamos a encontrar a continuación. Hay muchas posibilidades y, en la práctica, el terapeuta tiene que estar preparado para cualquiera de ellas.

En mi propia experiencia, he comprobado que lo que se presenta suele entrar en una de estas ocho categorías. El lector las reconocerá en el Protocolo de Identificación. Cada una requiere un enfoque y un protocolo diferentes para identificarla y resolverla. Las ocho categorías de lo que puede presentarse en cualquier momento son:

1) Un estado del ego (o más de uno).
2) Un estado del ego de vidas pasadas.
3) Un espíritu (alma desencarnada).
4) Una entidad creada (No un alma, más bien un *ser de pensamiento*).
5) Un estado del ego externo, es decir, perteneciente a otra alma (EEE).

6) Un ser o entidad extraterrestre o dimensional. (Algunos son almas, otros no. Algunos se considerarían encarnados, otros desencarnados).

7) Un dispositivo u objeto etérico creado a partir de la propia energía del alma del cliente o creado a partir de una energía externa insertada desde el exterior. Estos dispositivos/objetos llevan a cabo ciertas funciones o sirven diferentes propósitos a un nivel inconsciente. Estos dispositivos/objetos pueden estar presentes dentro del alma o actuar sobre el alma desde el exterior.

8) Alguna forma de energía -creada a partir de la energía del alma del cliente o de una energía externa- que está afectando al Yo de forma negativa o dolorosa. Estas energías pueden estar operando dentro del Yo o actuando sobre el alma desde el exterior.

Se trata de categorías amplias, y dentro de cada categoría puede haber una gran variación de fenómenos. También estoy seguro de que estas categorías no abarcan todos los fenómenos, pero son las que he observado con más frecuencia con mis clientes.

En la Sanación Centrada en el Alma, hay un protocolo diferente para tratar cada categoría de fenómenos. El protocolo para tratar un estado del ego, por ejemplo, es muy diferente del protocolo para tratar un espíritu intruso. Una vez que sepamos a qué categoría pertenece el fenómeno que se nos presenta, podremos decidir qué protocolo utilizar para abordarlo. Es posible que tengas que adaptar el protocolo al fenómeno específico que estás tratando, pero sigue los pasos básicos desde la identificación hasta la resolución.

En la Segunda Parte, hablaré de cada uno de los protocolos y de cómo utilizarlos.

Ejercicio 1

El mejor primer paso en el aprendizaje de la Sanación Centrada en el Alma es practicar el establecer comunicación con la parte protectora y el Yo Superior de una persona. Con amigos, familiares o clientes seleccionados que estén dispuestos, utiliza el Protocolo de Apertura para establecer comunicación con su parte protectora y su Yo Superior. Sugeriría hacer esto con al menos siete u ocho personas y más si es posible. El objetivo sería desarrollar una sensación de trabajo con estas partes del Yo. Considero que las primeras sesiones con un cliente son un periodo de calibración para establecer señales ideomotoras fiables.

Ten en cuenta que una parte protectora y/o un Yo Superior pueden estar bloqueados. Si, después de intentar varias preguntas seguras, no puedes establecer comunicación con ninguna de las partes, cierra la sesión con sugerencias positivas y suspende la prueba. Vuelve a intentarlo con la siguiente persona.

Normalmente, si este bloqueo se produce en la práctica, el terapeuta pasaría al siguiente paso de identificar la fuente del bloqueo. Esto puede implicar situaciones muy complejas y aún no las hemos abordado. Así que, por ahora, el énfasis está en una comunicación directa y segura con la parte protectora y el Yo Superior.

Considero que este ejercicio es seguro en el sentido de que ambas son partes positivas del Yo que apoyan inherentemente la sanación de la persona y no se les pide que hagan nada más allá de comunicarse directamente.

Una vez que te hayas comunicado con la parte protectora y/o el Yo Superior de la persona, agradéceselo y da por finalizada la sesión.

Segunda Parte
Protocolos Clínicos

5

Protocolo para Estados del Ego

A diferencia de lo que ocurre con la parte protectora y el Yo Superior, no existe solamente un estado del ego por cliente. Hay muchos. Provienen de la vida actual del cliente y de vidas pasadas. Suelen tener forma humana, pero no siempre. Cada estado del ego conlleva su propia experiencia única. Nunca podemos predecir qué estados del ego se presentarán en el transcurso de la sanación de un cliente. Sin embargo, existe un protocolo básico para trabajar con cualquier estado del ego. (Lo comenté brevemente en el capítulo 12 de Sanación Centrada en el Alma.) El protocolo consta de ocho pasos:

1) Facilitar el contacto con el Yo Superior (recibir Luz).
2) Identificación del estado del ego.
3) ¿Está con otros o está solo?
4) La promesa de integración.
5) Compartir.
6) Liberar.
7) ¿Alguna puerta o ventana?
8) Experiencia consciente e integración.

Estos pasos están diseñados para obtener la cooperación del estado del ego desde el principio y ayudar a conducirlo a través del proceso de compartir y liberar de la forma más fácil posible.

Paso 1: Contacto con el Yo Superior

Una vez que se identifica un estado del ego y éste acepta comunicarse, el primer paso del protocolo consiste en ganarse su confianza y su cooperación. La forma más rápida de hacerlo es iniciar un contacto entre el estado del ego y el Yo Superior. El terapeuta pregunta al estado del ego si está dispuesto a recibir energía de Luz/Amor para sí mismo. Si está de acuerdo, entonces simplemente pedimos al Yo Superior que "envíe de forma segura la energía de Luz/Amor" al estado del ego, así como "cualquier otra información que pueda ser útil, especialmente sobre sanación y liberación".

La influencia del Yo Superior sobre los estados del ego es uno de los elementos aparentemente mágicos de la Sanación Centrada en el Alma. Digo *mágico* porque no puedo explicar lo que sucede en este contacto. Parece que el Yo Superior puede llevar Luz a un estado del ego en cualquier forma que sea más aceptable o necesaria para ese estado del ego en particular. Puede presentarla en pequeñas dosis, abordar miedos o dudas específicos del estado del ego, o aparecer como un hada madrina o alguna otra figura positiva. No importa lo asustado, enojado o confundido que esté, una vez que un estado del ego ha recibido la Luz para sí mismo, yo diría que el noventa y ocho por ciento de las veces quiere conservarla y se vuelve inmediatamente cooperativo en el proceso de sanación. Una vez que un estado del ego recibe la Luz, toda resistencia parece derretirse. Esta respuesta positiva a la Luz es tan consistente que, desde un punto de vista científico, es predecible mucho más allá de la significación estadística. Clínicamente, es una forma rápida y eficaz de ganarse la cooperación de un estado del ego.

En aquellas situaciones en las que un estado del ego detiene la Luz o se niega a recibirla, lo que encontrarás a menudo es que la Luz está gatillando el propio dolor y recuerdos del estado del ego, que está siendo amenazado por espíritus o entidades para que se mantenga alejado de la Luz, o que tiene algún dispositivo o energía pegada a él que causa angustia cuando se expone a la Luz. Hablaré de los protocolos para tratar estas situaciones en un capítulo posterior.

Por ahora, aquí hay un ejemplo de este primer paso en el Protocolo para Estados del Ego. El terapeuta se está comunicando con un estado del ego que el Yo Superior acaba de identificar.

Protocolo para Estados del Ego. Paso 1: Ejemplo 1

TE: A éste: ¿estás dispuesto a comunicarte conmigo mientras te sientas seguro?

EE: Se levanta el dedo del sí.

TE:	¿Sabías que eres parte de esta alma con la que estoy trabajando?
EE:	Se levanta el dedo del sí.
TE:	¿Estás recibiendo energía de Luz/Amor?
EE:	Se levanta la mano. (No sé)
TE:	A éste: ¿estás dispuesto a que el Yo Superior te envíe energía de Luz/Amor?
EE:	Se levanta el dedo del sí.
TE:	Voy a pedir entonces que el Yo Superior te envíe esa energía de Luz/Amor. Puedes recibir esa Luz, y si te gusta, puedes llevarla al nivel que se sienta más cómodo dentro de ti. Comienzo: uno, dos, tres: Yo Superior, por favor envíale a éste esa energía de Luz/Amor/calor; y a éste: permítete recibir esa Luz a cualquier nivel que se sienta cómodo. Se levanta el primer dedo cuando la hayas recibido; el segundo dedo si se ha detenido el envío o se ha bloqueado. (Pausa)
EE:	Se levanta el primer dedo.
TE:	A éste: ¿recibiste bien esa Luz?
EE:	Se levanta el dedo del sí.
TE:	¿Te sientes bien?
EE:	Se levanta el dedo del sí.
TE:	Le voy a pedir al Yo Superior que mantenga esa Luz ahí contigo. ¿Estás de acuerdo?
EE:	Se levanta el dedo del sí.
TE:	A éste: ¿Fuiste creado en esta vida presente de María?
EE:	Se levanta el dedo del sí.

Aquí hay otro ejemplo de ese primer paso de facilitar contacto entre el estado del ego y el Yo Superior. Este ejemplo es un poco más complejo. Muestra un estado del ego que no es consciente de que es parte del alma.

Protocolo para Estados del Ego. Paso 1: Ejemplo 2

TE:	Yo Superior, te pido que ayudes a ese estado del ego que se acerque. (Pausa.) Y a éste: ¿Sabías que eres parte de esta alma con la que estoy trabajando?
EE:	Se levanta el dedo del no.
TE:	¿Estás dispuesto a que se te envíe alguna información sobre tu conexión con esta alma?

EE: Se levanta el dedo del sí.
TE: De acuerdo entonces. A la cuenta de tres voy a pedir al Yo Superior que te envíe esta información. Uno, dos, tres: Yo Superior, por favor envíale información sobre si es o no parte de esta alma. También, por favor comunícale cualquier otra información que pueda ser útil, especialmente sobre el proceso de sanación con el que estamos trabajando. Y a éste: se levanta el primer dedo cuando hayas recibido esa información, de lo contrario se levanta el segundo dedo.
EE: Se levanta el primer dedo.
TE: A éste: ¿recibiste bien esta información?
EE: Se levanta el dedo del sí.
TE: Si eres parte de esta alma se levanta el primer dedo, de lo contrario, el segundo.
EE: Se levanta el primer dedo.
TE: ¿Estás recibiendo Luz para ti ahora allí donde estás?
EE: Se levanta la mano. (No lo sé)
TE: A éste: ¿estás dispuesto a que el Yo Superior te envíe energía de Luz/Amor ahora?
EE: Se levanta la mano. (No sé)
TE: A éste: ¿estás dispuesto a que te envíen esa Luz siempre y cuando puedas detenerla inmediatamente si lo necesitas, pero si te gusta, puedes quedártela, pero la elección dependerá de ti? Nada será forzado.
EE: Se levanta el dedo del Sí.
TE: A la cuenta de tres: uno, dos tres... Yo Superior por favor envíale un pequeño pedazo de esa energía de Luz/Amor. Y a éste: permítete recibir esa Luz. Puedes detenerla si lo necesitas, pero si te gusta, puedes llevarla a tu interior y quedártela. Se levanta el primer dedo cuando hayas tocado esa Luz, de lo contrario el segundo.
EE: El primer dedo se levanta.
TE: A éste: ¿Recibiste esa Luz?
EE: Se levanta el dedo del sí.
TE: ¿Decidiste guardar la Luz para ti? Si es así, se levanta el primer dedo. Si necesitabas detenerla, se levanta el segundo dedo.
EE: Se levanta el primer dedo.
TE: A éste: ¿te gustaría recibir más de esa energía de Luz/Amor?
EE: Se levanta el dedo del sí.

TE: Yo Superior, te pido entonces, que le envíes más de esa energía de Luz/Amor. Y a éste: lleva esta Luz al nivel más cómodo en tu interior. Se levanta el primer dedo cuando la hayas recibido, de lo contrario el segundo.
EE: Se levanta el primer dedo.
TE: ¿Recibiste esa Luz?
EE: Se levanta el dedo del sí.
TE: ¿Se siente bien?
EE: Se levanta el dedo del sí.

El siguiente es un ejemplo que involucra a un estado del ego de cinco años que tiene miedo de la Luz y ha dicho *no* a cualquier contacto con el Yo Superior.

Protocolo para Estados del Ego. Paso 1: Ejemplo 3

TE: A la niña de 5 años, ¿te asusta la Luz?
Niña de 5 años: Se levanta el dedo del sí.
TE: ¿estás dispuesta a que el Yo Superior te envíe un pedacito de Luz, siempre y cuando se detenga a un metro de distancia?... no te tocará ...y puedes ver por ti misma si te sientes segura o no. ¿Estás dispuesta a que el Yo Superior haga eso - enviar sólo un pedacito de Luz - siempre y cuando se quede a un metro de distancia y no tengas que tocarla?
Niña de 5 años: Se levanta el dedo del sí.
TE: Yo Superior, a la cuenta de tres, te pido que envíes ese pedacito de Luz a la niña de 5 años, pero manteniéndola a una distancia segura... sólo para que ella pueda verla.
Y a la niña de 5 años, cuando veas ese pedacito de Luz y se haya detenido, levanta el primer dedo para hacérmelo saber. Si no la ves o hay algún problema, levanta el segundo dedo.
...Comenzando ahora: uno, dos, tres. Yo Superior, por favor envía a la niña ese pedacito de Luz y detenla frente a ella... con mucha seguridad. Y a la niña, permítete ver ese pedacito de Luz. Está bien... No te tocará. Se detendrá a un metro de distancia. Es seguro mirarla... Se levanta el primer dedo cuando la veas, de lo contrario el segundo dedo... (Pausa)
Niña: Se levanta el primer dedo.

TE: ¿puedes ver ese pedacito de Luz?
Niña: Se levanta el dedo del sí.
TE: ¿Sientes algún dolor o angustia?
Niña: Se levanta el dedo del no.
TE: ¿estarías dispuesta a que ese pedacito de Luz se acerque un poco, sólo hasta que lo sientas? Cuando lo hagas, puedes pararla inmediatamente si lo necesitas. ¿Estarías dispuesta a hacer eso?
Niña: Se levanta el dedo del no.
TE: ¿Aún tienes miedo?
Niña: Se levanta el dedo del sí.
TE: ¿Estarías dispuesta a pasar tu mano por encima del pedacito de Luz? De nuevo, puedes quitar la mano si te duele o te asusta. ¿Estarías dispuesta a intentarlo?
Niña: Se levanta el dedo del sí.
TE: Muy bien... Puedes hacerlo ahora... solo pasa tu mano por encima de ese pedacito de Luz, solo hasta que sientas esa Luz, aunque sea un poco. Se levanta el primer dedo cuando la hayas sentido, de lo contrario el segundo dedo.
Niña: Se levanta el primer dedo.
TE: ¿puedes sentir esa Luz?
Niña: Se levanta el dedo del sí.
TE: ¿Te sientes bien?
Niña: Se levanta el dedo del sí.
TE: ¿Te gustaría recibir más de esa Luz?
Niña: Se levanta el dedo del sí.
TE: puedes extender tu mano y ese pedacito de Luz puede asentarse, y te traerá más Luz. ¿Te gustaría eso?
Niña: Se levanta el dedo del sí.
TE: Yo Superior, te pido que muevas el pedacito de Luz ahora a la palma de su mano. A la niña, mientras eso sucede, puedes sentir esa Luz y llevarla a tu interior. Puedes hacer eso ahora con toda tranquilidad. Permítete recibirla. Puedes llevarla al nivel más cómodo dentro de ti... Se levanta el primer dedo cuando hayas recibido esa Luz, se levanta el segundo dedo si hay algún problema. (Pausa).
Niña: Se levanta el dedo del sí.
TE: a la niña: ¿Pudiste llevar esa Luz a tu interior?
Niña: Se levanta el dedo del sí.
TE: ¿Te sientes bien?

Niña: Se levanta el dedo del sí.

TE: ¿Estás dispuesta ahora, con la ayuda del Yo Superior, a compartir lo que necesitas compartir para tu completa sanación y liberación?

Niña: Se levanta el dedo del sí.

Como puedes ver en estos ejemplos, el primer paso es ayudar a un estado del ego a recibir la Luz, y la forma más eficaz de hacerlo es ofrecerle una experiencia segura de la Luz en la que no tenga nada que perder y todo que ganar. Diferentes estados del ego requieren diferentes seguridades o garantías. Al final, la garantía es que el estado del ego puede tocar la Luz con seguridad y elegir por sí mismo si quiere detener la Luz o recibirla. El estado del ego tiene garantizado el control total de la experiencia.

El papel del terapeuta en este punto es facilitar el contacto ofreciendo sugerencias y las garantías que sean necesarias. Una vez que el estado del ego entra en contacto con la Luz, el noventa y ocho por ciento de las veces comunicará que la Luz le hace sentir bien y que desea quedársela. Al igual que con la parte protectora y el Yo Superior, el primer paso con un estado del ego es convertirlo en un aliado en el proceso de sanación.

Sin embargo, no es raro que un estado del ego rechace la Luz al principio. He encontrado cuatro razones principales para ello.

1) En primer lugar, el contacto con la Luz puede empezar a revivir en el estado el ego, su propio dolor. A percibir la Luz como causante de su dolor, el estado del ego apaga la Luz para detener el dolor.

2) La segunda razón por la que un estado del ego puede rechazar el contacto con la Luz es porque alguien o algo, en tiempo presente, le está amenazando para que se mantenga alejado de la Luz. Puede ser un espíritu quien lo amenace o puede ser amenazado por otro estado del ego.

3) La tercera razón es que el estado del ego, en el pasado, ha recibido el mensaje de mantenerse alejado de la Luz porque le dañará o destruirá.

4) Por último, puede haber algún tipo de dispositivo colocado en el estado del ego o cerca de él que empiece a reaccionar cuando se acerque la Luz. Entonces, el estado del ego detiene la Luz para detener los efectos del dispositivo.

Cada una de estas situaciones requiere un cambio de protocolo para resolver la negativa del estado del ego, o para identificar la fuente de una amenaza y neutralizarla. Estos protocolos se analizarán con más detalle más adelante. Por ahora volveremos al escenario ideal en el que se ha producido el contacto entre el estado del ego y el Yo Superior.

Paso 2: Identificación del Estado del Ego

Una vez que un estado del ego ha recibido la Luz y ha señalado que está de acuerdo con el proceso de sanación, el siguiente paso es pedir información básica sobre quién es: ¿Vida pasada o presente? ¿Hombre o mujer? ¿Niño, adolescente o adulto? ¿Tiene nombre? Esta información proporciona al terapeuta la identidad básica del estado del ego con el que se está comunicando o a quien regresar en caso de que la comunicación se detenga o se bloquee.

La identificación del estado del ego también es importante para ayudar al terapeuta a comunicarse con éste dentro de su propio contexto, para que entienda lo que se le pide y lo que se le ofrece. Hablamos de forma diferente con un estado del ego de tres años de la vida actual de un cliente que con un monje del siglo XIII de una vida pasada. Si intentamos hablar con un escudero del siglo XVII sobre un automóvil, es probable que la comunicación se vuelva confusa.

Por último, la identificación del estado del ego permite al terapeuta trazar el curso del proceso de sanación, como se traza la cartografía de un río y sus afluentes. Proporciona una perspectiva global y una sensación de continuidad tanto para el paciente como para el terapeuta. También deja claro que las cosas no surgen al azar o de la nada. Hay una lógica interna en el proceso de sanación.

En este paso, no se pide al estado del ego que comparta su experiencia. A veces, el intercambio se produce espontáneamente, lo cual está bien. En ese caso, el terapeuta puede limitarse a apoyar el proceso de compartir y más tarde, volver atrás para obtener más información si es necesario.

En la práctica, el protocolo para identificar un estado del ego podría ser el siguiente:

Identificación de un Estado del Ego: Ejemplo 1

TE: A éste: ¿eres parte de esta alma?
EE: Se levanta el dedo del sí.
TE: ¿Fuiste creado en esta vida presente de Cindy?
EE: Se levanta el dedo del sí.
TE: ¿Tienes menos de doce años?
EE: Se levanta el dedo del sí.
TE: ¿Menos de siete?
EE: Se levanta el dedo del no.
TE: ¿Tienes menos de nueve años?
EE: Se levanta el dedo del sí.
TE: ¿Tienes ocho años?
EE: Se levanta el dedo del sí.
TE: ¿Eres niña?
Niña: Se levanta el dedo del sí.
TE: ¿Tienes nombre?
Niña: Se levanta el dedo del no.
TE: ¿Conoces el proceso de sanación con el que estamos trabajando?
Niña: Se levanta el dedo del sí.
TE: ¿Te gustaría recibir sanación y liberación?
Niña: Se levanta el dedo del sí.
TE: ¿Estás dispuesta, con el apoyo del Yo Superior, a compartir lo que necesites compartir para liberar y sanar?
Niña: Se levanta el dedo del no.

En este ejemplo, la identificación transcurre sin problemas, pero el estado del ego se resiste a compartir su experiencia. Utilizando un protocolo diferente, el terapeuta determinará por qué el estado del ego se niega y le ayudará a resolverlo.

He aquí otro ejemplo del protocolo para identificar un estado del ego:

Identificación de un Estado del Ego: Ejemplo 2

TE: A éste: ¿Fuiste creado en esta vida presente de Cindy?
EE: Se levanta el dedo del no.
TE: ¿Eres de una vida pasada o diferente? Si es así, se levanta el primer dedo. Si no estás seguro, se levanta el segundo dedo.
EE: Se levanta el primer dedo.

TE:	¿Eres varón?
EE:	Se levanta el dedo del no.
TE:	¿eres mujer?
EE:	Se levanta el dedo del sí.
TE:	¿Eres adulto?
EE:	Se levanta el dedo del no.
TE:	¿Eres adolescente?
EE:	Se levanta el dedo del sí.
TE:	¿Tienes nombre?
EE:	Se levanta el dedo del sí.
TE:	¿Está bien que sepamos tu nombre?
EE:	Se levanta el dedo del sí.
TE:	Te pido entonces, que comuniques tu nombre aquí mismo a la mente consciente a la cuenta de tres: uno, dos, tres... por favor comparte tu nombre de forma clara con la mente consciente. Se levanta el primer dedo cuando lo hayas hecho, de lo contrario el segundo dedo.
EE:	Se levanta el primer dedo.
TE:	Cindy, aquí conmigo a nivel consciente: Cindy, ¿recibiste ese nombre?
Cy:	Sí, su nombre es Lisa.
TE:	A la niña: tu nombre es Lisa ¿correcto?
EE:	Se levanta el dedo del sí.
TE:	Lisa, ¿conoces el proceso de sanación con el que estamos trabajando?
EE:	Se levanta el dedo del sí.
TE:	¿Quieres recibir sanación y liberación?
EE:	Se levanta el dedo del sí.

Paso 3: ¿Hay Otros?

Una vez que un estado del ego ha recibido Luz y ha sido identificado, le pediré que mire a su alrededor y vea si hay alguien más. Cuando el Yo Superior identifica a un estado del ego para que se presente o cuando un estado del ego se presenta por su cuenta, a menudo forma parte de un grupo. Es bueno obtener esta información al principio del protocolo por varias razones.

- Nos ahorra tiempo al no tener que repetir los pasos más tarde con otros miembros del grupo.

- Puede ser apropiado iniciar el contacto con la Luz para cada miembro del grupo simultáneamente. Esto suele conducir a la cooperación de todo el grupo y a evitar futuros bloqueos por parte de alguien del grupo.
- La mayoría de las veces es posible que un grupo entero de estados del ego puedan moverse juntos a través del proceso de compartir y liberar. En ese caso, suelo identificar el estado del ego que se presenta, averiguo cuántos hay en el grupo, pero no pregunto por la identificación de cada uno a menos que sea necesario. Durante el proceso de compartir y liberar, a veces es necesario identificar a uno o más estados del ego pertenecientes al grupo para trabajar con ellos individualmente. En ese caso, sigue el mismo protocolo. La mayoría de las veces, sin embargo, todo el grupo pasará por ello en conjunto.

Paso 4: El Lugar de Integración

El siguiente paso, una vez que se ha identificado un estado del ego, consiste en comunicarle sobre el lugar de integración que le espera una vez que haya pasado por el proceso de compartir y liberar. Este paso no es siempre necesario. Algunos estados del ego están preparados para compartir sus recuerdos y experiencias justo después de su contacto con el Yo Superior. Sin embargo, cuando todavía hay resistencia o dificultad, la promesa de integración puede ser otro motivo poderoso para que un estado del ego esté de acuerdo con compartir. Incluso cuando no es necesario, creo que esta información también ofrece una mayor comprensión a aquellos estados del ego que ya están dispuestos a compartir. Diría que la mayoría de las veces le pido al Yo Superior que muestre a un estado del ego su lugar de integración sólo para tranquilizarlo y animarlo. Al final, todos los estados del ego conocerán este lugar. El asunto es, si ayudaría a un estado del ego verlo antes o después.

El lugar de integración es otro de esos elementos mágicos en el proceso de sanación. No es un lugar físico, sino un lugar en la conciencia. Es un lugar al que un estado del ego puede ir una vez que ha pasado por el proceso de sanación. Cada estado del ego tiene su lugar de integración y el Yo Superior sabe dónde está. Además, el Yo Superior puede mostrar a un estado del ego su lugar de integración incluso antes de que comparta o se libere.

La parte mágica es que el noventa y ocho por ciento de los estados del ego responden positivamente al recibir conocimiento sobre su lugar de integración. A veces, este conocimiento es el factor decisivo para un estado del ego que todavía se resiste a la Luz o a compartir su dolor. Si se les pregunta, los estados del ego invariablemente están de acuerdo en que el lugar que vieron les pareció bueno y cómodo, y que se sentía como su hogar. La mayoría de las veces, cuando se le pregunta, un estado del ego comunica que quiere trasladarse al lugar de integración que acaba de ver. (Véanse los capítulos 11 y 12 de *Sanación Centrada en el Alma*.) He aquí un par de ejemplos de este paso.

Mostrándole a un Estado del Ego su Lugar de Integración: Ejemplo 1

TE: A la niña de 12 años ¿Recibiste esa Luz?
Niña: Se levanta el dedo del sí.
TE: ¿Te sientes bien?
Niña: Se levanta el dedo del sí.
TE: ¿Estarías dispuesta ahora a compartir lo que necesitas para sanar y liberar?
Niña: Se levanta la mano (No estoy segura)
TE: ¿Tienes algún miedo con respecto a esto?
Niña: Se levanta el dedo del sí.
TE: ¿sabías que hay un lugar de Luz e integración esperándote después de compartir y liberar? ¿Conoces ese lugar?
Niña: Se levanta el dedo del no.
TE: ¿Estarías dispuesta a que el Yo Superior te muestre ese lugar que te está esperando? ¿Te gustaría verlo?
Niña: Se levanta el dedo del sí.
TE: Yo Superior, te pido entonces, que le muestres a la niña de 12 años ese lugar de Luz e integración que está aquí para ella. A la niña, se levanta el primer dedo cuando veas ese lugar, de lo contrario el segundo.
Niña: Se levanta el primer dedo.
TE: ¿pudiste ver bien ese lugar?
Niña: Se levanta el dedo del sí.
TE: ¿Te parece un lugar bueno y apropiado para estar?
Niña: Se levanta el dedo del sí.
TE: ¿Es ése un lugar al que te gustaría mudarte después de tu propia sanación y liberación?

Niña: Se levanta el dedo del sí.

TE: ¿Estás dispuesta entonces, con la ayuda del Yo Superior, a compartir lo que necesites para moverte a tu nuevo lugar?

Niña: Se levanta el dedo del sí.

El siguiente es otro ejemplo en el que el lugar de integración se utiliza para obtener la cooperación de un estado del ego.

Mostrándole a un Estado del Ego su Lugar de Integración: Ejemplo 2

TE: Oliver, ¿estás dispuesto a compartir lo que necesitas compartir para sanar y liberar?

OL: Se levanta el dedo del sí.

TE: A la cuenta de tres entonces, comparte lo que necesites: uno, dos, tres... comparte ahora con la mente consciente lo que necesites compartir. Es seguro hacerlo ahora. Se levanta el primer dedo cuando hayas compartido, el segundo dedo si has tenido que parar o hay un bloqueo.

OL: Se levanta el segundo dedo.

TE: ¿Oliver se detuvo el compartir?

OL: Se levanta el dedo del sí.

TE: Peter aquí conmigo a nivel consciente, Peter ¿recibiste algo?

PE: No. No recibí nada.

TE: Oliver si necesitabas dejar de compartir, levanta el primer dedo. Si alguien o algo parece estar interponiéndose, entonces levanta el segundo dedo.

OL: Se levanta el primer dedo.

TE: Oliver necesitabas dejar de compartir, ¿es así?

OL: Se levanta el dedo del sí.

TE: ¿Te asustó?

OL: Se levanta el dedo del sí.

TE: Oliver, ¿sabías que hay un lugar de Luz e integración esperándote cuando hayas compartido?

OL: Se levanta el dedo del no.

TE: Oliver ¿Te gustaría ver ese lugar por ti mismo? ¿Sólo para darte un poco de seguridad de que la sanación y la liberación es seguro para ti?

OL: Se levanta el dedo del sí.

TE: Ok. Yo Superior, te pido que por favor le muestres a Oliver ese lugar de Luz e integración que está aquí para él dentro del alma. Oliver, permítete ver ese lugar. Se levanta el primer dedo cuando lo hayas visto, de lo contrario el segundo dedo.
OL: Se levanta el primer dedo.
TE: ¿Pudiste ver bien ese lugar?
OL: Se levanta el dedo del sí.
TE: ¿Te parece que es un lugar bueno y adecuado para estar?
OL: Se levanta el dedo del sí.
TE: ¿Te da eso la seguridad que necesitas, Oliver, para saber que ahora puedes sanar y liberar?
OL: Se levanta el dedo del sí.
TE: ¿Estás dispuesto a compartir, entonces, lo que necesitas compartir para esa liberación?
OL: Se levanta el dedo del sí.

Este paso del protocolo suele ir bastante bien. Al igual que el contacto con el Yo Superior y la Luz, el lugar de integración se refuerza a sí mismo. Es su propia recompensa. Para los estados del ego, casi siempre se siente bien. Se sienten seguros. Tiene sentido. ¿Quién rechazaría tal lugar de comodidad y seguridad y elegiría, en su lugar, permanecer en el miedo y la angustia? Es obvio. Para un estado del ego, no hay ningún riesgo en recibir información sobre él, o en que se le muestre su propio lugar de integración. Si un estado del ego tiene miedo de salir de donde está, el Yo Superior puede enviar una imagen del lugar con la misma facilidad.

No se está forzando nada al respecto. El estado del ego hace su propio juicio sobre lo que ha visto y sentido. La mayoría de las veces los estados del ego tienen una respuesta fuerte y positiva con respecto al lugar que han visto. Les gusta y quieren mudarse allí. Si hay una reacción negativa, casi siempre se debe al miedo o a la angustia del estado del ego ante tanta Luz o a la sensación de que no la merecen o de que serán rechazados por la Luz.

Entonces, además del contacto con la Luz, esta promesa de integración es otra poderosa motivación para que los estados del ego digan sí al proceso de sanación, incluso cuando eso significa que primero deben compartir su dolor y angustia. Este conocimiento de la integración proporciona al estado del ego una especie de seguridad final.

Independiente de cómo lo transmita el Yo Superior, ayuda al estado del ego a vislumbrar su futuro y dónde puede vivir. Como ya he dicho, no utilizo este paso con todos los estados del ego o grupos de estados del ego, pero lo hago a menudo. Tranquiliza a los que tienen miedo o desconfían, y refuerza a los que ya están dispuestos a compartir.

Paso 5: Compartir

Cuando un estado del ego tiene toda la seguridad que necesita y señala que está de acuerdo en compartir lo que necesita para liberarse, el terapeuta le pide que empiece a compartir con la mente consciente lo que sea necesario para la sanación. Normalmente, aunque no siempre, el lenguaje corporal y las expresiones faciales del cliente indican que algo está ocurriendo. Además, algunos clientes empiezan a compartir en voz alta lo que les llega. Para el cliente, el compartir puede ir desde revivir intensamente una experiencia, hasta compartir sólo las emociones o las sensaciones fisiológicas. Tanto si el cliente lo ha contado en voz alta como si no, el terapeuta espera la señal de 'sí' que indica que el relato se ha completado.

Una vez que llega la señal, el terapeuta le pregunta al cliente si ha recibido lo que ha compartido y en caso afirmativo, si desea hacer algún comentario al respecto. Cuando haya terminado, el terapeuta repetirá brevemente lo que se ha compartido y preguntará al estado del ego si es correcto. En caso afirmativo, se le pregunta al Yo Superior si está de acuerdo en que se ha compartido todo lo necesario. En caso de que así sea, el estado del ego puede pasar al proceso de liberación.

A continuación, se muestra un ejemplo de cómo podría ser el proceso durante una sesión. En el mejor de los casos, el intercambio es breve y directo.

Proceso de Compartir en un Estado del Ego: Ejemplo 1

TE: al niño de 6 años ¿pudiste ver bien ese lugar de integración?
Niño: Se levanta el dedo del sí.
TE: ¿Te parece un lugar bueno y adecuado para estar?
Niño: Se levanta el dedo del sí.
TE: ¿Te gustaría moverte a ese lugar una vez que hayas pasado por el proceso de compartir y liberar?
Niño: Se levanta el dedo del sí.

TE: ¿Estás dispuesto entonces a compartir lo que necesites?
Niño: Se levanta el dedo del sí.
TE: ¿Sabes qué es lo que necesitas compartir?
Niño: Se levanta el dedo del sí.
TE: Le pediré al Yo Superior que te mantenga rodeado de Luz, y a la cuenta de tres puedes compartir lo que necesites. Comenzando: uno, dos, tres... comparte ahora lo que necesites compartir... lo que veas, sientas o escuches que necesite ser compartido. Deja que venga al presente ahora. Se levanta el primer dedo cuando hayas compartido, se levanta el segundo dedo si necesitas detenerte.
(El lenguaje corporal y expresiones evidentes indican que algo está pasando.)
Niño: Se levanta el dedo del sí.
TE: David aquí conmigo a nivel consciente, David, ¿has recibido algo?
DA: Veo a mi padre. Me está gritando. Estoy en el sótano. Me está gritando que soy estúpido. No me puedo mover... tengo miedo de que me pegue.
TE: Al niño de 6 años ¿es esto correcto? ¿Esto que compartes sobre papá gritándote?
Niño: Se levanta el dedo del sí.
TE: ¿Hay algo más que necesites compartir?
Niño: Se levanta el dedo del no. (Esto puede ser cierto o no. Se aclarará después del proceso de liberar. Si el estado del ego todavía siente dolor o angustia después de liberar, entonces hay una buena posibilidad de que todavía hay más que necesita compartir. También se le puede preguntar al Yo Superior sobre esto después de haber compartido).
TE: Yo Superior, ¿estás de acuerdo que el niño de 6 años ha compartido todo lo que necesita para liberarse?
YS: Se levanta el dedo del sí.
TE: Yo Superior, ¿puede el niño liberarse ahora de su angustia?
YS: Se levanta el dedo del sí.

El terapeuta no necesita saber lo que ha compartido un estado del ego para que éste se libere. Hay veces en las que un cliente no quiere compartir lo que el estado del ego ha contado. Puede ser algo de lo que se avergüence, o simplemente puede sentir que es algo demasiado privado y vulnerable. Técnicamente, alguien podría atravesar todo su proceso de sanación sin contar nunca al terapeuta lo que está compartiendo. Lo que el terapeuta necesita saber es que, efectivamente, se ha compartido lo necesario. A veces, el propio estado del ego puede confirmarlo directamente. Además, el Yo Superior suele saber si el estado del ego ha compartido todo lo necesario. Al final, sin embargo, su liberación del dolor es el determinante final de si ha compartido todo lo que necesitaba. Si no lo ha hecho, no podrá liberar de forma completa ni entrar en su lugar de integración. Comunicará que aún siente cierta angustia o dolor.

Si embargo, le doy ánimo al cliente desde el principio para que comparta lo que le resulte cómodo. Creo que es importante por varias razones. En primer lugar, estimula al cliente a expresar y dar voz al dolor, al conflicto o a la angustia que arrastra. Al igual que en la terapia tradicional, la expresión del dolor reprimido o disociado suele ser una parte importante del proceso de sanación. En segundo lugar, creo que esta información ayuda al terapeuta a mantener su conexión empática con el cliente. También permite al terapeuta saber dónde se encuentra el cliente emocional y psicológicamente y estar preparado para ayudarlo o proporcionarle orientación cuando sea necesario. Por último, al llevar un registro de los estados del ego con los que se ha trabajado y de lo que se ha compartido, el terapeuta puede tener al menos un mapa rudimentario del curso del tratamiento del cliente y de las principales áreas que se han presentado para la sanación.

Paso 6: Liberación

Una vez que el estado del ego ha compartido lo que necesita, el terapeuta inicia, para el estado del ego, el proceso de liberación del dolor y la angustia. Se pide al Yo Superior que ayude al estado del ego en todo lo que pueda para liberarse. Esta liberación del dolor es uno de los objetivos principales del proceso de sanación. Una vez que el estado del ego ha compartido su experiencia con la mente consciente, ya no tiene necesidad de permanecer disociado del Yo ni de aferrarse al dolor y al miedo. Puede descargar la energía que ha mantenido vivos el dolor y el conflicto a nivel inconsciente.

Cuando un estado del ego señala el final de su liberación, el terapeuta pregunta al estado del ego si todavía siente algo de dolor o angustia. En ese caso, se repite el proceso de compartir. Más adelante hablaremos de ello. Sin embargo, si no hay dolor ni angustia y el estado del ego se siente bien y cómodo en su interior, entonces está listo para trasladarse a su lugar de integración. Comprobaré con el Yo Superior si está de acuerdo con que el estado del ego con el que estoy trabajando (o todo un grupo, si es el caso) está listo para integrarse.

Ocurre que hay estados del ego que han compartido todo lo que necesitaban, pero no han logrado tener una liberación completa. Si el Yo Superior está de acuerdo en que se ha compartido todo lo necesario, entonces guiaré al estado del ego a través de otra liberación. En este caso, el Yo Superior normalmente puede ayudar al estado del ego a realizar su liberación de forma segura. Si continúa la dificultad con la liberación, le pediré al Yo Superior que revise y vea si alguien o algo está interfiriendo con la liberación.

Entonces, después de que un estado del ego haya tenido una liberación completa y no sienta dolor ni angustia, el terapeuta confirma con el Yo Superior que el estado del ego está listo para integrarse.

Paso 7: ¿Hay Puertas o Ventanas?

Antes de que un estado del ego se integre, le pediré que primero mire a su alrededor y vea si hay puertas o aberturas donde se encuentra. Probablemente la mayoría de las veces, el estado del ego señalará que ve puertas o aberturas. El terapeuta determina entonces el número de puertas y pide al Yo Superior que coloque Luz en esas puertas. Esto es para actuar como una barrera temporal en caso de que nuestro trabajo con este estado del ego o área en particular haya desencadenado algo en un área adyacente. El terapeuta volverá a las puertas después de que el estado del ego se haya integrado.

Cuando esa integración se haya completado, preguntaré al Yo Superior sobre las puertas. En general, reconozco dos categorías de puertas: las que van a otras áreas del Yo/alma y las que llevan fuera del alma. Si hay puertas que van fuera del alma, entonces el siguiente paso suele ser llevar a cabo una recuperación de cualquier parte o pieza de energía del alma que haya salido o haya sido llevada a través de esa abertura. Si no hay puertas que salgan del alma, entonces se pregunta al Yo Superior si las puertas conducen a otras zonas del alma. En caso afirmativo, pregunto al Yo Superior si se trata de puertas a las que haya que dirigirse directamente. Mi experiencia es que la mayoría de las veces ese es el caso.

Recuperando Partes del Alma: Ejemplo 1

TE: Yo Superior, ¿eres consciente de esas tres puertas de las que habló el niño de 10 años?
YS: Se levanta el dedo del sí.
TE: ¿Alguna de esas puertas va fuera del alma?
YS: Se levanta el dedo del sí.
TE: ¿Más de dos van afuera?
YS: Se levanta el dedo del no.
TE: ¿Más de una?
YS: Se levanta el dedo del sí.
TE: Dos van fuera del alma, ¿correcto?
YS: Se levanta el dedo del sí.
TE: ¿Han salido o se han sacado partes o trozos del alma por esas puertas?
YS: Se levanta el dedo del sí.
TE: ¿Deberíamos recuperarlas ahora?
YS: Se levanta el dedo del sí.
TE: ¿Puedes junto a los guías llevar a cabo esa operación ahora?
YS: Se levanta el dedo del sí.
TE: A la cuenta de tres entonces: uno, dos, tres... Yo Superior y guías, usando la Luz y la vibración del alma, por favor recuperen ahora esas partes y piezas del alma que se han ido o han sido tomadas. Tráiganlas de vuelta al alma. Asegúrense de que estén limpias cuando sean devueltas al alma. Se levanta el primer dedo cuando el rescate esté completo, se levanta el segundo dedo si hay algún problema.
YS: Se levanta el primer dedo.
TE: Yo Superior, ¿pudieron recuperar todo lo que se había ido o había sido tomado?
YS: Se levanta el dedo del sí.
TE: ¿Puedes cerrar y sellar esa puerta ahora?
YS: Se levanta el dedo del sí.
TE: Yo Superior, usando la Luz, por favor cierra y sella esa puerta. Se levanta el primer dedo cuando esté listo; el segundo dedo si hay algún problema.
YS: Se levanta el primer dedo.
TE: Yo Superior, durante este proceso, ¿se recuperó algún estado del ego?

YS: Se levanta el dedo del no. (En caso de que la respuesta haya sido un sí, se usaría el Protocolo para Estados del Ego)

TE: ¿Puede la energía del alma que ha sido recuperada ser reintegrada ahora con el alma?

YS: Se levanta el dedo del sí.

TE: Yo Superior, usando la Luz, por favor reintegra esas partes de energía del alma. Se levanta el primer dedo cuando esté listo; el segundo dedo si hay algún problema.

YS: Se levanta el primer dedo.

TE: Yo Superior, ¿Pudiste reintegrar esa energía al alma?

YS: Se levanta el dedo del sí.

TE: Si esa área donde acabamos de trabajar debe ser llenada con Luz, se levanta el primer dedo. Si el área necesita ser disipada, se levanta el segundo dedo.

YS: Se levanta el segundo dedo.

TE: Yo Superior, por favor usa la Luz para disipar esa área, asegurándote que el límite del alma está seguro. Se levanta el primer dedo cuando esté listo, el segundo dedo si hay algún problema.

YS: Se levanta el primer dedo.

Normalmente, cuando el terapeuta llega a identificar puertas y aperturas, ya se ha trabajado con los estados del ego o seres externos implicados y se han resuelto los problemas. En el proceso, normalmente se habrá anulado cualquier permiso para entrar en el alma o para mantener su energía. El alma, con su absoluto libre albedrío, puede reafirmarse y reclamar las partes que le faltan sin dificultad. Los seres externos han perdido el control. Me imagino este proceso de recuperación de partes como el alma atrayendo a casa su energía como un imán.

Sin embargo, hay ocasiones en las que se pide al Yo Superior y a los guías que lleven a cabo un proceso de recuperación y éstos señalan que hay un problema. Cuando esto sucede, casi siempre significa que hay almas oscuras involucradas que se niegan a devolver la energía del alma. También suele significar que todavía tienen algún tipo de control o acceso. O todavía hay alguien o algo dentro del alma que están usando o tienen alguna parte del alma, presa en la Oscuridad, que les da permiso.

Cuando el proceso de recuperación está bloqueado, el terapeuta trabaja con el Yo Superior y/o los guías para rastrear esos permisos.

La mayoría de las veces, son capaces de encontrar esos accesos, y el terapeuta inicia el Protocolo de Identificación para ver de quién o qué se trata. Una vez cerrados esos accesos, se dirige de nuevo al Yo Superior y a los guías para que lleven a cabo el proceso de recuperación. Desde un punto de vista clínico, la situación es la siguiente: mi cliente, como alma, tiene derecho absoluto a su propia energía, y ahora está tomando la decisión de devolvérsela a sí mismo. La negativa de las almas oscuras a devolver las partes o piezas del alma es una violación del acuerdo entre la Oscuridad y la Luz. Esto significa que la Luz tiene derecho a introducirse por la fuerza en la Oscuridad y tomar la energía del alma.

La primera vez que me encontré con esta situación, Gerod me indicó que utilizara una *Puerta Azul*. (Pongo aquí las mayúsculas para indicar que se trata de un tipo específico de puerta, no sólo de una puerta de color azul). Dijo que el Yo Superior y los guías pueden encontrar esta puerta. También dijo que hay que pedir al Yo Superior o a los guías que identifiquen al negociador más apropiado para acompañarlos hasta la puerta. Lo que parece ocurrir la mayoría de las veces es que la propia Oscuridad interviene y obliga a las almas oscuras a entregar la energía del alma al Yo Superior y a los guías. La Oscuridad parece saber de alguna manera y en algún nivel que, si la energía del alma no se regresa conforme con el acuerdo de que un alma tiene absoluta libertad de elección en todo momento, entonces la Luz tiene el derecho de entrar en la Oscuridad para ejercer ese derecho. Esto es algo que la Oscuridad no permitirá. A la hora de la verdad, corregirá cualquier violación que amenace con exponerla a la Luz.

Este procedimiento con la Puerta Azul siempre ha tenido éxito cuando he tenido que utilizarlo. No sé específicamente qué ocurre en esta renegociación. A veces parece volátil, y otras veces, hay una aceptación repentina y la energía se devuelve.

En ese momento, el terapeuta determina con el Yo Superior si algún estado del ego y/o energía del alma fueron devueltos y necesitan atención.

Paso 8: Experiencia Consciente en el Presente e Integración

La integración es probablemente el paso más fácil del protocolo. El estado del ego, libre de dolor y angustia, está más que preparado para ir al lugar de integración que se le mostró antes. Sin embargo, hay otro paso que suele ser beneficioso para el estado del ego antes de integrarse. En este paso, el estado del ego es llevado al nivel consciente para tener una experiencia consciente (EC) en la realidad presente. Es como si se presentara y percibiera la realidad presente directamente a través de los ojos de la persona consciente.

La mayoría de los estados del ego, cuando son contactados por primera vez, no conocen la realidad actual del cliente. Los estados del ego infantiles, por ejemplo, a menudo no son conscientes de que la persona ya es adulta, de que su cuerpo ha crecido y de que hay nuevas personas en su vida. La mayoría de los estados del ego sólo perciben la realidad en la que fueron creados. Ahí es donde siguen viviendo y donde han estado atrapados, y a menos que aprendan lo contrario, ésa es la percepción en la que permanecen. Sin embargo, como seres conscientes, tienen la capacidad de percibir la realidad consciente si así lo eligen. Pero como no eran conscientes de este nivel de conciencia, no se les habría ocurrido intentarlo.

Como parte del proceso de integración, a menudo es útil que un estado del ego tenga una experiencia consciente (EC) antes de integrarse. Esta experiencia altera inmediatamente el punto de vista y la comprensión del estado del ego. En el caso de los estados del ego de la vida presente, los pone al día. Refuerza su integración con el Yo consciente en la realidad presente. También es una poderosa demostración para el estado del ego de que el pasado es pasado. Lo mismo ocurre con los estados del ego de vidas pasadas, quizá incluso más. Su experiencia consciente en la realidad presente es un cambio de punto de vista aún más radical. Tras una experiencia consciente, suelen tener una comprensión inmediata de lo que ha sucedido, y se dan cuenta de que han estado atrapados en el tiempo y el lugar equivocados.

El punto en esta fase del proceso de sanación es si un estado del ego en particular debe tener una EC antes de integrarse. Para algunos estados del ego, el Yo Superior les comunicará que es necesario que tengan una experiencia consciente. Esto es válido para los estados del ego de vidas pasadas y presentes. Es como si un estado del ego necesitara esta nueva perspectiva para comprender claramente quién es y dónde encaja. Para otros, el Yo Superior recomienda una EC, pero no es absolutamente necesario. Luego están aquellos en los que el Yo Superior dice que el estado del ego no debería tener una experiencia consciente, sino que debería pasar directamente a la integración. No sé en qué se basan estos juicios. A veces parece que la experiencia consciente puede ser demasiado poderosa para que el estado del ego la tolere. A veces parece que no es relevante para el estado del ego en cuestión. El Yo Superior parece saber cuándo una EC es apropiada y cuándo no.

Una vez que un estado del ego ha tenido una liberación completa, el terapeuta pregunta al Yo Superior si el estado del ego debe tener primero una experiencia consciente en el presente. En caso afirmativo, se pide al Yo Superior que ayude al estado del ego a trasladarse a la mente consciente con ese propósito y, una vez listo, que le ayude a trasladarse a su lugar de integración. El terapeuta pide al Yo Superior que confirme la integración señalando con el dedo del sí cuando se haya completado el traslado.

El siguiente ejemplo ilustra estos dos pasos finales en el proceso de sanación de un estado del ego.

Estados del Ego Liberan y se Integran: Ejemplo 1

TE: ¿Pudieron todos tener esa liberación?
GP: Se levanta el dedo del sí.
TE: ¿Alguien todavía siente alguna angustia o dolor?
GP: Se levanta el dedo del no.
TE: ¿Se sienten todos bien y cómodos?
GP: Se levanta el dedo del sí.
TE: Yo Superior, ¿puede este grupo trasladarse ahora a su lugar de Luz e integración?
YS: Se levanta el dedo del sí.
TE: ¿Deberían primero tener una experiencia consciente aquí en el presente antes de integrarse?
YS: Se levanta el dedo del sí.
TE: Yo Superior, te pido entonces que por favor traslades a todos a la mente consciente para esa experiencia y percepción consciente. Comunícales cualquier entendimiento adicional sobre este punto de vista presente que pueda ser de ayuda. Cuando eso este listo, por favor llévalos al lugar de integración que los está esperando, ya sea en el presente aquí con Jerry o su lugar dentro del alma. Se levanta el primer dedo cuando esos movimientos estén completos. El segundo dedo si hay algún problema.

Estados del Ego Liberan y se Integran: Ejemplo 2

TE: Al niño de 6 años; le voy a pedir al Yo Superior que te ayude a liberar ahora cualquier dolor, miedo o angustia. A la cuenta de tres, deja que ese dolor/angustia se mueva a través y fuera del cuerpo. Comenzamos: uno, dos, tres... al niño de 6 años puedes liberar ahora todo ese dolor, miedo y angustia. Deja que se libere a través y fuera del cuerpo. El Yo Superior y la Luz ayudarán a mover esa energía de angustia a través y fuera del cuerpo... mientras liberas, puedes traer más de esa energía de Luz/Amor a tu interior. Mientras lo haces, puedes saber que eres parte de la Luz, que siempre has sido parte de la Luz. Puedes liberar ahora todo ese dolor, miedo y angustia y traer esa Luz a tu interior. Se levanta el primer dedo cuando hayas liberado.

Niño de 6 años: Se levanta el primer dedo.

TE: Al niño de 6 años, ¿pudiste liberar ese dolor, miedo y angustia?

Niño de 6 años: Se levanta el dedo del sí.

TE: ¿Te sientes bien y cómodo por dentro?

Niño de 6 años: Se levanta el dedo del sí.

TE: ¿Sigues sintiendo dolor o angustia?

Niño de 6 años: Se levanta el dedo del no.

TE: Yo Superior, ¿puede el niño de 6 años trasladarse ahora a su lugar de integración?

YS: Se levanta el dedo del sí.

TE: ¿Debería él tener una experiencia consciente aquí en el presente primero?

YS: Se levanta el dedo del sí.

TE: Al niño de 6 años, antes de trasladarte a tu nuevo lugar de integración, te pido que mires a tu alrededor. ¿Ves alguna puerta o abertura ahí donde estás?

Niño de 6 años: Se levanta el dedo del no.

TE: Yo Superior, voy a pedirte entonces que ayudes al niño de 6 años a trasladarse a la mente consciente para que tenga esa experiencia y percepción consciente. Por favor, comunícale cualquier comprensión adicional sobre este punto de vista presente que pueda ser útil. Cuando esté listo, ayúdalo a moverse a su lugar de Luz e integración aquí con la mente consciente. Se levanta el primer dedo

cuando estos movimientos estén completos. El segundo dedo si hay algún problema.
YS: Se levanta el primer dedo.

Estos ocho pasos son la esencia del proceso de sanación de los estados del ego.
1) Contacto con el Yo Superior (Recibir la Luz).
2) Identificación del estado del ego.
3) ¿Hay otros?
4) La promesa de integración.
5) Compartir.
6) Liberar.
7) ¿Alguna puerta o ventana?
8) Experiencia consciente e integración.

La conclusión es que a cada estado del ego se le ofrece el alivio de todo dolor y angustia y se le garantiza un lugar seguro al cual trasladarse. Además, a cada estado del ego se le ofrece una experiencia de la Luz, que otros han descrito como un sentimiento de amor infinito y de pertenencia. Cada estado del ego, una vez que lo ha experimentado, va a decir *sí* a esta Luz, comodidad y seguridad. Una vez que un estado del ego recibe la Luz y la información sobre la sanación, se moverá a través del protocolo de manera eficiente y segura. Esto no significa sin dolor, pero esperemos que sea el trayecto menos doloroso.

Compartir en Fragmentos

Si el estado del ego no se mueve, o no puede moverse a través del proceso de compartir y liberar, entonces sabes que algo va mal. O bien el propio estado del ego ha detenido el proceso, o bien alguien o algo ha intervenido para bloquearlo.

Si un estado del ego detiene el proceso una vez que ha recibido la Luz, puede ser que el compartir se haya vuelto demasiado doloroso. Puede ser que tenga miedo de recordar todo lo que pasó, miedo de los sentimientos que vienen con ello. Un estado del ego puede detener el proceso de sanación porque no cree que el Yo consciente sea capaz de tolerar el dolor que arrastra, y por eso detiene el proceso para proteger al Yo.

En estos casos en los que un estado del ego ha detenido su propio proceso de sanación, hay muchas cosas que el Yo Superior puede hacer para ayudar a resolver cualquier dificultad que el estado del ego esté teniendo. El Yo Superior, por ejemplo, puede ayudar a aliviar el miedo del estado del ego a recordar, haciendo una 'revisión segura' de lo que sucedió. O el Yo Superior puede ayudar a gestionar la intensidad de la emoción que se comparte para que el estado del ego pueda experimentarla sin sentirse abrumado. O el Yo Superior puede ayudar a dividir el dolor o el recuerdo en trozos más pequeños para que cada compartición sea tolerable. Esto puede llevar a compartir en varias etapas (a veces muchas más), pero el proceso se repite hasta que el estado del ego ha compartido todo lo necesario y se ha liberado por completo.

Compartir es el paso del proceso de sanación en el que el terapeuta se encuentra más a menudo con dificultades y bloqueos. Esto se debe a varias razones. Una de las principales razones es que este paso suele ser el más doloroso o aterrador. Aquí es donde el Yo se reconecta con una experiencia que, cuando ocurrió, fue tan dolorosa y abrumadora que el Yo consciente no podía tolerarla. Era necesario disociarla. Ahora, en el proceso de sanación, pedimos que esa experiencia se vuelva a conectar con el Yo. Esto va en contra del propio propósito para el que se creó el estado del ego, es decir, mantenerse alejado del Yo consciente. Hay una tendencia natural a que el estado del ego y el Yo consciente se repelan mutuamente. Es una defensa natural contra el dolor. Creo que éste es un factor importante que puede dificultar el proceso de compartir.

Una segunda razón para la resistencia a compartir es que el propio estado del ego está, hasta cierto punto, reviviendo su experiencia. En algún momento, revivir puede resultar demasiado doloroso y el estado del ego deja de compartir. Esto también es una defensa natural contra el dolor de volver a conectar con lo físico. No es raro que un estado del ego o un grupo de estados del ego pasen por este paso varias veces, compartiéndolo por partes.

Una tercera razón por la que compartir puede ser un problema es que el hecho de que lo que comparta un estado del ego puede provocar a otros estados del ego que estén en el mismo grupo o área que él. Como una piedra que cae en el agua, lo que se comparte con la mente consciente empieza a gatillar también a otros estados del ego que están cerca y que resuenan con el mismo dolor. Lo que se comparte envía ondas y hay una reacción. Ésta es una de las razones por las que puede ser muy útil comprobar con el estado del ego identificado si hay otros.

Por último, un estado del ego puede resistirse a compartir porque teme que el Yo consciente no esté preparado o no sea capaz de tolerar lo que tiene que compartir. Teme provocar el caos o que las cosas se salgan de control. A veces, esta percepción del estado del ego es acertada: lo que tiene que compartir será chocante para el cliente a nivel consciente, como el recuerdo de abusos por parte de uno de sus padres o el contacto con otro tipo de seres. Sin embargo, por lo general, el estado del ego puede comprender que el Yo consciente es ahora capaz de tolerar lo que tiene que compartir. El Yo Superior puede dar información y tranquilizar al respecto. El terapeuta también puede facilitar una experiencia consciente para el estado del ego, de modo que pueda aprender que las cosas son diferentes ahora para el Yo, aquí en la realidad presente.

Una vez que un estado del ego ha recibido la Luz y la información sobre la sanación, la mayoría de las veces está preparado para compartir lo que necesita para la liberación (aunque lleve tiempo o haya que hacerlo en pequeños segmentos). Al decir *preparado*, quiero decir que el estado del ego

- Siente el apoyo del Yo Superior y de la Luz.
- Ahora sabe que lo que lleva es memoria y no está sucediendo en el presente.
- Confía en que el compartir le llevará a liberarse del dolor.
- Sabe que hay un nuevo lugar de Luz e integración esperándolo después de su liberación.

Todo esto, creo, ayuda al estado del ego a superar su resistencia natural y a compartir lo que necesita.

6

Protocolo para Vidas Pasadas

Cuando el Yo Superior identifica un estado del ego implicado en el problema del cliente, a menudo se trata de un estado del ego creado en la vida actual del cliente. Sin embargo, también puede ser de una vida pasada o diferente. Una vida diferente significa una vida en la Tierra, en otro planeta, en otra dimensión o de alguna otra forma que desconocemos. Esto mantiene la puerta abierta a otras posibilidades que no encajan en lo que normalmente se considera como vidas pasadas en la Tierra. En este capítulo, me centraré en los estados del ego de vidas pasadas, dado que, junto a los estados del ego de la vida presente, son los fenómenos que se presentan con más frecuencia.

El protocolo para tratar con un estado del ego de una vida pasada es prácticamente el mismo que utilizamos con los estados del ego de la vida presente. Una vez identificados, el terapeuta inicia el contacto con la Luz, obtiene información de identificación, les ayuda a compartir lo que necesiten y les guía a través de la liberación del dolor y la angustia. Sin embargo, una diferencia importante al trabajar con estados del ego de vidas pasadas es que no se integran con el Yo consciente en esta vida presente. Una vez liberados, se integran en la parte del alma que contiene su vida particular. Después de que un estado del ego de una vida pasada se haya liberado completamente, el Yo Superior puede ayudarle a tener una experiencia consciente, si es necesario, y luego ayudarle en el traslado a su lugar de integración dentro del alma.

Una segunda diferencia importante en el trabajo con los estados del ego de vidas pasadas no es tanto una diferencia en el protocolo como en su ejecución. El terapeuta debe estar preparado para relacionarse con un estado del ego de una vida pasada desde el contexto de su propia experiencia histórica y, al menos al principio, en sus propios términos. Esto puede significar un conjunto diferente de preguntas y tratar con posibilidades que no existen con los estados del ego de la vida presente. Por ejemplo, no encontrarás un estado del ego de la vida presente que cargue con la experiencia de haber muerto en una batalla, o la madre aterrorizada de unos hijos que el cliente no tiene en su presente. Cuando se trata de estados del ego de vidas pasadas, puede significar adaptar el proceso a las limitaciones de su paradigma de la realidad.

La mayoría de las veces, los estados del ego de vidas pasadas no necesitan un tratamiento especial. Una vez que han recibido la Luz e información del Yo Superior, es como si comprendieran su situación y estuvieran dispuestos a cooperar con la sanación. Cuando me encuentro con dificultades con un estado del ego de vidas pasadas, suelo consultar con el Yo Superior si sería apropiado que el estado del ego tuviera una experiencia consciente en el presente en lugar de esperar a dar este paso junto con la integración. He descubierto que una vez que el estado del ego de una vida pasada ha tenido una experiencia consciente, suele obtener la comprensión y la seguridad que necesita y empieza a cooperar. Es como si, cuando mira hacia la realidad presente, comprendiera ahora lo que ha sucedido y se alegrara de liberarse de ello.

No suelo iniciar una EC en esta fase temprana, porque no quiero que este nuevo conocimiento y perspectiva interfiera con el estado del ego compartiendo su experiencia. Por el contrario, a menudo puede ocurrir que la experiencia consciente ayude a resolver la resistencia, el miedo o la ira que impiden que un estado del ego de vidas pasadas avance. Aún no he formulado una norma fija. Es una decisión terapéutica.

Trabajando con Estados del Ego de Vidas Pasadas: Ejemplo 1

TE: Yo Superior, ¿encontraste a alguien o algo involucrado en esta pesadilla recurrente?

YS: Se levanta el dedo del sí.

TE: Si es alguien, se levanta el primer dedo, si es algo, se levanta el segundo dedo.

YS: Se levanta el primer dedo.

TE: Yo Superior, te pido que lo ayudes venir aquí conmigo... Y a éste: ¿sabes que eres parte de esta alma con la que estoy trabajando?

___	Se levanta el dedo del sí.
TE:	¿Estás recibiendo Luz? Si es así, se levanta el primer dedo, de lo contrario, o si no estás seguro, se levanta el segundo dedo.
___	Se levanta el segundo dedo.
TE:	¿Estás dispuesto a que el Yo Superior te envíe un poco de energía de Luz/Amor? Si te gusta, puedes quedártela o puedes detenerla si lo necesitas. ¿Estás dispuesto a que te envíen esa Luz?
___	Se levanta el dedo del sí.
TE:	Yo Superior, por favor envíale esa energía de Luz/Amor, y a éste: permítete recibir esta energía. Puedes llevarla al nivel más cómodo dentro de ti. Se levanta el primer dedo cuando recibas esta energía, de lo contrario el segundo.
___	Se levanta el primer dedo.
TE:	A éste: ¿recibiste bien esa Luz?
___	Se levanta el dedo del sí.
TE:	¿Te sientes bien?
___	Se levanta el dedo del sí.
TE:	¿Fuiste creado en esta vida presente de Jerry?
___	Se levanta el dedo del no.
TE:	¿Fuiste creado en una vida pasada o diferente?
VP:	Se levanta el dedo del sí.
TE:	¿Eres varón?
VP:	Se levanta el dedo del no.
TE:	¿Eres mujer?
VP:	Se levanta el dedo del sí.
TE:	¿Eres adulto?
VP:	Se levanta el dedo del no.
TE:	¿Eres adolescente o adulto joven?
VP:	Se levanta el dedo del no.
TE:	¿Eres una niña?
VP:	Se levanta el dedo del sí.
TE:	¿Sabes cómo te llamas?
VP:	Se levanta el dedo del sí.
TE:	¿Está bien que sepamos tu nombre?
VP:	Se levanta el dedo del sí.
TE:	Te pediré entonces que le comuniques tu nombre a la mente consciente. A la cuenta de tres: uno, dos, tres... comunica tu nombre fuerte y claro a la mente consciente de Jerry. Se levanta el primer

dedo cuando estés lista, se levanta el segundo dedo si te detienes o hay algún problema.

VP: Se levanta el primer dedo.
TE: Jerry ¿recibiste algo?
Je: El nombre William es lo que me vino a la mente.
TE: A éste: ¿es correcto? ¿Te llamas William?
Wm: Se levanta el dedo del sí.
TE: William, al mirar a tu alrededor, ¿hay otro u otros contigo? Si es así, se levanta el primer dedo, si estás sola, se levanta el segundo dedo.
Wm: Se levanta el primer dedo.
TE: ¿En total, son ustedes más de cuatro?
Wm: Se levanta el dedo del sí.
TE: ¿Más de ocho?
Wm: Se levanta el dedo del no.
TE: ¿Más de seis?
Wm: Se levanta el dedo del no.
TE: ¿Son menos de seis en total?
Wm: Se levanta el dedo del sí.
TE: ¿Son cinco?
Wm: Se levanta el dedo del sí.
TE: ¿Han recibido todos los demás esa energía de Luz?
Wm: Se levanta el dedo del no.
TE: William ¿Estás dispuesta a comunicarles a los demás sobre la Luz y ayudarles a recibirla por ellos mismos?
Wm: Se levanta el dedo del sí.
TE: A la cuenta de tres entonces: uno, dos, tres... Y William, comunica tu seguridad a los otros allí sobre la Luz, y al Yo Superior, por favor envía esa energía de Luz/Amor a cada uno de los que están aquí. Se levanta el primer dedo cuando los cinco hayan recibido esa Luz, el segundo dedo si alguno no la recibe.
Wm: Se levanta el dedo del sí.
TE: William, ¿han recibido todos la información sobre el proceso de sanación con el que estamos trabajando?
Wm: Se levanta el dedo del sí.
TE: A todos en el grupo: ¿quieren todos la sanación y liberación para sí mismos? Si es así, se levanta el primer dedo. Si alguien no quiere esa sanación, se levanta el segundo dedo.
___ Se levanta el segundo dedo.

Trabajando con Estados del Ego de Vidas Pasadas: Ejemplo 2

TE: Yo Superior, Gina y yo hemos hablado de su relación con Donna y de la tensión constante que siente a su alrededor. Yo Superior, te pido que mires en el interior y veas si hay alguien o algo involucrado con esta tensión. Se levanta el dedo del sí cuando esa revisión esté completa, se levanta el segundo dedo si esta revisión se detiene o está bloqueada.
YS: Se levanta el dedo del no.
TE: Yo Superior, ¿fue detenida esa revisión?
YS: Se levanta el dedo del sí.
TE: Yo Superior, por favor encuentra la fuente de ese bloqueo. Se levanta el primer dedo si lo has encontrado, de lo contrario el segundo dedo.
YS: Se levanta el primer dedo.
TE: Yo Superior, ¿es ésa una parte del alma?
YS: Se levanta el dedo del sí.
TE: Te pido, Yo Superior, que lo ayudes a venir aquí conmigo. Y a éste: ¿Sabes que eres parte de esta alma con la que estoy trabajando?
___ Se levanta el dedo del sí.
TE: ¿Estás recibiendo energía de Luz/Amor ahora?
___ Se levanta el dedo del sí.
TE: ¿Fuiste creado en esta vida presente de Gina?
___ Se levanta el dedo del no.
TE: ¿Eres de una vida pasada o diferente? Si es así, se levanta el primer dedo. Si la respuesta es no o no calza, se levanta el segundo dedo.
___ Se levanta el primer dedo.
TE: ¿Eres mujer?
___ Se levanta el dedo del no.
TE: ¿Eres varón?
VP: Se levanta el dedo del sí.
TE: ¿Eres adulto?
VP: Se levanta el dedo del sí.
TE: ¿Sabes tu nombre?
VP: Se levanta el dedo del no.
TE: Al mirar a tu alrededor, ¿hay alguien más contigo?
VP: Se levanta el dedo del sí.
TE: ¿Son más de ocho en total?

VP: Se levanta el dedo del no.
TE: ¿Más de seis?
VP: Se levanta el dedo del sí.
TE: ¿Son siete?
VP: Se levanta el dedo del sí.
TE: Yo Superior, ¿son todos en este grupo parte del alma?
YS: Se levanta el dedo del sí.
TE: Y a este con el que me estoy comunicando ¿están todos allí en el grupo recibiendo Luz ahora?
VP: Se levanta el dedo del sí.
TE: ¿Todos conocen el proceso de sanación con el que estamos trabajando?
VP: Se levanta el dedo del sí.
TE: ¿Y están todos dispuestos a compartir, o permitir que se comparta, lo que necesita salir a la luz para sanar y liberarse?
VP: Se levanta el dedo del sí.
TE: A la cuenta de tres, entonces: uno, dos, tres... Y sólo compartan lo que necesite ser compartido... lo que vean, sientan, escuchen que necesite salir a la luz... Se levanta el dedo del sí cuando hayan compartido, de lo contrario el segundo.
VP: Se levanta el dedo del sí.
TE: Gina, ¿recibiste algo?
Gn: Solo esta fuerte ira... como resentimiento.
VP: Se levanta el dedo del sí.
TE: Y para este con el que me estoy comunicando o el grupo, ¿es esto correcto? ¿Estás compartiendo sentimientos de ira y resentimiento?
VP: Se levanta el dedo del sí.
TE: ¿Hay algo más que compartir?
VP: Se levanta el dedo del sí.
TE: ¿Están todos dispuestos a permitir que se comparta?
VP: Se levanta el dedo del sí.
TE: A la cuenta de tres. Compartiendo la siguiente parte. Comenzando, uno, dos, tres... y compartir aquí lo que necesita ser compartido al respecto. Es seguro hacerlo ahora aquí en el presente, compartiendo lo que sea necesario. Se levanta el dedo del sí cuando eso esté listo, el segundo dedo si necesitan parar o el proceso está bloqueado.
VP: Se levanta el dedo del sí.
TE: Gina, ¿recibiste algo?

Gn: Lo que estoy recibiendo es que este tipo era el hijo de Donna en una vida pasada y ella había abusado físicamente de él, quizás por mucho tiempo.

TE: A este con el que me estoy comunicando: ¿es esto correcto? ¿Era el alma que conocemos aquí como Donna, tu madre en una vida anterior?

VP: Se levanta el dedo del sí.

TE: ¿Hay algo más que necesites compartir sobre eso?

VP: Se levanta el dedo del no.

TE: ¿Están tú y los otros listos ahora para liberar?

VP: Se levanta el dedo del sí.

TE: A la cuenta de tres entonces: uno, dos, tres... Y al grupo, permítanse liberar ahora todo dolor, miedo y angustia a través y fuera del cuerpo - el Yo Superior está ayudando. Pueden soltar y dejar ir todo el dolor y la ira a través y fuera del cuerpo. Y a medida que liberan, pueden recibir más Luz, amor y conocimiento para ustedes mismos. Se levanta el dedo del sí cuando esa liberación se sienta completa de lo contrario se levanta el segundo dedo.

7

Protocolo para Espíritus

Volviendo al Protocolo de Apertura, una vez que el Yo Superior ha completado la revisión del área problemática y ha comunicado que ha encontrado a alguien involucrado, entonces el siguiente paso es identificar quién es ese alguien. Los capítulos 5 y 6 abordaron la situación en la que ese alguien que el Yo Superior identifica es un estado del ego, una parte del alma del cliente. Este capítulo trata de situaciones en las que el Yo Superior señala que el alguien implicado en el problema no forma parte de la energía del alma del cliente, sino que es externo. En este caso, el terapeuta utiliza el Protocolo de Identificación para identificar específicamente quién es. A efectos del protocolo, utilizo cuatro categorías:
- Espíritus
- Otras almas
- Entidades creadas
- Estados del ego de otra alma o almas (EEE).

Llegué a identificar estas categorías generales a través de la experiencia clínica. Diría que el noventa y cinco por ciento de los seres que he encontrado en mi trabajo con clientes encajan en una de estas cuatro categorías de fenómenos. Sin embargo, cada fenómeno requiere un protocolo diferente.

Este capítulo presenta el protocolo a utilizar cuando el 'alguien' que el Yo Superior identifica resulta ser un espíritu. En la Sanación Centrada en el Alma, nos ocupamos de espíritus que han establecido algún vínculo con nuestro cliente o que incluso se han inmiscuido en su psique. No se trata de seres físicos. No son apegos o intrusiones físicas. Son almas desencarnadas y sus interacciones con los humanos tienen lugar a niveles etéricos o psíquicos. (Aún no disponemos de un lenguaje y una terminología científicos para estos niveles del ser y de la realidad).

Estos apegos e intrusiones espirituales pueden afectar y afectan a las personas psicológica y emocionalmente. Dependiendo de los espíritus concretos implicados y de sus intenciones, pueden afectar el estado de ánimo, el pensamiento, la percepción o los niveles de energía de una persona. Estos apegos e intrusiones también pueden conducir a efectos físicos y síntomas para una persona. En estos casos, lo físico no es el nivel causante, sino más bien el resultado final de la interferencia en estos otros niveles. Dependiendo del tipo de espíritu implicado, su apego o intrusión puede causar conflictos significativos a nivel psíquico que repercuten en todos los niveles de la persona, incluido el físico.

En la Sanación Centrada en el Alma, generalmente se asume que los apegos y/o intrusiones espirituales están afectando negativamente al cliente, y que el objetivo principal de la sanación será eliminarlos y cortar su conexión con el alma del cliente. Hay pocas excepciones. Hablaré más de esto más adelante.

Cuando te encuentras con un espíritu en tu trabajo con un cliente, normalmente no sabrás nada más sobre el espíritu excepto que es un alma. Puede ser un alma que se presenta con forma o voz humana, especialmente si ha vivido encarnaciones humanas. Puede ser un espíritu que nunca ha experimentado un cuerpo físico y sólo ha existido en dimensiones espirituales. Algunos espíritus moran en la Oscuridad y se aprovechan de las almas encarnadas. Puede ser un espíritu que pertenece a un dominio de almas que existen en los márgenes de la Luz, a un paso o dos de nuestra dimensión física. El espíritu con el que te encuentras también puede haber estado presente con tu cliente durante mucho tiempo y haber olvidado que es un alma. Puede creer que es parte del alma del cliente. Éstas son sólo algunas de las posibilidades que conozco por mi experiencia clínica. No tengo ninguna duda de que si trabajas en estos niveles te encontrarás con tipos de espíritus que yo no he conocido. Estas son dimensiones gobernadas por la conciencia y por lo tanto las almas desencarnadas pueden tomar muchas formas, dependiendo del conocimiento y creatividad del espíritu.

Afortunadamente, para efectos de la sanación, no necesitamos saber mucho sobre un espíritu para facilitar su alejamiento o desvinculación del cliente. Desde un punto de vista clínico, no importa realmente quién es el espíritu. Lo que importa es que se desenganche del cliente. Todo lo que necesitamos, como terapeutas, es suficiente información sobre el espíritu para saber qué pasos dar para facilitar su salida.

Es natural sentir curiosidad por los espíritus que encontramos en nuestro trabajo con los clientes. ¿Quiénes son? ¿Dónde existen? ¿Qué hacen? ¿Por qué se involucran o se entrometen con los humanos? ¿Cómo lo hacen? ¿Son conscientes de la Luz?

En un entorno académico o experimental, con la participación de voluntarios, sería muy interesante investigar estas interrogantes y muchas más. Creo que se puede hacer. En el ámbito clínico, sin embargo, la prioridad es otra. Estas preguntas son de naturaleza utilitaria. La principal, en la que se basan todas las demás, es la siguiente: ¿qué hace falta para que los espíritus se vayan?

La respuesta es que la mayoría de las veces todo lo que se necesita para que un espíritu se vaya es que el espíritu entre en contacto directo con la Luz. Cuando trabajo con un cliente, una vez que sé que estoy tratando con un espíritu, un alma externa, sé que estoy tratando con un ser de Luz. Lo más probable es que se trate de alguien que se ha perdido, o que ha olvidado quién es, o incluso que se ha visto atrapado en una oscura red de almas. Sin embargo, si es un alma, sé que tiene la capacidad de conectar con la Luz. Y si lo hace, sé que casi siempre el espíritu obtendrá algún tipo de mayor comprensión, deseará más Luz y se volverá cooperativo. Para los propósitos de la sanación, esto significa que el espíritu está dispuesto a dejar al cliente o que ya se ha ido.

El propósito de facilitar el contacto de un espíritu con la Luz es volver a despertar al espíritu a su propia Luz, a la esencia de su alma, sabiendo que cuando eso ocurra, se precipitará un cambio en la conciencia del espíritu. Una vez que el espíritu acepta el contacto, la Luz le será presentada de la forma que mejor se adapte a él. El terapeuta no tiene por qué saber qué forma adopta la Luz. Al igual que un estado del ego que recibe la Luz, estos espíritus parecen tener una conversión. Una vez que se produce este contacto, el terapeuta dirige al espíritu o espíritus para que vayan a la Luz si ya conocen el camino hacia ella, o llama a un guía o ser querido del reino espiritual para que venga por ellos.

Una vez que un espíritu ha tenido este contacto, casi siempre se va por su propia voluntad. Podríamos pensar en ello como aquellos que describen la experiencia cercana a la muerte. Hablan de entrar en una

Luz en la que sienten un amor infinito y tienen plena comprensión. Recuerdan o saben que existe un Reino Espiritual de Luz y saben que pertenecen a él y que sus seres queridos les están esperando. Esto mismo parece suceder en la sesión de sanación cuando un espíritu se reconecta con la Luz.

Estos resultados son tan consistentes, que ayudar a un espíritu a reconectarse con la Luz es el primer paso en el Protocolo para Espíritus. Desde mi punto de vista, es la resolución más eficiente y positiva al apego o intrusión espiritual. En este sentido, trabajar con espíritus es muy parecido a trabajar con estados del ego, es decir, una vez que se produce el contacto con la Luz hay un cambio radical en la actitud y comprensión del espíritu.

Ayudando a los Espíritus a Despertar

En la Sanación Centrada en el Alma, hay dos estrategias básicas para facilitar el contacto de un espíritu con la Luz. La primera es hacer que el espíritu 'mire hacia dentro de sí mismo' y encuentre su propia Luz, la fuente de su propia energía. Si es un alma, entonces tendrá esta Luz interior, y la mayoría de las veces, un espíritu podrá encontrarla rápidamente. Para el espíritu, este contacto con la Luz es una experiencia interna. Y cuando sucede, el espíritu recordará quién es y normalmente estará listo para ir al Reino Espiritual de la Luz.

Si el espíritu no encuentra esa Luz, entonces o no es un alma, o todavía se está resistiendo (diciendo "no" a la Luz a un nivel más profundo) o hay alguien o algo interfiriendo con él. Cuando ocurre que un espíritu está dispuesto a mirar dentro de sí mismo, pero no puede encontrar su Luz interior, hay otros protocolos que se utilizan para identificar la fuente de la dificultad para luego resolverla.

La segunda estrategia para ayudar a un espíritu a entrar en contacto con la Luz es obtener su permiso para que un maestro/guía/sanador de alto nivel de la Luz se acerque y se comunique con él directamente. Si un espíritu da su consentimiento, entonces se le pide a un guía o maestro espiritual que se acerque y haga un contacto seguro con el espíritu con el que hemos estado trabajando. En general, parece que hay guías espirituales que están al tanto del proceso de sanación de un cliente en el presente y están preparados para asistir y ayudar si se les pide.

Aunque supongo que los guías espirituales y los sanadores suelen estar presentes durante el proceso de sanación de cualquier persona, no está de más pedir específicamente que estén presentes durante una sesión. Puesto que considero que los guías y sanadores de alto nivel son siempre bienvenidos en mi trabajo con los clientes, no siento la necesidad de solicitar específicamente su presencia en cada sesión. Doy por sentado que los guías apropiados están presentes. Sin embargo, en el transcurso de una sesión, a menudo solicito ayuda a los guías espirituales sobre temas específicos. Una de las peticiones más frecuentes es establecer contacto directo con espíritus intrusos. En todos los casos, parece que el guía espiritual sabe cuándo se le da permiso para establecer contacto y sabe cómo presentarse ante el espíritu intruso de forma segura, que no sea amenazadora. Hablaré más sobre los guías y sanadores de alto nivel más adelante en el libro.

La mayoría de los espíritus están dispuestos a dar al menos uno de estos dos pasos, y al dar uno, suelen estar más que dispuestos a dar el otro. Por el bien del espíritu, y como medida preventiva en el proceso de sanación, el Protocolo para Espíritus está diseñado para ayudar a un espíritu intruso a que haga contacto con la Luz de ambas maneras, es decir, encontrando su propia Luz interior y haciendo contacto con un guía espiritual. A veces, sólo se necesita uno de estos contactos. Un espíritu puede mirar en su interior, por ejemplo, encontrar su propia Luz, recordar de dónde viene y dejar al cliente inmediatamente para dirigirse a la Luz. Así de sencillo. En general, sin embargo, he encontrado más eficiente iniciar ambos contactos justo al comienzo de mi comunicación con un espíritu. Es como recordarles no sólo quiénes son, sino adónde pueden ir. De este modo, cuando le pido a un espíritu que acepte irse, casi siempre está listo para hacerlo.

Normalmente, primero intento que un espíritu mire en su interior y encuentre su propia Luz. Una vez que lo hace, le pido permiso para llamar a un maestro espiritual para que se acerque y se comunique con él directamente. A veces, un espíritu puede tener miedo de mirar hacia su interior y prefiere que un ser querido o un guía venga de la Luz para ayudarle a entender lo que está pasando.

Si hay algún problema para que el espíritu encuentre su Luz interior, a menudo es más fácil cambiar de estrategia y obtener el acuerdo del espíritu para entrar en contacto con un guía de alto nivel espiritual. Además, si un espíritu tiene problemas para encontrar su Luz interior, establecer contacto con un guía espiritual a menudo resuelve lo que estaba bloqueando o impidiendo al espíritu mirar en su interior. Cuando se utiliza el Protocolo para Espíritus, hay que decidir qué estrategia usar primero y si ambos pasos son necesarios con un espíritu en particular. El resultado final es que el espíritu ha hecho contacto con la Luz y está de acuerdo en dejar al cliente. El Protocolo para Espíritus está diseñado para llevar a un espíritu a este acuerdo en el menor número de pasos.

El hecho central a tener en cuenta cuando se trabaja con un espíritu es que se trata de un ser de Luz, y una vez que recuerda esto, por lo general se irá por su propia voluntad y volverá a su lugar en el Reino Espiritual de la Luz. Por lo tanto, el objetivo del protocolo es ayudar al espíritu a recordar.

El Protocolo para Espíritus

1) Determinar si una entidad externa es un alma.
2) Facilitar el contacto con su propia Luz interior.
3) Facilitar el contacto con un guía/maestro de la Luz.
4) Obtener el acuerdo del espíritu para salir (normalmente para ir a la Luz).
5) Determinar si hay otras almas presentes.
6) Si hay otras almas presentes, dirígete a todo el grupo, solicita la ayuda del primer espíritu y conduce al grupo por el mismo procedimiento, es decir, a que cada uno encuentre su propia Luz interior.
7) Pide al espíritu o espíritus que se vayan.

Paso 1: Identificación de un Alma Externa

En la Sanación Centrada en el Alma, el Yo Superior desempeña un papel fundamental en la identificación de lo que forma parte del alma y lo que es externo a ella. Se podría pensar en el Yo Superior como un diapasón del alma. Conoce la vibración central del alma; sabe qué resuena y qué no resuena como parte de la vibración del alma. Pedirle al Yo Superior que determine si alguien o algo forma parte del Yo/alma es como pedirle que compare vibraciones y vea sí coinciden o no.

Determinar si alguien o algo forma parte del Yo/alma o es algo externo es un procedimiento básico en la Sanación Centrada en el Alma y forma parte de todos los protocolos. En cualquier momento del proceso de sanación de una persona, el terapeuta necesita saber si está tratando con alguien o algo que forma parte del alma del cliente o es externo a ella. Dependiendo de lo que sea, cada uno requiere un enfoque muy diferente y un protocolo diferente. Esto forma parte del Protocolo de Identificación del que hablé en el capítulo 3.

Si el Yo Superior identifica a alguien externo al cliente, entonces hay que determinar si ese alguien es o no un alma, luego si es un espíritu, es decir, un alma desencarnada. A veces, la entidad con la que te comunicas sabe si es un alma. De lo contrario, el Yo Superior puede ayudar a determinarlo. Si es un alma, entonces continuamos con el Protocolo para Espíritus. Si se trata de una entidad creada o forma parte de otra alma, entonces se utiliza un protocolo diferente.

El siguiente diálogo es un ejemplo de la identificación de un espíritu.

Protocolo para Espíritus: Ejemplo 1

TE: Yo Superior, ¿pudiste completar esa revisión?
YS: Se levanta el dedo del sí.
TE: ¿Encontraste a alguien o algo involucrado en los dolores de cabeza de Pamela que deberíamos tratar en este momento?
YS: Se levanta el dedo del sí.
TE: Yo Superior, si es alguien, se levanta el primer dedo, si es algo, se levanta el segundo. Si ninguno de estos encaja, se levanta la mano.
YS: Se levanta el primer dedo.
TE: Si éste es parte del Yo/alma de Pamela, se levanta el primer dedo; de lo contrario el segundo dedo.
YS: Se levanta el segundo dedo.
TE: Yo Superior, si éste es un alma, se levanta el primer dedo; si es una entidad creada o pertenece a otra alma, se levanta el segundo dedo. Si no estás seguro o estos no encajan, se levanta la mano.
YS: Se levanta el primer dedo.
TE: Yo Superior, éste es un alma, ¿correcto?
YS: Se levanta el dedo del sí.
TE: Si es mejor simplemente sacarlo ahora, se levanta el primer dedo, si debo comunicarme con él, se levanta el segundo dedo.
YS: Se levanta el segundo dedo.
TE: Yo Superior, te pido que ayudes a este espíritu a que se acerque. A éste: ¿sabías que no perteneces a esta alma con la que estoy trabajando?
ES: Se levanta el dedo del sí.
TE: ¿Sabías que tú mismo eres un alma?

ES: Se levanta el dedo del no.
TE: ¿Estás dispuesto a saber si eres, o no eres un alma?
ES: Se levanta el dedo del sí.
TE: Te voy a pedir que mires hacia tu interior y encuentres tu energía, tu alma. Si eres un alma, entonces tienes tu propia fuente de energía. A la cuenta de tres, puedes mirar dentro. Empezando: uno, dos, tres... Mira hacia tu interior. Mueve tu visión hasta tu centro. Ve la Luz que tienes ahí. Se levanta el primer dedo cuando la hayas encontrado, de lo contrario el segundo dedo.
ES: Se levanta el primer dedo.

Aquí hay un segundo ejemplo para identificar la presencia de un espíritu.

Protocolo para Espíritus: Ejemplo 2

TE: Yo Superior, ¿pudiste revisar esta área?
YS: Se levanta el dedo del sí.
TE: ¿Encontraste a alguien o algo involucrado en la pesadilla de Terry que necesita ser tratado?
YS: Se levanta el dedo del sí.
TE: Si es alguien, se levanta el primer dedo, si es algo o alguna energía, se levanta el segundo dedo.
YS: Se levanta el primer dedo.
TE: Al Yo Superior ¿es una parte del Yo/alma de Terry?
YS: Se levanta el dedo del no.
TE: Éste es externo al Yo/alma, ¿correcto?
YS: Se levanta el dedo del sí.
TE: Yo Superior, ¿éste es un alma?
No hay respuesta.
TE: Yo Superior, ¿todavía puedes comunicarte conmigo?
No hay respuesta.
TE: A éste que ha venido aquí: ¿te causa algún miedo esta pregunta?
No hay respuesta.
TE: A este que está bloqueando: estamos aquí para ayudarte. Tanto si eres o no eres parte de esta alma, estamos aquí para ayudarte. Si eres parte de esta alma, hay un tipo de ayuda. Si no eres parte de esta alma, entonces hay otro tipo de ayuda. Sin embargo, necesitamos

	saber qué tipo de ayuda es la más apropiada. A éste: mientras te sientas seguro, ¿estás dispuesto a comunicarte conmigo sobre esto?
ES:	Se levanta el dedo del sí.
TE:	A éste: ¿sabías que no perteneces a esta alma con la que estoy trabajando?
ES:	Se levanta el dedo del sí.
TE:	¿Eres tú mismo un alma?
ES:	Se levanta la mano.
TE:	A éste: ¿estás dispuesto a saber si eres, o no eres, un alma?
ES:	Se levanta la mano.
TE:	A éste: ¿sientes algún miedo con respecto a esto?
ES:	Se levanta el dedo del sí.
TE:	¿Sabes qué es lo que te asusta?
ES:	Se levanta el dedo del no.
TE:	A éste: si eres un alma, entonces tienes tu propia energía adentro. Es una energía de Luz; es una energía que sostiene la vida. Si tú mismo eres un alma, entonces significa que tienes tu propia fuente de energía. ¿Estarías dispuesto a mirar dentro y ver si esa Luz está ahí?
ES:	Se levanta el dedo del sí.

Paso 2: Facilitar el Contacto con la Luz Interior del Espíritu

Una vez que una entidad ha sido identificada como un espíritu, un alma desencarnada, el siguiente paso es facilitar el contacto con su propia Luz interior. Como he dicho antes, esto se consigue guiando al espíritu para que mire en su interior y encuentre su propia fuente de energía, o facilitando el contacto del espíritu con un guía espiritual de la Luz. Si es un alma que estás abordando y accede a mirar en su interior, normalmente será capaz de encontrar esa Luz y conectar con ella. Cuando esto sucede, la respuesta es casi siempre la misma. El espíritu informará que la conexión se siente bien y que quiere conservar la Luz para sí mismo. A veces, esto es todo lo que se necesita. Una vez que el espíritu se reconecta con la Luz, se va al reino espiritual.

Si un espíritu no puede encontrar la Luz, normalmente significa que todavía se está resistiendo a algún nivel, o que está siendo bloqueado por alguien o algo más, o que no es, de hecho, un alma. Si en este punto del protocolo el espíritu señala que no fue interferido pero que necesitaba detener el proceso, entonces el terapeuta tiene que determinar la fuente de la resistencia del espíritu. Si tiene miedo ¿de quién o de qué? ¿sigue sintiéndose demasiado culpable o no merecedor? También puede ser que, al acercarse a su Luz interior, haya desencadenado una experiencia olvidada que amenazaba con abrumarlo y por eso detuvo el proceso. Una vez que se ha determinado la motivación del espíritu, entonces, al igual que con los estados del ego, el terapeuta puede formular una propuesta que hará que el alma encuentre su Luz interior de forma segura.

Si el espíritu señala que no detuvo el proceso pero que alguien o algo interfirió, entonces el protocolo se centrará en quién o qué está interfiriendo o bloqueando. Podría ser un estado del ego dentro del cliente, otro(s) espíritu(s), o un dispositivo/objeto colocado dentro del espíritu que se activa al acercarse a la Luz.

Una vez resuelta la propia resistencia del espíritu o la interferencia externa, el siguiente paso es hacer que el espíritu vuelva a mirar hacia su interior y encuentre su Luz. Si sigue sin encontrarla, entonces se repite el procedimiento para averiguar si se está resistiendo o si está siendo bloqueado. Si el bloqueo o la resistencia continúan y no se puede resolver, lo mejor es saltarse este paso y pasar al siguiente.

Paso 3: Facilitar el Contacto con un Guía Espiritual de la Luz

El tercer paso del Protocolo para Espíritus consiste en facilitar el contacto entre el espíritu o espíritus presentes y un guía espiritual de alto nivel (maestro, ángel, ser querido, etc.). Estos guías están al tanto de tu trabajo con un cliente, y proporcionarán toda la ayuda que puedan de tal forma que el espíritu se sienta seguro. A menudo, un espíritu aceptará ver a un maestro, pero no a un ser querido, o viceversa. A veces, un espíritu accederá más fácilmente a que venga un ayudante en vez de buscar en su interior su propia Luz. En ese caso, los pasos se invierten. Lo que se necesita es el permiso del espíritu para que un guía espiritual se presente y haga el contacto. Una vez que el espíritu ha tenido contacto con un guía o ser querido, o bien se habrá conectado con su propia Luz interior o lo hará de buena gana o puede que simplemente se vaya y entonces el asunto se vuelve irrelevante.

Puedes confiar en que, una vez establecido el contacto, el guía espiritual o maestro sabrá y comunicará lo que necesita el espíritu con el que estás trabajando. Si el espíritu duda o se resiste a que un guía espiritual o un maestro se presente, entonces le preguntaré al espíritu si está dispuesto a que un ser querido específico se presente. Puede ser una madre, un padre, una abuela o abuelo de la vida que acaba de vivir. Puede ser un alma que haya compartido muchas vidas con este espíritu y que el espíritu reconozca inmediatamente. Puede tratarse de una figura religiosa o espiritual que el espíritu con el que nos estamos comunicando reconocería y con la que conectaría.

De alguna manera, este contacto con un guía espiritual es una experiencia instantánea de la Luz para el espíritu con el que estamos trabajando. Como he dicho antes, el espíritu parece recordar quién es. Una vez que se produce este contacto, el espíritu suele estar dispuesto a ir con el maestro, guía o ser querido que vino a buscarlo.

Paso 4: Obtener el Acuerdo del Espíritu para Partir

Una vez que un espíritu se ha reconectado con su propia Luz interior y/o ha tenido contacto con un guía espiritual de la Luz, el siguiente paso es preguntarle si está dispuesto a partir ahora y trasladarse a su lugar en la Luz. Si se han dado los dos primeros pasos, entonces el espíritu casi siempre está dispuesto a irse, y lo hará.

Los siguientes son ejemplos de diálogos que ilustran el uso del Protocolo para Espíritus desde la identificación del espíritu hasta que está de acuerdo con irse.

Protocolo para Espíritus: Ejemplo 3

TE: Yo Superior, ¿pudiste completar bien esa revisión?
YS: Se levanta el dedo del sí.
TE: ¿Encontraste a alguien o algo involucrado en este sentimiento de terror del que Jim y yo hablamos a nivel consciente?
YS: Se levanta el dedo del sí.
TE: Si es alguien, se levanta el primer dedo, si es alguna cosa, se levanta el segundo.
YS: Se levanta el primer dedo.
TE: ¿Es una parte de la propia energía del Yo/alma de Jim?
YS: Se levanta el dedo del no.
TE: ¿Es éste un alma? Si es así, se levanta el primer dedo. Si es una entidad creada o pertenece a otra alma, se levanta el segundo dedo.

YS: Se levanta el primer dedo.
TE: Yo Superior, si debo comunicarme con él, se levanta el primer dedo, si lo podemos sacar, se levanta el segundo dedo.
YS: Se levanta el primer dedo.
TE: Yo Superior, te pido entonces que lo ayudes a venir aquí conmigo, y a éste: ¿sabes que no formas parte de esta alma con la que estoy trabajando?
ES: Se levanta el dedo del sí.
TE: Si crees que eres un alma, se levanta el primer dedo. Si eres una entidad creada o perteneces a otra alma, se levanta el segundo dedo. Si no estás seguro, se levanta la mano.
ES: Se levanta la mano.
TE: A éste: ¿estás dispuesto a saber si eres, o no eres, un alma?
ES: Se levanta el dedo del sí.
TE: Yo Superior o un guía: Te pido que escanees la energía de este con el que me estoy comunicando y determines si es o no es un alma. Se levanta el primer dedo cuando el escaneo este completo, se levanta el segundo dedo si el proceso se detiene o está bloqueado.
YS: Se levanta el primer dedo.
TE: Yo Superior, ¿es éste un alma?
YS: Se levanta el dedo del sí.
TE: A éste: si eres un alma, entonces llevas dentro de ti tu propia fuente de energía. ¿Estás dispuesto a mirar en tu interior y ver si esa energía está ahí? Si eres un alma, estará ahí.
ES: Se levanta el dedo del sí.
TE: A éste: a la cuenta de tres puedes mirar en tu interior, empezando: uno, dos, tres... Y a éste, mira hacia tu interior. Mueve tu visión hacia tu centro. Ve la Luz que tienes ahí. Se levanta el primer dedo cuando la veas, de lo contrario el segundo.
ES: Se levanta el primer dedo.
TE: A éste: ¿tocaste esa Luz?
ES: Se levanta el dedo del sí.
TE: ¿Se siente bien?
ES: Se levanta el dedo del sí.
TE: Y a éste: ¿recuerdas ahora tu propio lugar en la Luz?
ES: Se levanta el dedo del sí.
TE: ¿Estás listo ahora para trasladarte a tu lugar en la Luz?
ES: Se levanta el dedo del sí.

TE: ¿Necesitas ayuda para hacerlo?
ES: Se levanta el dedo del no.
TE: A éste: antes de irte, mira a tu alrededor, ¿hay otros contigo allí donde estás?
ES: Se levanta el dedo del no.
TE: Bien, entonces te pido ahora que regreses a tu propio lugar en la Luz. Yo Superior, se levanta el primer dedo cuando se haya ido, de lo contrario o si hay un problema, el segundo.
YS: Se levanta el primer dedo.

Cuando el Yo Superior es libre de comunicarse, la identificación y el desenganche del espíritu pueden transcurrir sin problemas, como en este ejemplo. Sin embargo, la identificación de un espíritu es también el punto en el que es muy probable que el terapeuta encuentre bloqueos o interferencias. Si hay un espíritu presente que está conectado con el problema o asunto sobre el que estamos preguntando, puede que se mueva para bloquear nuestra comunicación con el Yo Superior con el fin de evitar ser expuesto. Los espíritus parecen saber que serán desplazados o que las cosas cambiarán si son descubiertos.

Si la comunicación con el Yo Superior está bloqueada, y es un espíritu (en contraposición a un estado del ego) que está bloqueando, entonces el siguiente paso suele ser dirigirse al propio espíritu y ver si se puede obtener una respuesta. He aquí un ejemplo.

Protocolo para Espíritus: Ejemplo 4

TE: Yo Superior, ¿Pudiste completar bien esa revisión?
YS: Se levanta el dedo del sí.
TE: ¿Encontraste a alguien o algo involucrado en este sentimiento de ansiedad del que Martin y yo hablamos a nivel consciente?
YS: Se levanta el dedo del sí.
TE: Si es alguien, se levanta el primer dedo, si es algo, se levanta el segundo dedo.
YS: Se levanta el primer dedo.
TE: ¿Es una parte de la energía del Yo/alma de Jim?
No hay respuesta.
TE: Yo Superior, ¿todavía puedes comunicarte conmigo?
No hay respuesta.

TE: Al que está bloqueando aquí: ¿sabes que no perteneces al alma con la que estoy trabajando?

No hay respuesta.

TE: A éste: ¿hay algún temor o aprensión sobre este tipo de comunicación?

No hay respuesta.

TE: A éste: estamos aquí para ayudar. Podemos ayudarte tanto si formas parte o no de esta alma. Sin embargo, es un tipo diferente de ayuda, dependiendo de si eres parte de esta alma o no. En cualquier caso, podemos ayudarte. A éste: mientras te sientas seguro, ¿estás dispuesto a comunicarte conmigo sobre esto?

ES: Se levanta el dedo del sí.

TE: A éste: ¿sabes que no eres parte de esta alma con la que estoy trabajando?

ES: Se levanta el dedo del sí.

TE: ¿Crees que tú mismo eres un alma? Si es así, se levanta el primer dedo. Si no o no estás seguro, se levanta el segundo.

ES: Se levanta el segundo dedo.

TE: A éste: ¿estás dispuesto a saber si eres o no eres un alma?

ES: Se levanta el dedo del sí.

TE: Si eres un alma, entonces llevas dentro de ti tu propia fuente de energía. ¿Estás dispuesto a mirar en tu interior ahora y ver si esa energía está allí?

ES: Se levanta el dedo del no.

TE: ¿Hay algo que te asuste?

ES: Se levanta el dedo del sí.

TE: ¿Tienes miedo que la Luz te haga daño o te destruya?

ES: Se levanta el dedo del sí.

TE: A éste: esa fuente de energía del alma es una energía que sostiene la vida. Siempre te ha sostenido incluso cuando no eras consciente de ello. ¿Estás dispuesto a mirar en tu interior para ver si esa Luz está ahí? Si lo está, puedes tomar tu propia decisión sobre si tocarla o no. ¿Estarías dispuesto a hacerlo?

ES: Se levanta el dedo del sí.

TE: Te voy a pedir entonces, que mires ahora hacia tu interior. Mueve tu visión hasta tu centro. No hay nada que temer. Ve la Luz que está allí. Es tu propia fuente de energía del alma. Se levanta el primer dedo cuando la veas, de lo contrario el segundo dedo.

ES: Se levanta el primer dedo.

TE: A éste: ¿pudiste sentir también esa Luz?
ES: Se levanta el dedo del sí.
TE: ¿Se siente bien?
ES: Se levanta el dedo del sí.
TE: ¿Recuerdas ahora tu lugar en la Luz? Si es así se levanta el primer dedo, de lo contrario el segundo.
ES: Se levanta la mano.
TE: A éste: ¿estarías dispuesto a que un maestro de alto nivel de la Luz venga y se comunique contigo sobre el Reino Espiritual de la Luz y ese lugar que siempre ha sido tuyo?
ES: Se levanta el dedo del sí.
TE: Entonces voltea hacia la Luz, y le pido a ese maestro de alto nivel de la Luz que se acerque. Solo mira y ve quien viene. No hay nada que temer. Se levanta el primer dedo cuando lo veas, de lo contrario el segundo.
ES: Se levanta el primer dedo.
TE: Le pido al maestro ahora que le comunique a éste, información sobre sí mismo y sobre su lugar en la Luz. Ayúdale a recordar que sus seres queridos lo están esperando, y sobre las opciones que éste tiene para volver a casa. A éste: se levanta el primer dedo cuando hayas recibido esta comunicación, de lo contrario el segundo.
ES: Se levanta el primer dedo.
TE: A éste: ¿deseas ahora ir a tu propio lugar en la Luz?
ES: Se levanta el dedo del sí.
TE: Antes de irte, mira a tu alrededor, ¿hay otros contigo allí donde estás?
YS: Se levanta el dedo del no.
TE: A la cuenta de tres entonces, puedes moverte directo hacia el maestro. Comenzando: uno, dos, tres, muévete ahora directo a ese corredor de Luz, muévete directo al maestro. Yo Superior: se levanta el primer dedo cuando se haya ido, de lo contrario el segundo.
YS: Se levanta el primer dedo.

Protocolo para Espíritus: Ejemplo 5

TE: A éste: ¿sabías que no eres parte de esta alma con la que estoy trabajando?
ES: Se levanta el dedo del sí.

TE: ¿Eres tú mismo un alma?
ES: Se levanta el dedo del sí.
TE: ¿Eres consciente, entonces, de la Luz que tienes dentro de ti? Es tu propia fuente de energía. ¿Eres consciente de eso?
ES: Se levanta el dedo del no.
TE: ¿Estarías dispuesto a mirar hacia tu interior y ver si tienes esa fuente de energía?
ES: Se levanta el dedo del sí.
TE: A la cuenta de tres entonces... uno, dos, tres: permítete mirar hacia tu interior, hasta tu centro. Mira directo a tu centro y ve la Luz que está allí. Se levanta el primer dedo cuando la veas, de lo contrario el segundo.
ES: Se levanta el segundo dedo.
TE: A éste: si necesitas detenerte, levanta el primer dedo. Si alguien o algo más interfirió o se puso en el camino, entonces levanta el segundo dedo.
ES: Se levanta el primer dedo.
TE: A éste: necesitabas detener esto, ¿correcto?
ES: Se levanta el dedo del sí.
TE: ¿Eso empezó a asustarte?
ES: Se levanta el dedo del sí.
TE: A éste: ¿estarías dispuesto a que un maestro de alto nivel de la Luz se acerque y te comunique más información sobre esto y las opciones disponibles para ti? Se levanta el primer dedo cuando veas a ese maestro; de lo contrario el segundo.
ES: Se levanta el segundo dedo.
TE: ¿Eso también te asusta?
ES: Se levanta el dedo del sí.
TE: A éste: el maestro de la Luz sólo comunicará información. Es información para que consideres. Nada será forzado y no hay nada que necesites hacer. La Luz no opera de esa manera. Si el maestro permanece a una distancia segura, ¿le permitirías acercarse y comunicar sólo la información?
ES: Se levanta el dedo del sí.
TE: Te voy a pedir entonces que mires hacia la Luz, y le pido a un maestro o guía de alto nivel de la Luz que esté dispuesto a asistir, que se acerque, permaneciendo a una distancia segura. Y a éste: se

levanta el primer dedo cuando veas el maestro, el segundo dedo si no lo ves.

ES: Se levanta el primer dedo.

TE: Le pido al maestro entonces, que le comunique a éste una mayor comprensión sobre sí mismo, sobre la Luz que lleva dentro, y sobre el Reino Espiritual de Luz que lo está esperando. A éste: se levanta el primer dedo cuando esa comunicación esté completa, el segundo dedo si se detiene o se bloquea.

ES: Se levanta el primer dedo.

TE: A éste: ¿recibiste bien esa información?

ES: Se levanta el dedo del sí.

TE: ¿Te hace sentido?

ES: Se levanta el dedo del sí.

TE: ¿Estás dispuesto a irte con el maestro ahora y trasladarte a tu propio lugar en la Luz?

ES: Se levanta el dedo del sí.

TE: Entonces, a la cuenta de tres puedes dirigirte hacia el maestro. Comenzamos: uno, dos, tres... y a éste puedes moverte ahora hacia el maestro... en ese corredor de Luz. Yo Superior, se levanta el primer dedo cuando se haya ido, de lo contrario, o si hay un problema, el segundo dedo.

YS: Se levanta el primer dedo.

Protocolo para Espíritus: Ejemplo 6

TE: ¿Sabes que no eres parte de esta alma con la que estoy trabajando?

ES: Se levanta el dedo del sí.

TE: ¿Eres tú mismo un alma? Si es así, se levanta el primer dedo; de lo contrario el segundo, si no estás seguro, se levanta la mano.

ES: Se levanta la mano.

TE: A este: ¿estás dispuesto a saber si eres o no un alma?

ES: Se levanta el dedo del sí.

TE: Voy a pedir que se te envíe esa información a la cuenta de tres... uno, dos, tres... al Yo Superior o un guía, pido que le comuniques a éste información y conocimiento sobre sí mismo, si es o no es un alma; por favor también comunica cualquier otra información que pueda ser útil para él. Y a éste: se levanta el primer dedo cuando hayas recibido esta información, de lo contrario el segundo.

ES: Se levanta el primer dedo.
TE: Y a éste: ¿recibiste bien esa información?
ES: Se levanta el dedo del sí.
TE: A éste: si te parece que eres un alma, se levanta el primer dedo, de lo contrario el segundo. Si todavía no estás seguro se levanta la mano.
ES: Se levanta el primer dedo.
TE: A éste: como alma, ¿estás dispuesto ahora a mirar hacia tu interior y encontrar tu propia fuente de energía? Si eres un alma, esa energía del alma está allí. ¿Estás dispuesto ahora a mirar en tu interior?
ES: Se levanta el dedo del sí.
TE: A la cuenta de tres entonces. Uno, dos, tres... Y a este: se levanta el primer dedo cuando hayas encontrado esa Luz, de lo contrario el segundo.
ES: Se levanta el segundo dedo.
TE: A éste: si necesitabas detenerte, se levanta el primer dedo; si alguien o algo parecía interferir, se levanta el segundo; si ninguno de esos encaja, se levanta la mano.
ES: Se levanta el primer dedo.
TE: A éste: necesitaste detener el proceso, ¿correcto?
ES: Se levanta el dedo del sí.
TE: A este: ¿eso empezó a asustarte?
ES: Se levanta el dedo del sí.
TE: Si empezó a causar dolor, se levanta el primer dedo; si lo detuviste por otra razón, se levanta el segundo.
ES: Se levanta el segundo dedo.
TE: A este: ¿sabes por qué lo detuviste?
ES: Se levanta el dedo del sí.
TE: ¿Estás dispuesto a comunicar un pensamiento, palabra o imagen aquí a la mente consciente sobre eso?
ES: Se levanta el dedo del sí.
TE: Voy a pedir entonces que comuniques eso aquí mismo en el presente a la cuenta de tres... uno, dos, tres... Y a éste: sólo comunícalo aquí a la mente consciente... un pensamiento, una palabra, una imagen... deja que venga directamente al presente. Se levanta el primer dedo cuando lo hayas comunicado, el segundo dedo si te has detenido o hay algún problema.
ES: Se levanta el primer dedo.

TE:	Janet aquí conmigo a nivel consciente, ¿recibiste algo?
Ja:	Solo estoy recibiendo la palabra "culpable".
TE:	Y a éste: ¿es esto lo que comunicaste, que te sientes culpable?
ES:	Se levanta el dedo del sí.
TE:	A éste: Quiero asegurarte que el Creador ya sabe lo que pasó y ya te ha perdonado. Lo que tiene que pasar ahora es que te perdones a ti mismo. El Creador sólo quiere que vuelvas a casa, a la Luz. Por eso hemos venido. ¿Estás dispuesto una vez más a mirar hacia tu interior y ver si esa Luz está ahí? No necesitas tocarla, pero puedes asegurarte de que está ahí. ¿Estás dispuesto a mirar?
ES:	Se levanta el dedo del sí.
TE:	A la cuenta de tres, entonces: uno, dos, tres... mira hacia tu interior ahora; mueve tu visión justo a tu centro y ve la Luz que tienes allí. No hay nada que temer. Se levanta el primer dedo cuando veas esa Luz; el segundo dedo si aún no la ves.
ES:	Se levanta el primer dedo.
TE:	Y a este: ¿pudiste ver esa Luz?
ES:	Se levanta el dedo del sí.
TE:	¿Sentiste esa Luz esta vez?
ES:	Se levanta el dedo del sí.
TE:	¿Y te sentiste bien?
ES:	Se levanta el dedo del sí.
TE:	A éste: ¿recuerdas ahora tu lugar en el Reino Espiritual de la Luz, ese lugar que siempre ha sido tuyo?
ES:	Se levanta el dedo del sí.
TE:	Y a éste: ¿estarías dispuesto ahora a que un guía de alto nivel de la Luz se acerque para darte más información sobre la Luz y las opciones disponibles para ti?
ES:	Se levanta el dedo del sí.
TE:	Te voy a pedir entonces que mires hacia la Luz y mientras lo haces le pido a ese guía de alto nivel de la Luz que se acerque para que te asista. Dirige tu mirada hacia la Luz. Se levanta el primer dedo cuando veas al guía, de lo contrario el segundo.
ES:	Se levanta el primer dedo.
TE:	Le pido al guía ahora que le comunique a este espíritu, información sobre sí mismo como alma, su habilidad para trasladarse a la Luz, y cualquier otra información que pueda ser de ayuda. Y a éste: se

levanta el primer dedo cuando hayas recibido esta información, de lo contrario el segundo.
ES: Se levanta el primer dedo.
TE: A éste: ¿recibiste esa información?
ES: Se levanta el dedo del sí.
TE: ¿Recuerdas ahora sobre tu lugar en la Luz?
ES: Se levanta el dedo del sí.
TE: ¿Estás listo ahora para ir con el maestro a la Luz?
ES: Se levanta el dedo del sí.
TE: Antes de irte, mira a tu alrededor, ¿hay otros allí contigo? Si es así, se levanta el primer dedo, si estás solo, se levanta el segundo dedo.
ES: Se levanta el segundo dedo.
TE: De acuerdo. A la cuenta de tres entonces, puedes ir directo hacia el maestro y a tu lugar en la Luz. Entonces: uno, dos, tres... muévete ahora directo hacia el maestro, directo a ese corredor de Luz. Yo Superior, se levanta el primer dedo cuando éste se haya ido, de lo contrario el segundo.
YS: Se levanta el primer dedo.

Protocolo para Espíritus: Ejemplo 7

TE: Yo Superior, este que encontraste, ¿es parte del del alma de Tony?
YS: Se levanta el dedo del no.
TE: Yo Superior, es externo al alma de Tony, ¿correcto?
YS: Se levanta el dedo del sí.
TE: Yo Superior, si éste es un alma, se levanta el primer dedo; si es una entidad creada o pertenece a otra alma, se levanta el segundo dedo, si ninguna de estas alternativas encaja, se levanta la mano.
YS: Se levanta el primer dedo.
TE: Yo Superior, si éste ha entrado en el alma, se levanta el primer dedo. Si está operando desde afuera, se levanta el segundo dedo.
YS: Se levanta el primer dedo.
TE: Yo Superior, si debemos sacarlo ahora, se levanta el primer dedo. Si debo comunicarme con él, se levanta el segundo dedo.
YS: Se levanta el primer dedo.
TE: Yo Superior, ¿hay más de un alma externa aquí?
YS: Se levanta el dedo del sí.
TE: ¿Se pueden ir todos ahora?
YS: Se levanta el dedo del sí.

TE:	A la cuenta de tres, entonces. Uno, dos, tres... Yo Superior, te pido a ti y a los guías que identifiquen a estas almas externas, las rodeen con la Luz, y las saquen del alma. Se levanta el primer dedo cuando eso esté completo; se levanta el segundo dedo si hay un bloqueo o cualquier otro problema.
YS:	Se levanta el primer dedo.
TE:	Yo Superior, ¿pudiste sacarlos a todos?
YS:	Se levanta el dedo del sí.
TE:	Yo Superior, voy a pedir que revises y veas si estas almas externas usaron a alguien o algo para el acceso. Se levanta el primer dedo cuando esa revisión esté completa.
YS:	Se levanta el primer dedo.
TE:	Yo Superior, ¿encontraste a alguien o algo que utilizaron como un acceso?
YS:	Se levanta el dedo del sí.
TE:	Yo Superior, ¿necesitamos abordar esto directamente?
YS:	Se levanta el dedo del sí.
TE:	Si es alguien, se levanta el primer dedo. Si es algo o alguna energía, se levanta el segundo dedo.
YS:	Se levanta el segundo dedo.
TE:	Si es algún tipo de dispositivo u objeto, se levanta el primer dedo; si es más como una energía, se levanta el segundo dedo. Si ninguna de esas descripciones encaja, se levanta mano.
YS:	Se levanta el primer dedo.

Hablaré más sobre la resolución de dispositivos etéricos y energías en un capítulo posterior.

Paso 5: Determinar si hay Otros Presentes

En este momento, manteniéndonos en el mejor de los casos, una vez que un espíritu ha hecho contacto con la Luz y ha aceptado irse, se le pide que mire a su alrededor y vea si hay alguien más en el lugar donde se encuentra. Si el espíritu está solo, el terapeuta puede pedirle que se vaya (con o sin ayuda de un guía espiritual) y que el Yo Superior le indique cuándo se ha ido.

Si la respuesta es afirmativa, que hay otro u otros allí, entonces se utiliza el Protocolo de Identificación para identificar quién está allí, cuántos son y cómo hay que tratarlos. Hay varias posibilidades. Podrían ser todos espíritus. Podría haber tanto espíritus como estados del ego presentes. Podría ser un grupo de espíritus y entidades creadas. Podría ser un par de espíritus y varios estados del ego de otra alma, encarnada o no. Hay otras posibilidades. Por ahora, sólo veremos la situación en la que todos en el grupo son espíritus.

Una vez identificado un grupo de espíritus, normalmente se les puede tratar como grupo. El objetivo es conducirlos colectivamente a través de los mismos dos pasos que con el primer espíritu, es decir, conectar con su propia Luz interior y permitir el contacto de un guía espiritual. Si todos los espíritus se mueven a través de estos dos pasos, entonces casi siempre están de acuerdo con el deseo del primer espíritu de ir a la Luz.

Cuando hay dos o más espíritus presentes, el terapeuta se enfrenta a la misma pregunta que cuando trabaja con un grupo de estados del ego. ¿Trabaja con ellos individualmente o como grupo? Normalmente, al igual que con los estados del ego, el terapeuta puede trabajar con los espíritus como grupo en 1) hacer contacto con su Luz interior, 2) recibir contacto de un guía espiritual y 3) acordar la salida. Normalmente, cuando se trata con un grupo de espíritus, el enfoque más eficiente es tratar con todos ellos al mismo tiempo. A veces, sin embargo, un espíritu o espíritus necesitan ser tratados individualmente. Hay momentos en que es más eficaz trabajar con un espíritu, que puede ayudar a guiar a los demás a través de los mismos pasos. La mayoría de las veces, he descubierto que se puede identificar a un grupo de espíritus y trabajar con ellos colectivamente, utilizando al espíritu que se presenta como portavoz.

Cuando tengo un grupo formado tanto por espíritus como por estados del ego, trabajo con ellos como dos grupos separados. El objetivo terapéutico es diferente para las dos categorías. Normalmente, trabajo primero con los espíritus. Sin saber hasta qué punto su presencia está afectando a mi cliente, quiero limpiarlo de fuerzas extrañas. Esto ayuda a aclarar la confusión sobre lo que forma parte del Yo y lo que no. Además, tratar primero con los espíritus parece prevenir posibles bloqueos o interferencias en mi trabajo posterior con los estados del ego. A menudo, los espíritus reaccionan cuando nos acercamos a identificarlos, o quieren proteger lo que consideran su propio terreno. Dependiendo de la situación, puede ser mejor o incluso necesario trabajar primero con los estados del ego y después con los espíritus.

Por lo general, el Yo Superior puede ayudar a tomar esta determinación si hay dudas o dificultades.

Teniendo esto en cuenta, a veces utilizo un Protocolo alternativo para Espíritus. En esta versión, tan pronto como un espíritu es identificado e involucrado, pregunto si hay otros presentes. Si los hay, el terapeuta puede pasar inmediatamente al Protocolo de Identificación. Si hay dos o más espíritus presentes, por lo general se puede trabajar con ellos como un grupo, con todos ellos moviéndose a través de los mismos pasos simultáneamente.

Paso 6: Repetir el Procedimiento para el Grupo

Una vez identificado un grupo de espíritus, el objetivo es conducirlos a través de los mismos dos pasos: conectar con su propia Luz interior y permitir el contacto de un guía espiritual. Si todos los espíritus pasan por estos dos pasos, entonces casi siempre están de acuerdo con el deseo del primer espíritu de ir a la Luz. Esto es similar a la situación con los estados del ego cuando hay más de uno presente. A veces es más efectivo trabajar con uno y luego trabajar con los otros como grupo, y a veces es mejor identificar al grupo desde el principio y trabajar con todos al mismo tiempo con un solo portavoz. Esto es especialmente cierto si otros espíritus del grupo reaccionan y bloquean su comunicación con el espíritu inicial. En ese caso, lo mejor es encontrar a los bloqueadores, obtener su cooperación utilizando los mismos protocolos y luego trabajar con el grupo como un todo.

He aquí el protocolo alternativo:

El Protocolo para Espíritus (Alternativa)

1) Determinar si una entidad externa es un alma.
2) En caso afirmativo, determinar si hay otras presentes.
3) Facilitar el contacto con su propia Luz interior.
4) Facilitar su contacto con un guía/maestro de la Luz.
5) Obtener su acuerdo para salir (normalmente para ir a la Luz).
6) Pedir a los espíritus que se vayan.

Este protocolo alternativo no es mejor que el original, pero a menudo es más eficaz. Su objetivo es establecer contacto y comunicación inmediatos con todos los espíritus presentes al mismo tiempo. Una vez que un espíritu ha sido identificado, es más eficiente comunicarse con todos ellos y ayudarles a establecer contacto con la Luz. El siguiente es un ejemplo de este protocolo alternativo.

Protocolo para Espíritus: Ejemplo 8

TE: Yo Superior, en esa revisión, ¿encontraste a alguien o algo involucrado en las crisis de pánico de Patricia?
YS: Se levanta el dedo del sí.
TE: Yo Superior, si es alguien, se levanta el primer dedo, si es alguna cosa o alguna energía, se levanta el segundo dedo.
YS: Se levanta el primer dedo.
TE: Yo Superior, ¿es una parte del alma?
YS: Se levanta el dedo del no.
TE: Yo Superior, ¿es éste un alma? Si es así, se levanta el primer dedo; si es una entidad creada o pertenece a otra alma, se levanta el segundo dedo.
YS: Se levanta el primer dedo.
TE: Yo Superior, si debo comunicarme con éste, se levanta el primer dedo, si es mejor sacarlo, se levanta el segundo dedo.
YS: Se levanta el primer dedo.
TE: Yo Superior, ayúdalo entonces a venir aquí conmigo. Y a éste: ¿sabes que no formas parte de esta alma con la que estoy trabajando?
___ Se levanta la mano.
TE: A éste: ¿estás dispuesto a saber si eres o no parte de esta alma con la que estoy trabajando?
___ Se levanta el dedo del no.
TE: A éste: ¿tienes algún miedo o preocupación con respecto a esto?
___ Se levanta el dedo del sí.
TE: A éste: estamos aquí para ayudar. Tanto si eres parte de esta alma como si no, estamos aquí para ayudar. Sin embargo, hay un tipo de ayuda disponible si eres parte del alma, y otro tipo de ayuda si no formas parte de esta alma. Sólo necesitamos saber qué tipo de ayuda darte. Mientras te sientas seguro, ¿estarías dispuesto a recibir información sobre si eres parte de esta alma o no para que sepamos cómo ayudarte?
___ Se levanta el dedo del sí.
TE: A éste: a la cuenta hasta tres, se te enviará información sobre ti mismo. A la cuenta de tres ahora; uno, dos, tres Yo Superior o guía

por favor envíenle información y conocimiento sobre sí mismo, si es o no parte de esta alma, y cualquier otra información que pueda ser útil. A éste: se levanta el primer dedo cuando hayas recibido esa información, el segundo dedo si no la has recibido.
___ Se levanta el primer dedo.
TE: A éste: ¿has recibido bien esa información?
___ Se levanta el dedo del sí.
TE: A éste: ¿te parece que eres parte de esta alma con el que estoy trabajando?
ES: Se levanta el dedo del no.
TE: No formas parte de esta alma, ¿correcto?
ES: Se levanta el dedo del sí.
TE: A éste: ¿te parece que eres un alma?
ES: Se levanta el dedo del sí.
TE: Cuando recibiste la información, ¿también recibiste algo de Luz?
ES: Se levanta el dedo del sí.
TE: ¿Se siente bien?
ES: Se levanta el dedo del sí.
TE: Al mirar ahora a tu alrededor, ¿hay alguien más allí contigo?
ES: Se levanta el dedo del sí.
TE: ¿Son más de cinco en total?
ES: Se levanta el dedo del no.
TE: ¿Más de cuatro en total?
ES: Se levanta el dedo del sí.
TE: Hay cinco de ustedes allí, ¿correcto?
ES: Se levanta el dedo del sí.
TE: Yo Superior, ¿son los cinco externos al alma con la que estamos trabajando?
YS: Se levanta el dedo del no.
TE: ¿Son al menos dos de ellos parte de esta alma?
YS: Se levanta el dedo del sí.
TE: Yo Superior, ¿hay más de dos que forman parte de esta alma?
YS: Se levanta el dedo del no.
TE: Yo Superior, dos son parte del alma y tres son externos, ¿correcto?
YS: Se levanta el dedo del sí.
TE: ¿Los tres que son externos son almas? Si es así se levanta el primer dedo, de lo contrario el segundo dedo.
YS: Se levanta el primer dedo.

TE: Yo Superior, si debería trabajar primero con estos tres que son externos, se levanta el dedo del sí. Si debo trabajar primero con los estados del ego, entonces se levanta el segundo dedo.

YS: Se levanta el dedo del sí.

TE: Yo Superior, te pido que ayudes a estas tres almas externas a venir aquí conmigo. Y con la que me acabo de comunicar, ¿todavía puedes comunicarte conmigo?

ES: Se levanta el dedo del sí.

TE: Y a ésta: ¿los otros dos contigo también han recibido Luz?

ES: Se levanta el dedo del no.

TE: A éste: ¿estás dispuesto a comunicarte con ellos sobre esta Luz y que es seguro para ellos tenerla?

ES: Se levanta el dedo del sí.

TE: A éste: por favor comunícales acerca de la Luz y le pido al Yo Superior o a un guía espiritual que envíe esa Luz ahora a estos dos y a los tres en el grupo, se levanta el primer dedo cuando hayan recibido esa Luz, se levanta el segundo dedo si alguno no la reciben.

ES: Se levanta el primer dedo.

TE: Y a éste con el que me estoy comunicando: los tres están recibiendo esa Luz ahora, ¿correcto?

ES: Se levanta el dedo del sí.

TE: Y a éste: ¿están los tres dispuestos a que un guía de alto nivel de consciencia o maestro de la Luz venga y se comunique con todos ustedes sobre el Reino Espiritual de la Luz y las opciones disponibles para ustedes?

ES: Se levanta el dedo del sí.

TE: Todos ustedes pueden voltearse hacia la Luz y le pido a ese guía o maestro de alto nivel de consciencia que se acerque. Se levanta el primer dedo cuando vean al maestro, de lo contrario se levanta el segundo dedo.

ES: Se levanta el primer dedo.

TE: Le pido al maestro que ahora les comunique a los tres en el grupo información y conocimiento sobre el reino espiritual, ese lugar en la Luz que les está esperando, que siempre ha sido su lugar. A los tres: se levanta el primer dedo cuando todos hayan recibido esa información, se levanta el segundo dedo si alguno no la ha recibido.

ES: Se levanta el primer dedo.

TE: A los tres en el grupo: ¿están todos dispuestos a ir ahora con el maestro a su propio lugar en la Luz?
ES: Se levanta el dedo del sí.
TE: A la cuenta de tres, entonces, pueden ir directo a la Luz. Comenzamos: uno, dos, tres y se van trasladando ahora directo al maestro, directo a ese corredor de Luz. Yo Superior, se levanta el primer dedo cuando todos se hayan ido, se levanta el segundo dedo si alguno no se va.
YS: Se levanta el segundo dedo.
TE: Yo Superior, ¿se fue alguno de ellos?
YS: Se levanta el dedo del sí.
TE: ¿Se quedó más de uno?
YS: Se levanta el dedo del no.
TE: Le pido a ése, entonces, que venga aquí. A éste: ¿tienes algún miedo o algo está interfiriendo?
ES: Se levanta el dedo del sí.
TE: Si eso empezaba a asustarte, se levanta el primer dedo. Si parecía que alguien o algo se interponía, se levanta el segundo dedo; si ninguna de estas, la mano levanta.
ES: Se levanta el segundo dedo.
TE: A éste: si es alguien que interfirió, se levanta el primer dedo; si alguna cosa o energía, se levanta el segundo dedo; si no estás seguro, la mano se levanta.
ES: Se levanta el segundo dedo.
TE: A éste: si es algo como un dispositivo/objeto de algún tipo, se levanta el primer dedo; si es más como una energía, se levanta el segundo dedo; si ninguno de esos encaja, la mano se puede levantar.
ES: Se levanta el primer dedo.
TE: Yo Superior, ¿eres consciente del dispositivo u objeto que éste ha identificado?
YS: Se levanta el dedo del no.
TE: Yo Superior, te pido que escanees la energía de éste y veas si hay algún dispositivo u objeto que haya sido colocado dentro o unido a él. Se levanta el primer dedo cuando el escaneo esté completo; se levanta el segundo dedo si el escaneo se ha detenido o bloqueado.
YS: Se levanta el primer dedo.
TE: Yo Superior, ¿encontraste algún tipo de dispositivo u objeto colocado dentro o unido a este?
YS: Se levanta el dedo del sí.

TE: Yo Superior, ¿puede ser removido ahora?
YS: Se levanta el dedo del no.
TE: Yo Superior, ¿tiene este que dar permiso primero?
YS: Se levanta el dedo del sí.
TE: Y a éste: ¿estás dispuesto ahora a ser limpiado de ese dispositivo para que puedas ir a tu propio lugar en la Luz?
ES: Se levanta el dedo del sí.
TE: A la cuenta de tres entonces, comenzando, uno, dos, tres, Yo Superior o un guía de alto nivel de consciencia, estoy pidiendo que lo limpies ahora de cualquier dispositivo u objeto que haya sido colocado dentro o adherido a él; disípalo y sácalo, se levanta el primer dedo cuando eso esté completo; se levanta el segundo dedo si hay algún problema.
ES: Se levanta el primer dedo.
TE: A éste: ¿te sientes mejor ahora?
ES: Se levanta el dedo del sí.
TE: ¿Estás listo ahora para ir a tu lugar en la Luz con ese maestro?
ES: Se levanta el dedo del sí.
TE: Mira hacia a la Luz otra vez. Se levanta el primer dedo cuando veas al maestro, de lo contrario el segundo dedo.
ES: Se levanta el primer dedo.
TE: A éste: puedes ir directo hacia el maestro ahora a la cuenta de tres: uno, dos, tres, muévete ahora directo hacia maestro, directo a ese corredor de Luz. Yo Superior, se levanta el primer dedo cuando este se ha ido, de lo contrario el segundo.
YS: Se levanta el primer dedo.

Protocolo para Espíritus: Ejemplo 9

TE: Yo Superior, el que has identificado es externo al alma de Tim, ¿correcto?
YS: Se levanta el dedo del sí.
TE: Yo Superior, si ése es en sí mismo un alma, se levanta el primer dedo; si es una entidad creada o pertenece a otra alma, se levanta el segundo dedo; si ninguno de esos encaja, la mano puede levantar.
YS: Se levanta el primer dedo.
TE: Yo Superior, ¿hay más de uno de ellos?
YS: Se levanta el dedo del sí.

TE: Yo Superior, si debo comunicarme con ellos, se levanta el primer dedo, si solo deben ser salir, se levanta el segundo dedo.
YS: Se levanta el primer dedo.
TE: Yo Superior, te pido que identifiques a uno como portavoz y lo ayudes a venir aquí conmigo. Y a éste: mientras te sientas seguro, ¿estás dispuesto ahora a comunicarte conmigo?
ES: Se levanta el dedo del sí.
TE: ¿Sabes que no eres parte de esta alma con la que estoy trabajando?
ES: Se levanta el dedo del sí.
TE: ¿Sabes que eres un alma? Si es así, se levanta el primer dedo, de lo contrario o si no estás seguro, se levanta el segundo dedo.
ES: Se levanta el segundo dedo.
TE: A éste: ¿estás dispuesto a saber ahora si eres un alma?
ES: Se levanta el dedo del sí.
TE: A éste: a la cuenta de tres, pediré que te envíen esa información: uno, dos, tres... Yo Superior o un guía, pido que se le comunique si es o no un alma. A éste: primer dedo cuando hayas recibido esta comunicación, segundo dedo si no.
ES: Se levanta el primer dedo.
TE: A éste: ¿te parece que eres un alma?
ES: Se levanta el dedo del sí.
TE: A éste: allí donde estás, ¿hay alguien contigo?
ES: Se levanta el dedo del sí.
TE: ¿Hay más de cinco de ustedes allí en total?
ES: Se levanta el dedo del sí.
TE: ¿Más de diez?
ES: Se levanta el dedo del no.
TE: ¿Más de siete?
ES: Se levanta el dedo del no.
TE: ¿Son siete?
ES: Se levanta el dedo del no.
TE: ¿Son seis en total?
ES: Se levanta el dedo del sí.
TE: Yo Superior, si los seis son entidades externas, se levanta el primer dedo. Si alguno es parte del alma de Gina, se levanta el segundo dedo.
YS: Se levanta el primer dedo.
TE: Yo Superior, ¿todos ellos son almas?

YS: Se levanta el dedo del sí.
TE: Al grupo de seis: si son un alma, tendrán Luz en su interior; esta es su propia energía del alma. ¿Están todos dispuestos ahora a buscar en su interior su propia fuente de energía?
___ Se levanta el dedo del no.
TE: Veo que se levantó el dedo del no. ¿Hay más de uno que no está dispuesto a mirar dentro?
___ Se levanta el dedo del no.
TE: A éste entonces: ¿le tienes algún miedo a la Luz?
ES: Se levanta el dedo del sí.
TE: ¿Tienes miedo de que la Luz te haga daño o te destruya?
ES: Se levanta el dedo del sí.
TE: A éste: la fuente de tu energía no es una energía destructora. Es una energía que sostiene la vida y te ha sostenido incluso cuando no eras consciente de ello. A éste: ¿estás dispuesto a mirar dentro sólo para ver si esa Luz está allí; no necesitas tocarla. ¿Estás dispuesto sólo a ver si está ahí?
ES: Se levanta el dedo del sí.
TE: A la cuenta de tres, cada uno puede mirar dentro y encontrar su propia fuente de energía. Comenzando: uno dos, tres... cada uno de ustedes ahora, mirando hacia adentro. Muevan su visión hacia su centro, vean la Luz que está allí. Pueden tocar esa Luz si se siente bien. Se levanta el primer dedo cuando todos hayan encontrado esa Luz; se levanta el segundo dedo si alguno no la encuentra.
ES: Se levanta el primer dedo.
TE: Y a éste con el que me acabo de comunicar: ¿viste tu propia Luz?
ES: Se levanta el dedo del sí.
TE: ¿Decidiste tocar esa Luz?
ES: Se levanta el dedo del sí.
TE: ¿Eso se siente bien para ti?
ES: Se levanta el dedo del sí.
TE: Para el grupo de seis: ¿saben acerca de su lugar en el Reino Espiritual de Luz?
ES: Se levanta el dedo del sí.
TE: ¿Están todos listos entonces para trasladarse a la Luz?
ES: Se levanta el dedo del no.
TE: ¿Hay algún miedo al respecto?
ES: Se levanta el dedo del sí.

TE: Al grupo: ¿están todos dispuestos a que un maestro de alto nivel de la Luz venga y comunique información sobre su lugar en la Luz y los seres queridos que los están esperando?
ES: Se levanta el dedo del sí.
TE: Voy a pedirles entonces que se vuelvan hacia la Luz y mientras lo hacen, le estoy pidiendo a ese maestro de alto nivel que está consciente y dispuesto a asistir, le pido a ese maestro que se acerque ahora, y a este grupo: se levanta el primer dedo cuando vean al maestro; de lo contrario el segundo.
ES: Se levanta el primer dedo.
TE: Al maestro: le pido que comunique a este grupo información y conocimiento sobre ellos mismos; sobre su lugar en la Luz, y sobre los seres queridos que les están esperando y cualquier otra información que pueda ser útil. Al grupo: se levanta el primer dedo cuando todos hayan recibido la información; se levanta el segundo dedo si alguno no la ha recibido.
ES: Se levanta el primer dedo.
TE: Al grupo: ¿Están todos listos ahora para ir con el maestro a la Luz?
ES: Se levanta el dedo del sí.
TE: A la cuenta de tres entonces, pueden moverse directo hacia al maestro. Comenzando: uno, dos, tres... muévanse ahora, directo al maestro, directo a ese corredor de Luz. Yo Superior, se levanta el primer dedo cuando todos se hayan ido, se levanta el segundo dedo si alguno no se va.
YS: Se levanta el primer dedo.

Cerrando el Acceso

Una vez que un espíritu o grupo de espíritus ha dejado a mi cliente, a menudo le pido al Yo Superior que revise el interior y vea si hay algún acceso que el espíritu haya utilizado y que necesitemos abordar. Doy este paso como precaución. No sólo quiero sacar a los espíritus que están interfiriendo, sino que también quiero prevenir su regreso o el apego de otros espíritus en el futuro. No sería raro que los espíritus adheridos se alejaran del cliente cuando se está ejerciendo presión para que se vayan, sólo para volver a entrar cuando tengan la oportunidad. Como no sé cuándo puede ser el caso y cuándo no, le pido al Yo Superior que revise estos puntos acceso. No quiero dejar puertas abiertas que deberían estar cerradas.

Identificar y cerrar los accesos puede ser desde sencillo hasta muy complejo. Un espíritu ligado a la tierra, por ejemplo, puede estar unido al cliente a través de un estado del ego infantil, y es el estado del ego infantil el que no quiere que el espíritu se vaya. El espíritu puede ser un miembro de la familia fallecido recientemente, tal vez un abuelo, que se ha conectado a esta personalidad infantil porque de alguna manera, a nivel psíquico, el niño sufría y pedía ayuda. El estado del ego infantil puede bloquear nuestra comunicación con el espíritu para evitar que se vaya. En este caso, hay que dirigirse al estado del ego infantil y tranquilizarlo acerca de su propia capacidad para sanar y trasladarse a un lugar seguro. Una vez que el estado del ego comprende la situación y se disipa su miedo, suele cooperar con la partida del espíritu y aceptarla.

Sin embargo, la situación se vuelve más compleja cuando se trata de lo que yo llamo *almas oscuras*. Se trata de espíritus que operan a un nivel psíquico/astral y que intencionadamente atacan y se entrometen o enredan con las almas encarnadas. Su intención es ganar poder y control sobre otra alma. Puede ser para desviar la energía de esa alma, causar caos sólo porque puede, o esclavizar el alma para usos futuros, incluso en vidas futuras.

En el próximo capítulo hablaré de estas almas oscuras, de sus tácticas para acceder a un alma y de cómo abrirse camino a través del laberinto de accesos que han creado. Lo que quiero decir ahora es que estas almas oscuras son las que más a menudo se niegan rotundamente a entrar en contacto con la Luz o con un guía espiritual. También son los espíritus cuya conciencia les permite manipular y explotar el alma, incluso a lo largo de varias vidas.

8

Cuando los Espíritus se Resisten

En el capítulo 7, presenté el Protocolo para Espíritus utilizando un ejemplo en el que todo avanza sin problemas. Esto es cuando un espíritu está dispuesto a comunicarse, hace contacto con la Luz y se va por su propia voluntad o con la ayuda de un guía espiritual. El proceso funciona con fluidez y eficacia siempre que el espíritu acepte comunicarse y establezca contacto con la Luz.

Sin embargo, con demasiada frecuencia, los espíritus intrusos se niegan a dar cualquiera de los dos pasos. Cuando esto sucede, le pregunto al Yo Superior si el espíritu o espíritus deben irse sin necesidad de comunicación directa, así como cortar sus lazos con el alma del cliente. Si el Yo Superior y/o los guías están en posición de llevar a cabo este procedimiento e indican que sería el mejor paso, entonces es una solución rápida y fácil para una intrusión o apego espiritual. A menudo, sin embargo, el Yo Superior indicará 1) que aún no es capaz de sacar al espíritu o espíritus, o 2) que el terapeuta debería comunicarse directamente con el espíritu e intentar enviarlo a la Luz. En este punto, hay que decidir si se inicia una búsqueda del acceso que utilizó el espíritu, para cerrarlo y luego sacarlo por la fuerza, o el terapeuta puede intentar averiguar por qué el espíritu se resiste y ofrecerle una solución.

Es una decisión que debe tomar el terapeuta. ¿Es mejor empezar a buscar accesos y cerrarlos, o hay alguna promesa de que el espíritu entre en razón y empiece a cooperar si se le hacen las preguntas adecuadas? Si la decisión es cerrar el acceso, entonces se pide al Yo Superior que averigüe si es alguien o algo lo que se está utilizando como acceso o accesos. Encontrar y cerrar accesos se tratará extensamente en el capítulo 10.

Si la decisión es seguir comunicándose con el espíritu, el asunto es cómo abordarlo. Este capítulo se centrará en los pasos a seguir cuando un espíritu rechaza el contacto con la Luz. ¿Qué preguntas sí/no puede hacer el terapeuta para ayudar a un espíritu a cambiar su posición y persuadirlo de que hacer contacto con la Luz es realmente su mejor opción? La respuesta a estas preguntas, según he descubierto, es responder a otra pregunta: ¿por qué la negativa? ¿Está apegado a un ser querido que aún está en la Tierra y cree que éste necesita su ayuda? ¿Se siente culpable y teme ser juzgado y castigado? ¿Teme que la Luz lo dañe o destruya si se acerca demasiado? ¿Está tan aterrorizado por el rechazo de Dios que no se atreve a arriesgarse a abrirse a ese Amor Divino sólo para perderlo de nuevo, y para siempre? ¿Está el espíritu enojado y culpa a la Luz por lo que ha sucedido, ya sea durante una vida en particular, o incluso remontándose a la separación original de esa alma de la Luz? ¿Se trata de una red de espíritus que operan en la Oscuridad, aprovechándose de la energía del cliente? ¿O es el mal, que desea destruir toda la Luz y el amor?

Estas son algunas de las principales razones que he encontrado para explicar por qué un espíritu se niega a buscar en su interior su propia Luz o a aceptar el contacto de un guía espiritual. Al saber por qué un espíritu rechaza la Luz, el terapeuta puede a menudo formular una propuesta que resuelva o disipe las preocupaciones del espíritu y le ofrezca una forma segura de aceptar la Luz.

A veces, el rechazo de un espíritu se resuelve fácilmente. Un espíritu, por ejemplo, puede tener miedo de ir a la Luz y ser juzgado y castigado. Una vez que el terapeuta se entera de esto, el espíritu puede ser tranquilizado diciéndole que no hay juicio en la Luz; que el único juicio que ocurre en la Luz es el propio juicio del alma sobre sí misma. Una vez tranquilizado, el espíritu a menudo acepta que un maestro espiritual le traiga más información, y luego, en breve, se va por su cuenta.

En otras situaciones, un terapeuta puede necesitar amplia información sobre un espíritu o espíritus con el fin de persuadirlos para que se vayan o permitir que el Yo Superior finalmente lo saque por la fuerza. La extensión y profundidad de las preguntas sobre el espíritu o espíritus depende de la situación única del cliente. Una vez más, sin embargo, el objetivo no es aprender sobre el espíritu en sí, sino sobre lo que le impide decir *sí* a un contacto con la Luz. Por lo tanto, el aprendizaje sobre los espíritus específicos con los que estás tratando se basa en la necesidad de saber. Hay ocasiones en las que puedes encontrar algún enredo complejo y necesitas saber mucho más sobre el espíritu o espíritus implicados para resolver la situación. El objetivo, sin embargo, es siempre crear una situación en la que el espíritu acepte finalmente entrar en contacto con la Luz, o abandone voluntariamente al cliente.

Además de facilitar el contacto con la Luz, los protocolos para tratar con los estados del ego y los espíritus son los mismos en otro aspecto básico. La secuencia de pasos en el protocolo es resolver la presencia del espíritu en el menor número de pasos, desde sacarlos sin necesidad de comunicación directa hasta las negociaciones complejas.

Por ejemplo, si estoy trabajando con un cliente y descubro un espíritu intruso, el paso más fácil es simplemente hacer que el Yo Superior lo saque. Si eso se puede hacer, entonces no necesito más información sobre el espíritu. Si un espíritu no puede ser simplemente removido, entonces el siguiente paso más eficiente es comunicarse con el espíritu y facilitar su contacto con la Luz. Si sigue estos pasos, normalmente no necesitaré saber nada más sobre él.

Si un espíritu se niega rotundamente a entrar en contacto con la Luz, y el Yo Superior no puede sacarlo por la fuerza, entonces se necesita más información. Las preguntas que formule estarán orientadas a comprender por qué el espíritu se opone tanto a la Luz y cómo hacerle una oferta tan buena que no pueda rechazarla. Le prometeré al espíritu el alivio de cualquier dolor, miedo y confusión. Y lo que es muy importante, también le ofrezco una forma segura de comprobar por sí mismo lo que le estoy diciendo y de ser absolutamente libre de aceptarlo o rechazarlo. La mayoría de los espíritus aceptan esta oferta porque no tienen nada que perder y mucho que ganar. Desde el punto de vista del espíritu, si digo la verdad, por fin tendrá una salida a su confusión y angustia. Si no digo la verdad, pueden rehusar moverse.

Aquí hay ejemplos del protocolo para espíritus cuando un espíritu o espíritus indican que no se quieren ir.

Protocolo para Espíritus: Ejemplo 10

TE: A éste que el Yo Superior ha identificado: ¿sabes que no eres parte de esta alma con la que estoy trabajando?
ES: Se levanta el dedo del sí.

TE: ¿Eres tú mismo un alma? Si es así, se levanta el primer dedo, de lo contrario el segundo dedo. Si no estás seguro, la mano puede levantarse.
ES: Se levanta el primer dedo.
TE: A éste: ¿hay otros allí contigo?
ES: Se levanta el dedo del sí.
TE: ¿Son más de cinco en total?
ES: Se levanta el dedo del no.
TE: ¿Más de tres?
ES: Se levanta el dedo del no.
TE: ¿Son tres?
ES: Se levanta el dedo del sí.
TE: ¿Conoces la Luz?
ES: Se levanta el dedo del sí.
TE: ¿Estás recibiendo esa Luz para ti ahora?
ES: Se levanta el dedo del no.
TE: ¿Estás dispuesto a recibir algo de Luz para ti?
ES: Se levanta el dedo del no.
TE: ¿Tienes miedo de la Luz?
ES: Se levanta el dedo del sí.
TE: ¿Te han dicho que te haría daño o que te destruiría?
ES: Se levanta el dedo del sí.
TE: A éste: quien te haya dicho eso te ha mentido. Como alma, tienes tu propia fuente de energía. La Luz es una energía que sostiene la vida, no una energía destructora. Quien te dijo eso quería alejarte de tu propia fuente de energía. Sabían que si recordabas quién eras -un alma de Luz- perderían su poder sobre ti. Como alma, tienes la absoluta libertad de elegir terminar tu relación con ellos si así lo deseas. No lo sabías, ¿verdad?.
ES: Se levanta el dedo del no.
TE: ¿Estarías dispuesto a permitir que un maestro de alto nivel de la Luz venga y te comunique información sobre esto?
ES: Se levanta el dedo del no.
TE: ¿Eso te asusta?
ES: Se levanta el dedo del no.
TE: ¿Tienes miedo de que la Luz te rechace?
ES: Se levanta el dedo del sí.

TE: A éste: la Luz ya sabe lo que pasó, y ya te ha perdonado. Como alma, la Luz quiere que vuelvas a casa. Hay seres queridos en la Luz esperándote. Tú y los demás tendrán toda la ayuda que necesiten. El maestro puede comunicarte esto también. ¿Estarías dispuesto a que un maestro de alto nivel se presentara, pero se mantuviera a una distancia segura, sólo para que pudieras verlo? Puedes hacer que se aleje cuando quieras. No hay nada que te sea impuesto. ¿Permitirías que el maestro se presentara siempre que se mantuviera a una distancia prudente?

ES: Se levanta el dedo del sí.

TE: Le pido a ese maestro de alto nivel que está consciente, y desea asistir, que dé un paso al frente, manteniéndose a una distancia prudente. A éste con el que me estoy comunicando: se levanta el primer dedo cuando veas al maestro, de lo contrario el segundo.

ES: Se levanta el primer dedo.

TE: Le pido al maestro ahora que comunique a estos espíritus información y conocimiento sobre ellos mismos como almas, sobre la fuente de energía que cada uno lleva dentro y sobre los seres queridos que los están esperando. Se levanta el dedo del sí cuando han recibido esta comunicación, de lo contrario el dedo del no.

ES: Se levanta el dedo del sí.

TE: A éste: ¿tú y los otros recibieron esa información?

ES: Se levanta el dedo del sí.

TE: ¿Les hace sentido?

ES: Se levanta el dedo del sí.

TE: ¿Tú y los demás quieren ir con el maestro a su propio lugar en la Luz?

ES: Se levanta el dedo del sí.

TE: A la cuenta de tres, entonces, pueden moverse hacia el maestro. Comenzando: uno, dos, tres... vayan directo hacia el maestro ahora, por ese corredor de Luz. Yo Superior, se levanta el dedo del sí cuando todos se hayan ido, de lo contrario el dedo del no.

YS: Se levanta el dedo del no.

TE: Yo Superior, ¿más de uno se quedó atrás?

YS: Se levanta el dedo del no.

TE: Yo Superior, ayúdalo a venir aquí conmigo. Y a éste: ¿estás recibiendo Luz para ti?

___ Se levanta el dedo del sí.

TE: ¿Todavía tienes miedo de volver a la Luz?
___ Se levanta el dedo del sí.
TE: Tienes que saber que lo único que quieren tus seres queridos es que vayas a la Luz. Ya has sido perdonado. La Luz entiende lo que pasó. ¿Estarías dispuesto a que un ser querido, alguien que sabes que se preocupaba por ti, estarías dispuesto a que ese ser querido diera un paso al frente? Reconocerás quién es; alguien que sabes que te amaba y se preocupaba por ti. Puedes detenerlo inmediatamente si lo necesitas. ¿Dejarías que ese ser querido dé un paso adelante, sólo para que puedas ver quién es?
___ Se levanta el dedo del sí.
TE: Le pido a ese ser querido que dé un paso adelante, solo para que puedas ver quien es. Se levanta el dedo del sí cuando lo veas, de lo contrario se levanta el dedo del no.
___ Se levanta el dedo del sí.
TE: ¿Ves quién es?
___ Se levanta el dedo del sí.
TE: ¿Ya te has comunicado?
___ Se levanta el dedo del sí.
TE: ¿Quieres ir con él/ella?
___ Se levanta el dedo del sí.
TE: A la cuenta de tres, entonces: uno, dos, tres... muévete directo hacia tu ser amado. Al Yo Superior, se levanta el dedo del sí cuando se hayan ido, de lo contrario el dedo del no.
YS: Se levanta el dedo del sí.

Protocolo para Espíritus: Ejemplo 11

TE: A éste que ha entrado a bloquear: ¿eres parte de esta alma con la que estoy trabajando?
ES: Se levanta el dedo del no.
TE: Si crees que eres un alma, se levanta el dedo del sí. De lo contrario se levanta el dedo del no; si no estás seguro la mano puede levantar.
ES: La mano se levanta.
TE: A éste: ¿estás dispuesto a saber si eres, o no eres, un alma?
ES: Se levanta el dedo del sí.
TE: Voy a pedir entonces que el Yo Superior o un guía espiritual te envíe información sobre esto, a la cuenta de tres: uno, dos, tres... Yo

Superior, te pido que le comuniques a éste si es o no un alma. Y a éste: se levanta el dedo del sí cuando hayas recibido esa comunicación, de lo contrario el dedo del no.

ES: Se levanta el dedo del sí.
TE: A éste: ¿recibiste bien esa información?
ES: Se levanta el dedo del sí.
TE: ¿Te parece que eres un alma?
ES: Se levanta el dedo del sí.
TE: ¿Estás dispuesto entonces a mirar dentro y encontrar tu propia Luz? Si eres un alma, tienes esa fuente de energía dentro de ti. ¿Estás dispuesto a mirar y ver si está allí?
ES: Se levanta el dedo del sí.
TE: A la cuenta de tres entonces: uno, dos, tres... y a éste: mira hacia tu interior ahora. Dirige tu visión hacia tu centro. Ve la Luz que tienes allí. Se levanta el primer dedo cuando la veas, de lo contrario el segundo.
ES: Se levanta el segundo dedo.
TE: A éste: si necesitabas detenerte, se levanta el primer dedo. Si alguien o algo parecía interferir, se levanta el segundo dedo. Si no estás seguro, la mano puede levantar.
ES: Se levanta el primer dedo.
TE: ¿Te asustaste?
ES: Se levanta el dedo del sí.
TE: ¿Empezaste a sentir dolor?
ES: Se levanta el dedo del sí.
TE: A éste: este es el dolor que has llevado dentro y que te ha mantenido alejado de la Luz. Ese dolor puede ser sanado y liberado. ¿Estarías dispuesto a que un maestro de alto nivel venga y te dé información acerca de este proceso de sanación?
ES: Se levanta el dedo del sí.
TE: Voy a pedirte entonces que mires hacia la Luz. Ve al maestro que viene hacia ti. Se levanta el primer dedo cuando lo veas, de lo contrario el segundo.
ES: Se levanta el segundo dedo.
TE: A éste: si necesitabas detener esto, se levanta el primer dedo. Si alguien o algo parecía interponerse en tu camino, se levanta el segundo dedo. Si no estás seguro, la mano se puede levantar.
ES: Se levanta el primer dedo.

TE: A éste: ¿te asustaste?
ES: Se levanta el dedo del sí.
TE: ¿Estarías dispuesto a escuchar solamente la comunicación del maestro? No tienes que verlo o reunirte con él. Es sólo información que será comunicada mentalmente. Puedes recibirla por ti mismo, y decidir si tiene sentido para ti. ¿Estarías dispuesto a hacerlo?
ES: Se levanta el dedo del sí.
TE: A la cuenta de tres entonces, voy a pedir que la comunicación te sea enviada. Empezando: uno, dos, tres... ahora le pido a este maestro de alto nivel que le comunique información sobre la sanación. Ayúdalo a saber cómo puede liberarse de todo dolor y regresar a casa, a la Luz. A éste: se levanta el dedo del sí cuando hayas recibido esa información, de lo contrario el dedo del no.
ES: Se levanta el dedo del sí.
TE: ¿Recibiste bien esta información?
ES: Se levanta el dedo del sí.
TE: ¿Tiene sentido para ti?
ES: Se levanta el dedo del sí.
TE: ¿Estás dispuesto entonces a ir con el maestro y tener esa sanación para ti?
ES: Se levanta el dedo del sí.
TE: A la cuenta de tres entonces, puedes moverte directo hacia el maestro: uno, dos, tres... y muévete ahora hacia el maestro, hacia ese corredor de Luz. Yo Superior, se levanta el dedo del sí cuando se hayan ido, de lo contrario el dedo del no.
YS: Se levanta el dedo del sí.

9

La Desconexión

Cuando un espíritu dice no a la Luz o al contacto con un maestro espiritual, pero continúa comunicándose, el terapeuta casi siempre puede averiguar cuál es el problema y ofrecerle una solución segura. Esto es cierto tanto si el espíritu tiene miedo de la Luz, está enfadado con ella, se siente amenazado por almas oscuras o hizo un trato con ellas en el pasado. Mientras el espíritu siga comunicándose, el terapeuta puede hacer las preguntas necesarias, para dilucidar dónde está atascado el espíritu.

Sin embargo, existe un rechazo más extremo, en el que se detiene toda comunicación con los niveles inconscientes. La entidad con la que me estaba comunicando no responderá, o no puede hacerlo. El Yo Superior con el que me he comunicado numerosas veces tampoco responde. Esto casi siempre significa que está siendo bloqueado. El Yo Superior siempre está dispuesto a comunicarse, así que cuando no lo hace, normalmente significa que no es capaz de hacerlo en ese momento.

En este punto, suelo pedir hablar con la parte protectora o con un estado del ego importante con el que ya haya trabajado antes, para ver si puedo restablecer la comunicación. Si aún no hay señales, entonces lo considero como una *desconexión*.

Este tipo de bloqueo es una de las situaciones más difíciles de tratar en el proceso de sanación. A menos que seas clarividente, médium o tengas la ayuda que yo tuve con Gerod, no podemos mirar dentro del cliente y ver quién o qué está causando el bloqueo. No sabemos si estamos chocando contra alguien, algo o algún tipo de energía.

Este es el problema de la desconexión. Puede ocurrir en cualquier momento del proceso de sanación, y no sabrás quién o qué lo está causando. Puedes haber estado comunicándote con un espíritu, por ejemplo, cuando se produce una desconexión. Sin embargo, no puedes asumir que fue ese espíritu en particular el que causó la desconexión. Podría ser el caso, pero no necesariamente. Hay otras posibilidades. Ni siquiera se puede suponer que sea otro espíritu el que lo haya causado. De nuevo, podría ser, pero no podemos asumirlo. Puede ser un estado del ego, una entidad creada o un dispositivo programado el o los responsables de la desconexión.

Como terapeutas, éste es el dilema. Por un lado, necesitamos saber quién o qué está detrás de la desconexión para saber cómo abordarlo y resolverlo. Por otro lado, ¿cómo averiguamos quién o qué es si no se comunica? Sin retroalimentación ni indicadores de ningún tipo, el terapeuta está operando a ciegas. Es una pizarra en blanco y el terapeuta sólo puede adivinar quién o qué está detrás de la desconexión. Lo que lo hace aún más difícil es que hay varias posibilidades. Volviendo al protocolo de identificación, cualquiera de esas entidades o fenómenos podría estar causando la desconexión, y cada uno de ellos requiere un enfoque y una línea de interrogatorio diferentes para resolverlo. Un estado del ego, por ejemplo, necesita un enfoque diferente al de un espíritu. Si empiezas a comunicarte con él como si fuera un espíritu, puedes provocar más bloqueos y/o confusión.

Estrategias para resolver la Desconexión

La identificación de *quién* o *qué* está causando una desconexión es el tipo de información que recibía de Gerod cuando nos comunicábamos. Yo llegaba a una desconexión con un cliente, y en mis sesiones con Gerod, él identificaba la fuente del bloqueo o daba información que conducía a él. A veces me daba un nombre por el que preguntar. O me decía que el bloqueo era un laberinto, una serie de paredes, y nombraba a un determinado estado del ego en su interior que podía guiarme a través de él. A veces me ofrecía sugerencias o me decía qué podría ayudarme a resolver el bloqueo. Utilizaba esta información para preparar preguntas estratégicas para mi siguiente sesión con el cliente.

A lo largo de los años, Gerod y yo trabajamos con cientos de bloqueos en clientes que iban de lo simple a lo complejo. No hay duda de que sin la capacidad de Gerod para *ver* detrás de los bloqueos y decirme lo que estaba pasando, nunca habría sido capaz de resolverlos por mi cuenta. Sin embargo, al trabajar con Gerod, empecé a reconocer patrones entre los clientes en cuanto a quién o qué podría estar bloqueando y por qué. Con el tiempo, desarrollé estrategias para hacer frente a estos bloqueos cuando se producían.

La primera estrategia no es gran cosa, pero puede funcionar. Si un bloqueo parece irresoluble, si parece que nada de lo que haces obtiene respuesta, puede que haya llegado el momento de terminar la sesión. A veces funciona terminar la sesión y volver a intentarlo la próxima vez para restablecer la comunicación con el Yo Superior del cliente u otra parte del Yo. A veces, las cosas cambian en el mundo interior entre sesiones y la comunicación con el Yo Superior o un estado del ego se restablece en la siguiente sesión. Eso no excluye, sin embargo, que no vuelvas a encontrarte con el mismo bloqueo.

Normalmente, cuando me enfrento a un corte de comunicación, intento resolverlo en la sesión si hay tiempo. En estos casos creo en el viejo adagio, *golpea mientras el hierro está caliente*. Desde mi punto de vista, el bloqueo o bloqueador se me está presentando en ese momento. Incluso podría considerarse que el bloqueador se dirige a mí. Al fin y al cabo, ha respondido a algo que he dicho. Por lo tanto, a menudo intento interactuar con él en ese momento. Al mismo tiempo, si es demasiado complejo, podemos retomarlo en la siguiente sesión.

Hay dos estrategias básicas que utilizo cuando me enfrento a este tipo de cierre. Son modificaciones del Protocolo de Identificación. En lugar de preguntas que conduzcan a una identificación, en el caso de los bloqueos, asumimos la identidad -alguien o algo- y luego hacemos preguntas a las que nuestro supuesto bloqueador probablemente diría que sí o con las que se identificaría. También pueden ser preguntas que esperen un no rotundo como respuesta, pero entonces, en este tipo de situaciones, un no actúa como confirmación.

La primera estrategia consiste en dirigirse a la fuente de la desconexión como si fuera *alguien* y suponer que me está escuchando. Por *alguien*, me refiero a un ser o entidad consciente e inteligente que es capaz de comunicarse conmigo si lo desea, pero que por alguna razón no lo hace. El objetivo inmediato es entrar en contacto con el bloqueador y establecer la comunicación para identificarlo y decidir qué protocolo sería el más eficaz. La estrategia consiste en hacer las preguntas que tengan más probabilidades de captar su atención y obtener una respuesta. Cuando hay una respuesta, el siguiente paso es hacer más preguntas que no sean amenazadoras, fáciles de responder y que, al mismo tiempo, den alguna información sobre con quién se está comunicando el terapeuta y qué preguntas hacer a continuación. Quiero hacer una pregunta que capte la atención del que está bloqueando y que sea tan fácil que incluso pueda responder por reflejo.

En segundo lugar, intento hacer preguntas que impliquen que el que bloquea tiene algo que ganar comunicándose conmigo. Tengo que despertar su curiosidad para que responda. Cuando hay una desconexión, el objetivo es volver a entrar en contacto lo antes posible.

La actitud que asumo al hacer estas preguntas es una apertura para comprender y aceptar al que bloquea por lo que es y tener un deseo genuino de ayudar. El mensaje básico que quiero que la entidad escuche tras mis palabras es más o menos el siguiente "Seguramente crees que lo que estás haciendo está bien o que es algo que tienes que hacer, pero no es así. Si eres un alma, hay un lugar mucho mejor en el que puedes estar y ya te está esperando. No estás obligado a creer en mi palabra. Puedes comprobarlo con seguridad por ti mismo y tomar tu propia decisión. Estoy muy seguro de que te va a gustar lo que encuentres, pero puedes detenerlo si lo necesitas".

El problema es que hay varios tipos de *entidades* que podrían estar causando la desconexión, y las preguntas con más probabilidades de obtener una respuesta son diferentes dependiendo del tipo de entidad. Podría ser un estado del ego, por ejemplo, lo que está detrás de la desconexión, o un espíritu, un ser extraterrestre o ser dimensional, un estado del ego de otra alma, o una posibilidad desconocida.

Basándome en mi experiencia a lo largo del tiempo, la estrategia que desarrollé consistió en recopilar una lista de aquellas preguntas que me parecían más propensas a obtener una respuesta de cada tipo de entidad. Entonces, cuando me enfrente a una desconexión, y suponiendo que se trate de alguien, haré mi mejor conjetura sobre qué tipo de entidad es. Ésas son las preguntas con las que empezaré. Si creo que es un estado del ego que se siente amenazado, por ejemplo, podría empezar con la pregunta: "¿Sabes que eres parte de esta alma con la que estoy trabajando?". Si creo que es un espíritu el que está bloqueando, podría decir: "A éste que acaba de entrar aquí, ¿crees que

La Desconexión

eres externo a esta alma con la que estoy trabajando?". La idea es hacer una pregunta fácil de respuesta afirmativa, básica y no amenazadora, con la que la entidad pueda identificarse y responder con seguridad. Si no obtengo respuesta después de dos o tres preguntas de este tipo, pasaré a mi siguiente mejor conjetura sobre qué tipo de entidad está bloqueando y haré un conjunto diferente de preguntas.

Sin información alguna, es una estrategia basada en probabilidades. Si la primera pregunta no suscita una respuesta, entonces paso a una segunda pregunta y luego a una tercera, hasta que obtengo una respuesta o se me acaban las buenas preguntas. Es como un pescador que ha aprendido con el tiempo los mejores lugares para lanzar su sedal. Un día cualquiera, no hay garantías de que haya algo, pero la experiencia dice que a menudo sí lo hay.

Cuando me enfrento a una desconexión, y suponiendo que se trate de alguien, intento lanzar una red lo más amplia posible antes de tener que ponerme específico. Intento empezar con una pregunta que pueda aplicarse a más de una categoría de posibles entidades. Si me equivoco, puede que obtenga una respuesta o, al menos, que no me haya distanciado de la entidad que bloquea.

Los siguientes son ejemplos de las preguntas que hago cuando me enfrento a una desconexión y sigo suponiendo que se trata de alguien.

Bloqueo Desconocido: Ejemplo 1

TE: A éste que está bloqueando: ¿eres parte de esta alma con la que estoy trabajando? Si es así, se levanta el dedo del sí. Si crees que no eres parte de esta alma, o no estás seguro, entonces se levanta el dedo del no.

Esta pregunta pretende no ser amenazadora, aunque el que está bloqueando puede percibirla como una amenaza. Puede percibir nuestro propio intento de contacto como una amenaza. Sin embargo, esta pregunta a menudo provocará una respuesta, especialmente por parte de un estado del ego. Un espíritu o una entidad externa pueden no responder tan fácilmente porque normalmente no quieren ser descubiertos e identificados. El trabajo de sanación de alguna manera ha forzado su mano y revela su presencia cuando interviene para bloquear nuestra comunicación.

Si pienso que es probable que un espíritu u otra entidad externa esté bloqueando, puedo cambiar la pregunta para que me dé una respuesta *afirmativa* si se trata de una entidad externa.

Bloqueo Desconocido: Ejemplo 2

TE: A éste que está bloqueando: ¿eres externo a esta alma con la que estoy trabajando? Si es así, se levanta el dedo del sí, de lo contrario el dedo del no. Si no estás seguro entonces se levanta la mano.

Si no hay respuesta a la primera pregunta, entonces paso a otra. Las siguientes son las preguntas que utilizo más a menudo cuando me enfrento a una desconexión. Con estas preguntas busco una respuesta. Espero que una de mis preguntas se ajuste lo suficiente al que está bloqueando como para que se vea casi obligado a responder.

Las preguntas que hago, y en qué orden, dependen de la situación concreta que estábamos tratando inmediatamente antes de la desconexión. Depende de mi intuición sobre si estamos tratando con un estado del ego o con una entidad externa, de si el que bloquea parece agresivo o asustado y de lo que me dice el lenguaje corporal del cliente. Estas suposiciones y las preguntas que formulo pueden ser totalmente erróneas, pero por algo hay que empezar. Las siguientes preguntas son ejemplos de las que hago cuando supongo que alguien está detrás de la desconexión. Las preguntas están diseñadas para abordar las distintas posibilidades y su único objetivo es obtener una respuesta.

Bloqueo Desconocido: Ejemplo 3

TE: A éste: ¿te asusta este tipo de comunicación directa? ¿Hay alguna aprensión al respecto? Si es así, se levanta el primer dedo. Si no hay problema, se levanta el segundo dedo.

Bloqueo Desconocido: Ejemplo 4

TE: A éste que está bloqueando: Quiero que sepas que estamos aquí para ayudar. Tanto si eres o no parte de esta alma, estamos aquí para ayudar. Esta ayuda es diferente dependiendo de si eres parte de esta alma o no, pero hay ayuda de cualquier manera. A éste: mientras te sientas seguro, ¿estás dispuesto a comunicarte sobre las opciones que tienes a tu disposición?

Bloqueo Desconocido: Ejemplo 5

TE: A éste que está bloqueando: No sé si eres parte de esta alma o no, pero si lo eres, entonces necesitas saber que hay una manera para que seas libre de todo dolor y angustia. Estamos trabajando con un proceso de sanación para ayudar a todos los que están dentro a ser libres. A éste: si supieras con absoluta certeza que puedes liberarte del dolor y del miedo, ¿querrías eso para ti?

Bloqueo Desconocido: Ejemplo 6

TE: A éste: Sé que estaba hablando con el niño de 6 años sobre lo que pasó. ¿Eso empezó a asustarte?

Bloqueo Desconocido: Ejemplo 7

TE: A éste que está necesitando bloquear: ¿tienes miedo de que si vamos demasiado lejos las cosas se descontrolen? ¿Hay algún miedo al respecto?

Bloqueo Desconocido: Ejemplo 8

TE: A éste que está bloqueando: ¿es tu trabajo detener esta comunicación? ¿Es éste el trabajo que te han encomendado?

Bloqueo Desconocido: Ejemplo 9

TE: A éste que está bloqueando: estamos aquí para ayudar. Tanto si eres o no parte de esta alma, podemos ayudarte. Puede que creas que debes hacer lo que estás haciendo aquí, o que no hay salida. Quiero asegurarte que hay una manera para que seas libre. Hay información para ti al respecto. A éste: mientras te sientas seguro, ¿estarías dispuesto a que te envíen esta información? No hay nada que tengas que hacer con ella. Es sólo información para que la consideres. ¿Estás dispuesto a recibir esta información?

Bloqueo Desconocido: Ejemplo 10

TE: A éste que está bloqueando: parece que mi pregunta sobre los dolores de cabeza de Gina te asustó o te causó alguna angustia. A éste que necesita bloquear: ¿te preocupa que trabajemos en esta área? ¿Deseas que nos mantengamos alejados?

Bloqueo Desconocido: Ejemplo 11

TE: A éste que está bloqueando: ¿sabes si tú mismo eres un alma? Si lo eres, entonces tienes dentro de ti tu propia fuente de energía. Es tu propia energía del alma la que siempre te ha sostenido. Aunque la hayas olvidado, siempre ha estado ahí. Si eres un alma, entonces tienes tu propia fuente de energía. A éste: si eres un alma y tienes tu propia fuente de energía, ¿quieres descubrirlo por ti mismo? ¿Quieres saber si hay otras opciones disponibles para ti? Si es así, se levanta el primer dedo, de lo contrario el segundo. Si no estás seguro, la mano se puede levantar.

Bloqueo Desconocido: Ejemplo 12

TE: A éste: me parece que debes estar demasiado asustado para comunicarte conmigo directamente. No es nuestra intención asustar a nadie. Estamos aquí para ayudar. Ya sea que eres parte de esta alma o no, estamos aquí para ayudar. Ahora, a éste que se ha presentado: mientras te sientas seguro, ¿estás dispuesto a comunicarte conmigo?

Bloqueo Desconocido: Ejemplo 13

TE: A éste: No sé si tienes miedo de comunicarte o si estás enfadado. ¿estás enfadado con la Luz? ¿Te ha traicionado la Luz de alguna manera?

Bloqueo Desconocido: Ejemplo 14

TE: A éste que está bloqueando: Te he pedido que te comuniques y no he visto ninguna señal. A éste: ¿Estás siendo amenazado en este momento? ¿Hay alguien o algo que te amenaza para que no te comuniques conmigo? Si es así, te podemos ayudar, pero necesito saberlo primero. ¿Hay alguien o algo amenazándote?

Ante una desconexión, este es el tipo de preguntas que haré en función del tipo de entidad que creo que puede estar bloqueando.

Las preguntas están diseñadas para llamarles la atención. Si ninguna de estas preguntas obtiene respuesta y siento que estoy en un callejón sin salida, pruebo una segunda estrategia. En esta estrategia, asumo que el Yo Superior es capaz de oírme, aunque la señalización esté bloqueada. Le pediré al Yo Superior que mire en el interior y encuentre quién o qué está utilizando el que bloquea para permanecer donde está. Puede ser alguien o algo. Por el momento, sigo asumiendo que es alguien y, si lo es, suele tratarse de un estado del ego. Después de una breve pausa, le pregunto a ese alguien si está dispuesto a comunicarse conmigo. Parece que un estado del ego, al ser utilizado como acceso, es capaz de anular un bloqueo porque el poder del que bloquea para causar la desconexión deriva, en primer lugar, de este estado del ego a través del cual ha obtenido acceso. A sabiendas o no, éste concedió el acceso y es éste el que puede retirar ese permiso. Como parte del alma, comparte la libre elección del alma.

Si no recibo respuesta, sigo considerando la posibilidad de que el estado del ego que se utiliza para el acceso esté demasiado asustado para responder o se sienta amenazado. Por lo tanto, seguiré con preguntas diseñadas para adaptarse a alguien en estas diferentes situaciones.

Estado del Ego Utilizado como Acceso: Ejemplo 1

TE: Yo Superior, sé que todavía puedes escucharme. Te pido que mires en el interior e identifiques quién o qué está usando a éste como acceso. (Pausa) A éste: mientras te sientas seguro, ¿estás dispuesto a comunicarte conmigo?

No hay respuesta.

TE: A éste: ¿estás siendo amenazado por alguien o algo?
___ Se levanta el dedo del sí.

TE: A éste: ¿te gustaría trasladarte a un lugar más seguro donde no te amenacen?
___ Se levanta el dedo del sí.

TE: A éste: a la cuenta de tres, voy a pedirle al Yo Superior que te encamine a ese lugar más seguro y cómodo, comenzamos: uno, dos, tres... y al Yo Superior, por favor ayúdalo a trasladarse a un lugar más seguro y cómodo. Y a éste: se levanta el dedo del sí dedo cuando te hayas trasladado al lugar seguro, de lo contrario el dedo del no.
___ Se levanta el dedo del no.

TE: A éste: si necesitas detenerte, se levanta el primer dedo. Si alguien o algo interfirió o se interpuso, se levanta el segundo dedo.
___ Se levanta el segundo dedo.

TE: A éste: ¿eres parte de esta alma con la que estoy trabajando?
___ Se levanta el dedo del sí.
TE: ¿Estás recibiendo energía de Luz/Amor?
___ Se levanta el dedo del no.
TE: ¿Te gustaría que te enviara algo de esa energía de Luz/Amor?
___ Se levanta el dedo del sí.
TE: A la cuenta de tres entonces, le pediré al Yo Superior que te envíe esa energía de Luz/Amor. Comenzamos: uno, dos, tres… y al Yo Superior, por favor envíale esa energía de Luz/Amor; y a éste: permítete recibir esta energía y llévala al nivel más cómodo en tu interior. Se levanta el primer dedo cuando la hayas recibido, de lo contrario el segundo.
___ Se levanta el segundo dedo.
TE: A éste: si necesitabas detener esto, se levanta el primer dedo. Si alguien interfirió de nuevo, se levanta el segundo dedo.
___ Se levanta el segundo dedo.
TE: A éste: como parte de esta alma, tienes el derecho y la capacidad de que saquen a ese que te está amenazando. No lo sabías, ¿verdad?
___ Se levanta el dedo del no.
TE: ¿Estás dispuesto a que el Yo Superior te envíe información sobre esto?
___ Se levanta el dedo del sí.
TE: Yo Superior, te pido que le envíes información sobre su derecho como parte del alma, a elegir que si este que lo bloquea es externo, sea removido, o si forma parte del alma, que sea ubicado en otro lugar. Ayúdale a saber que tiene la elección absoluta sobre esto. Y a éste: se levanta el dedo del sí cuando hayas recibido esa información, de lo contrario se levanta el dedo del no.
___ Se levanta el dedo del sí.
TE: A éste: ¿recibiste bien esa información?
___ Se levanta el dedo del sí.
TE: El que te está amenazando, ¿es externo a esta alma con la que estamos trabajando?
___ Se levanta el dedo del sí.
TE: ¿Te gustaría que lo saquen ahora?
___ Se levanta el dedo del sí.
TE: Yo Superior, ¿puedes sacarlo ahora?
YS: Se levanta el dedo del sí.

La Desconexión

TE: Te pido que lo quites entonces a la cuenta de tres: uno, dos, tres... Yo Superior, se levanta el dedo del sí cuando lo hayas sacado, se levanta el dedo del no si hay un problema.
YS: Se levanta el dedo del sí.
TE: Yo Superior, ¿lo pudiste sacar?
YS: Se levanta el dedo del sí.
TE: ¿Hay otras entidades externas allí?
YS: Se levanta el dedo del no.
TE: Le pido ahora a aquel con el que me estaba comunicando, que venga aquí de nuevo. Y a éste: ¿puedes ahora comunicarte conmigo?
___ Se levanta el dedo del sí.
TE: ¿Te sientes mejor ahora que esa entidad se ha ido?
___ Se levanta el dedo del sí.

Continuar con el Protocolo para Estados del Ego.

Estado del Ego Utilizado como Acceso: Ejemplo 2

TE: Yo superior, sé que todavía me puedes escuchar. Te pido que mires en el interior e identifiques qué o quién está utilizando a este estado del ego para permanecer aquí. (Pausa) A éste que el Yo Superior ha identificado: mientras te sientas seguro, ¿estás dispuesto a comunicarte conmigo?

No hay respuesta.

TE: Quiero que sepas que estamos aquí para ayudar. Tanto si eres o no parte de esta alma, estamos aquí para ayudarte a ser libre de todo miedo y dolor. A éste: si eres parte de esta alma con la que estoy trabajando, entonces tienes el derecho de sacar a cualquiera o cualquier cosa que te esté amenazando allí. A éste que el Yo Superior ha identificado, ¿crees que eres parte de esta alma con la que estoy trabajando?
___ Se levanta el dedo del sí.
TE: A éste: ¿estás recibiendo energía de Luz/Amor?
___ Se levanta la mano.
TE: ¿Estás dispuesto a recibir Luz ahora?
___ Se levanta el dedo del sí.
TE: A la cuenta de tres, el Yo Superior enviará esa Luz. Comenzamos: uno, dos, tres... Yo Superior, por favor envíale la energía de Luz/Amor, y a éste: se levanta el primer dedo cuando hayas recibido esa energía; de lo contrario el segundo.

	Se levanta el segundo dedo.
TE:	A éste: si necesitabas detener esa Luz, se levanta el primer dedo. Si alguien o algo interfirió, se levanta el segundo dedo.
	Se levanta el segundo dedo.
TE:	A éste: ¿te gustaría que ese otro se vaya?
	Se levanta el dedo del no.
TE:	A éste: ¿te sientes amenazado?
	Se levanta el dedo del sí.
TE:	¿Sabías que como parte de esta alma tienes derecho a que lo saquen?
	Se levanta el dedo del no.
TE:	A éste: ¿hiciste algún tipo de acuerdo con él?
	Se levanta el dedo del sí.
TE:	Tienes que saber que cualquier acuerdo o contrato que hayas hecho con los de la Oscuridad es nulo. No hay acuerdos válidos con aquellos en la Oscuridad. ¿Estarías dispuesto a recibir más información sobre esto?
	Se levanta el dedo del sí.
TE:	Yo Superior, te pido que le comuniques a éste la información sobre su absoluta libre elección. Ayúdale a saber que puede terminar cualquier acuerdo con aquellos en la Oscuridad en cualquier momento que lo desee. Se levanta el primer dedo cuando esta comunicación se complete, el segundo si se detiene.
	Se levanta el segundo dedo.
TE:	A éste: ¿necesitabas detener esa comunicación?
	Se levanta el dedo del no.
TE:	A éste: el que te amenaza no quiere que recuerdes tu conexión con la Luz ni tu poder para hacer que se vaya. ¿Estás dispuesto a que el Yo Superior venga donde tú estás y le des permiso para que lo saque?
	Se levanta el dedo del sí.
TE:	Yo Superior, por favor rodea de Luz al que está interfiriendo y a la cuenta de tres, Yo Superior, por favor sácalo del alma. Comenzamos: uno, dos, tres... Yo Superior, te pido a ti y a los guías que ahora rodeen de Luz a éste que está interfiriendo y lo saquen del alma. Se levanta el primer dedo cuando eso esté listo de lo contrario se levanta el segundo dedo.
YS:	Se levanta el primer dedo.
TE:	Y a éste con el que me he estado comunicando: ¿se ha ido?
	Se levanta el dedo del sí.

TE: ¿Te sientes más seguro ahora?
___   Se levanta el dedo del sí.
TE: Me has hecho saber que eres parte de esta alma. ¿fuiste creado en esta vida presente de Linda? Si es así, se levanta el primer dedo. Si crees que eres de una vida pasada o diferente, se levanta el segundo dedo. Si no estás seguro entonces se levanta la mano.
___   Se levanta el primer dedo.

Continuar con el Protocolo para Estados del Ego

Cuando se produce una desconexión y ninguna de estas estrategias tiene éxito, el terapeuta puede probar o sugerir otros medios distintos a la hipnosis. Algún tipo de trabajo energético puede ayudar, desde la acupuntura a tratamientos energéticos como Reiki o Ama Deus. La participación a nivel consciente utilizando alguna forma de imaginación activa o visualización guiada puede entregar información útil sobre la desconexión e incluso ayudar a abordarla. Un psíquico o médium de confianza también puede proporcionar información sobre la desconexión y sobre quién o qué lo está provocando. Por último, la propia oración del cliente pidiendo ayuda a su guía espiritual también puede aportar Luz a la situación.

10

Trabajo con Almas en la Oscuridad

Identificando Almas Oscuras

Cuando nos enfrentamos a una interrupción de la comunicación por parte de un espíritu o espíritus, a menudo se debe a que el espíritu tiene miedo que se descubra su presencia y se detengan sus actividades. De hecho, esa es la intención del proceso de sanación y, tarde o temprano, eso es lo que ocurrirá si la sanación sigue adelante. En algún momento, el Yo Superior del cliente identificará esta situación como una que necesita ser abordada, o el terapeuta se encontrará con un estado del ego que está siendo amenazado por un espíritu o que está siendo utilizado como acceso. Sea como sea que el terapeuta lo encuentre, parece que los espíritus intrusos saben cuándo se les está acercando y, en algún momento, se ven obligados a intentar detenerlo o simplemente abandonan lo que están haciendo.

Utilizando las estrategias del capítulo anterior, una vez identificado un espíritu como fuente de la desconexión, el terapeuta pasa al Protocolo para Espíritus. El siguiente paso, al igual que con cualquier espíritu, es iniciar su contacto con la Luz y conducirlo a través de los pasos del protocolo. Sin embargo, hay espíritus que lucharán activamente contra todos los esfuerzos del terapeuta por comunicarse con el Yo Superior, traer la Luz o continuar con el proceso de sanación. Son espíritus que rechazan todo contacto con la Luz. Llamo a estos espíritus *almas oscuras*.

Desde un punto de vista clínico, lo que caracteriza a estos espíritus es, en primer lugar, su alto nivel de resistencia a cualquier información nueva y, en segundo lugar, su intensa oposición a la Luz. No es sorprendente que estos sean los espíritus que a menudo están detrás de una desconexión y que intentan bloquear toda comunicación si es posible. También son los espíritus que a menudo rechazan cualquier comunicación. En estos casos, se necesita una estrategia diferente para desconectarlos del cliente. Hablaré de esta situación y estrategia más adelante en este capítulo.

Una tercera característica de las almas oscuras es que su implicación con una persona es bastante intencionada. No están presentes con el cliente por casualidad, y las actividades a las que se dedican normalmente implican explotación mediante el ejercicio de cierto nivel de poder y control sobre el alma del cliente. El terapeuta generalmente no conocerá las intenciones y actividades de un espíritu en el contacto inicial con un alma oscura, pero si la comunicación continúa, estas intenciones comienzan a aclararse.

Finalmente, la mayoría de las almas que he encontrado que moran en la Oscuridad no parecen existir aisladas. La mayoría de las veces son parte de una red más grande o red de almas basada en una jerarquía. De nuevo, esto no será obvio en el contacto inicial, pero se convertirá en un problema si el espíritu continúa comunicándose. Pienso en estas redes más como una conciencia colectiva que como un grupo de individuos. Estos colectivos pueden operar de diferentes maneras y con diferentes objetivos, como bandas que controlan diferentes territorios en una ciudad, pero todos responden al final a los que están por encima de ellos y gobiernan la jerarquía.

Cuando me enfrento a un grupo de almas oscuras, he descubierto muy a menudo que se encuentran en el escalón inferior de la jerarquía, simplemente haciendo lo que se les ha dicho que hagan. Han sido enviadas al cliente intencionadamente y tienen ciertos trabajos que llevar a cabo en estos niveles inconscientes. Son más como abejas obreras, o soldados de infantería que han sido enviados al frente de batalla. La mayoría de las veces estas almas oscuras están viviendo en la creencia de que no hay otra manera de ser, o no hay salida para ellos. O hicieron un trato o creen que hicieron un trato con las almas oscuras y ahora están pagando el precio. Aún más, como estos son reinos atemporales, estos contratos o tratos nunca expiran y el espíritu siempre está pagando.

También he encontrado que un espíritu más arriba en la jerarquía está usualmente monitoreando estos grupos de primera línea. Ese espíritu puede estar presente dentro del cliente, o puede estar monitoreando desde fuera del alma, listo para intervenir si es necesario. De hecho, he descubierto que cuando asciendo en la jerarquía, cada nivel parece estar vigilado por otros más arriba.

Almas Esclavizadas en la Oscuridad

Este es el tipo de espíritu con el que asumo que estoy tratando si se niega rotundamente a recibir cualquier información o contacto con la Luz o si se produce una desconexión. Diría que muchas desconexiones, si no la mayoría, están relacionadas con almas oscuras. En estos casos, el reto para el terapeuta es ofrecer información o hacer una pregunta que capte la atención del espíritu y despierte su curiosidad con la fuerza suficiente para que responda. La pregunta es: ¿qué información puede ofrecer el terapeuta para superar la negativa del alma oscura?

La respuesta a esta pregunta se remonta a otra más profunda. ¿Qué es lo que mantiene a esta alma atada a la Oscuridad, incluso cuando se le ofrece una salida? A lo largo de los años, he encontrado dos razones principales. La primera es que el espíritu quiere evitar el dolor que se desencadenará si entra en contacto con la Luz. No saben, o no creen, que la Luz los espera al otro lado de ese dolor. Implica dolor. Es el dolor de la separación. Un alma en la Oscuridad que regresa a la Luz tendrá que volver a visitar el dolor que la condujo inicialmente a la Oscuridad. Ya sea como resultado de algún trauma o crisis, o si el dolor se acumuló con el tiempo. El problema para el alma oscura es que, sea cual sea el dolor que la condujo inicialmente a la Oscuridad, ese dolor siempre permanecerá sin resolver dentro del alma y volverá a ser un problema si el alma regresa a la Luz. No es el caso de que un espíritu pueda entrar en la Oscuridad, esperar a que el miedo, la amenaza o el dolor pasen, y luego volver a la Luz como si nada hubiera pasado. Si un alma regresa a la Luz, el dolor tendrá que ser enfrentado y sanado. El agravante es que, una vez que el alma entra en la Oscuridad, es poco probable que consiga los medios para afrontar el dolor por sí sola.

Aunque normalmente no sabremos desde el principio por qué un alma en particular entró en la Oscuridad, he descubierto que las razones suelen caer en algunas categorías generales. Éstas son:

- Para escapar del dolor.
- Para aliviar el miedo o el terror.

- Para buscar protección.
- Para ganar poder.
- Por culpa.
- Porque teme que Dios lo rechace, o ya lo haya rechazado.
- Porque están enojados con Dios y culpan a Dios por lo que les ha sucedido.
- Porque se absorbidos por el odio.
- Porque fueron engañados o seducidos por un alma oscura.
- La promesa de la inmortalidad.

Hay otras razones por las que un alma puede entrar en la Oscuridad, pero las que he enumerado son las principales que he encontrado. Conociendo estas posibilidades de antemano, el terapeuta puede permanecer alerta a las indicaciones del espíritu que pueden apuntar a su propia razón particular. Si sé por qué un espíritu entró por primera vez en la Oscuridad, entonces estoy en condiciones de ofrecer información general que se ajuste a la propia situación del espíritu y le muestre una posible salida. Cuando sé por qué un alma entró inicialmente en la Oscuridad, normalmente puedo ofrecerle: 1) una forma segura de recibir información, 2) explicarle que posee la libertad de salir de la Oscuridad si así lo desea, o 3) que las condiciones que existían cuando entró por primera vez en la Oscuridad ya no son un problema o fueron malinterpretadas o percibidas erróneamente en primer lugar.

Hay un segundo tema que es importante al tratar con un alma oscura. Viene desde el otro extremo. La pregunta es: ¿Cuál es la razón o motivación del espíritu para permanecer en la Oscuridad hasta el momento presente? ¿Tiene miedo de la Luz? ¿Cree que la Luz lo dañará o destruirá? ¿Tiene miedo de ser castigado por las almas oscuras si muestra interés por la Luz? ¿Cree que no merece la Luz y el amor? ¿Está enfadada? ¿O es verdaderamente maligna y, a nivel interno, intenta dominar y controlar el alma del cliente para obtener su energía o esclavizarla?

Las respuestas a estas preguntas pueden ser importantes para ayudar al terapeuta a comprender qué es lo que mantiene a un alma concreta atada a la Oscuridad. Esto, a su vez, puede revelar el conflicto o problema que un espíritu necesita resolver en el presente antes de decir sí a la información o al contacto con la Luz. El terapeuta quiere ser quien ofrezca esa resolución. Esta información, entonces, puede ayudar al terapeuta a decidir la mejor estrategia a utilizar con un espíritu o grupo de espíritus en particular.

El resultado preferido al tratar con cualquier espíritu intruso es que abandone al cliente rápida y voluntariamente. La forma más eficaz que he visto para conseguirlo es facilitar el contacto del espíritu con la Luz. Esto es cierto también para numerosos espíritus con los que he trabajado que estaban profundamente enredados en la Oscuridad.

Si ninguna de estas estrategias tiene éxito, entonces asumiré que el espíritu permanece en la Oscuridad porque tiene miedo. Esta no es la única razón, pero es la que he visto la mayoría de las veces. Cuando un alma rechaza una oportunidad de información sin riesgo, normalmente hay alguien o algo a lo que teme. Al igual que ocurre con las almas que entran en la Oscuridad por diferentes razones, las almas permanecen en la Oscuridad debido a diferentes miedos. Los siguientes son los miedos que veo con más frecuencia:

- Está siendo amenazado por otro espíritu o espíritus.
- Partes más profundas de su propia alma todavía están alineadas con la Oscuridad y actúan para detener cualquier movimiento hacia la Luz.
- Es inmovilizada por dispositivos o energías insertadas por almas oscuras de más arriba en la jerarquía. Estos dispositivos pueden desencadenar dolor cuando un alma se mueve hacia la Luz. (El miedo involucrado en estas situaciones se ve cuando se le pregunta al espíritu si le gustaría que esos dispositivos o energías fueran removidos).
- Cree que perderá todo su poder.
- Otra alma, un ser querido, está siendo retenido como rehén y amenazado con la destrucción si se marcha hacia la Luz.
- Cree que está obligada por un contrato o acuerdo previo que hizo con las almas oscuras y está siendo presionada y amenazada de que debe obedecer el contrato.
- Miedo al castigo o al rechazo por parte de Dios o de sus seres queridos. Profundo sentimiento de culpa.

De nuevo, estas no son las únicas posibilidades de por qué un alma dice no a la Luz, o por qué hay una desconexión cuando se comunica con un espíritu. Son las razones que he encontrado más a menudo. Lo que tienen en común es que 1) otra alma dentro de la jerarquía oscura interviene con algún tipo de amenaza para impedir que el espíritu comprometido se siga comunicando, o 2) un programa o dispositivo preestablecido e introducido por las almas oscuras, se ha activado dentro del espíritu. En cualquiera de los dos casos, el espíritu se asusta o siente dolor, por lo que se niega a seguir comunicándose.

Cuando hay una desconexión, supongo que el espíritu aún es capaz de oírme. Suelo apelar a su razón. Le señalo que si lo que digo no es cierto, ¿por qué otros espíritus se esfuerzan tanto por impedir que mire en su interior o reciba información? Si el espíritu se siente culpable, le hablo del perdón divino. Si fue engañado, le ayudo a saber que cualquier deuda o trato que haya hecho no es válido y que es libre de tomar otra decisión. Si buscaba protección, le aseguro que su mayor protección ahora está en la Luz. Para un espíritu que cree que es tan poderoso en la oscuridad, le recuerdo que los de arriba lo anularán si intenta usar su poder de formas no aprobadas por la jerarquía. Para un alma que culpa a Dios por lo que ha sucedido, sugeriré al espíritu que puede haber sido engañado al principio por las mismas almas con las que está alineado ahora. Entonces ofreceré al espíritu información para que considere si esto puede ser cierto.

Una Postura Clínica al Tratar con Almas Oscuras

Cuando me encuentro con lo que creo que es un alma oscura, siempre tengo en mente que me estoy comunicando con un alma de Luz que se ha perdido. La veo como un ser consciente atrapado en un campo de energía/conciencia oscura. Mi intención desde el principio, al tratar con cualquier espíritu, es recordarle que 1) es un alma, un ser de Luz, 2) que es absolutamente libre de recibir Luz y volver a casa a la Luz, independientemente de cualquier acuerdo que haya hecho en la Oscuridad, 3) que la Luz Divina ya ha perdonado al espíritu por lo que ha sucedido, y 4) que hay seres queridos en la Luz esperando para darle la bienvenida a casa. En su nivel más profundo, el mensaje coherente que quiero dar a un espíritu es: "eres más de lo que recuerdas, y tienes el poder de elegir, y hay un lugar de Luz y amor al que perteneces". Incluso el alma más oscura, o la más malvada, puede hacer una nueva elección y dar pasos para volver a casa, a la Luz. Mi amigo Gerod dijo que esta opción de volver a la Luz está siempre, siempre, siempre abierta para cada alma.

Cuando establezco contacto por primera vez con un alma oscura, es como si le pidiera que se diferenciara del colectivo y de la jerarquía de almas oscuras. Algunas están dispuestas a hacerlo. Para otras, es aterrador. Al mismo tiempo, cuando un alma oscura se comunica conmigo, otros en el grupo y en la red más amplia parecen ser conscientes de la comunicación en diferentes grados. Es muy parecido a los estados del ego donde todos en el grupo son conscientes cuando la comunicación se ha establecido con uno de sus miembros.

He descubierto que estas almas oscuras de primera línea responden a menudo a mis afirmaciones sobre su condición de almas y su libre albedrío. Sienten curiosidad por lo que digo y están dispuestas a escuchar más. Confío en que lo que digo resuene en ellos y quieran saber más. A veces, otros miembros del grupo también se muestran receptivos a lo que digo. Mi impresión es que estos espíritus de primera línea responden porque no se han encontrado antes con esta situación, y no son conscientes de que los que están más arriba en la jerarquía se les van a echar encima.

Considero que la respuesta de un alma oscura es su primer paso de regreso a la Luz. Sin embargo, este es también el punto en el que, después de una o dos respuestas de un espíritu de primera línea, muy a menudo me encuentro con un bloqueo por parte de un espíritu monitor. Muy a menudo la comunicación se bloquea inmediatamente. Es como si el espíritu se alejara y otro interviniera para cerrar la brecha que comenzó a abrirse. En estas situaciones, puedo estar bastante seguro de que es *alguien* y no *algo* lo que ha intervenido para bloquear. O bien es otra persona del grupo que sabe que habrá consecuencias y tiene miedo de lo que pueda ocurrir y por eso bloquea la comunicación; o bien es alguien de un nivel superior que está interviniendo para proteger su territorio y evitar la pérdida de su control. En cualquier caso, suelo suponer que se trata de alguien y comienzo inmediatamente el Protocolo de Identificación.

Cuando se trata de un alma oscura o de un grupo de almas oscuras, el Protocolo para Espíritus sigue siendo el que hay que utilizar. El objetivo sigue siendo ayudar al espíritu a entrar en contacto con la Luz. Sin embargo, un alma oscura necesita ser abordada comprendiendo que: 1) en algún momento, probablemente hizo un acuerdo con la Oscuridad o almas oscuras y todavía cree que está obligada por ese acuerdo, contrato o trato; 2) ha sido convencida de que cualquier contacto con la Luz la dañará o destruirá; 3) lo más probable es que sea parte de una red y es atraída por la energía del colectivo; y 4) si el espíritu finalmente comienza a cooperar, es probable que sea amenazado o bloqueado por la intervención de un alma oscura más arriba en la red.

Cuando esto ocurre, mantengo al espíritu centrado en su capacidad de mirar en su interior y demostrarse a sí mismo que tiene su propia fuente de energía. El mensaje básico es que tiene poder. También hago hincapié en su capacidad de recibir comunicación de maestros de alto nivel de consciencia o de seres queridos en la Luz en cualquier momento que elija. Dependiendo de mi intuición sobre el espíritu, suelo hacer más hincapié en una estrategia que en la otra hasta que noto que no funciona. Entonces cambio a la otra. Por ejemplo, un espíritu que carga con una profunda culpa puede preferir que venga a buscarlo un maestro espiritual antes que arriesgarse a mirar en su interior. Para otro espíritu, puede sentirse demasiado avergonzado para que un ser querido se presente, y por eso está más dispuesto a mirar en su interior.

Los guías de alto nivel de consciencia de la Luz son capaces de ayudar a cualquier espíritu con cada una de las situaciones enumeradas anteriormente. Sólo prestarán esa ayuda cuando el espíritu con el que esté trabajando solicite su ayuda libremente. Sin embargo, por las razones enumeradas anteriormente, es poco probable que un espíritu inicie ese contacto por su cuenta una vez que ha entrado en la Oscuridad. Por lo general, es arrastrado más profundamente y encontrar su propio camino de regreso a la Luz parece ser cada vez más difícil. También es poco probable que el espíritu tenga un contacto fortuito con un alma de Luz que pueda traerle información o recordarle quién es. Cuando no es el propio miedo o la ira del espíritu lo que lo mantiene atrapado en la Oscuridad, hay algunos en la jerarquía que están dispuestos a intervenir para hacer cumplir las reglas y tratar con dureza a los que desobedecen.

Lo que hay que tener en cuenta es que incluso aquellos en altos cargos de la red siguen siendo almas. Es muy probable que hayan estado en la Oscuridad durante algún tiempo y se hayan sumergido profundamente de la realidad de la Oscuridad. Puede que recuerden que son almas, pero que hayan renunciado a toda esperanza y creencia de que había un camino de vuelta a la Luz. Muchos de estos espíritus, sin embargo, ni siquiera recuerdan que son almas. No recuerdan que tienen en su interior su propia Luz. Es como si hubieran desaparecido en la ignorancia.

Si puedes mantenerlos interesados en la comunicación, aún responderán a la verdad de que fueron creados en la Luz y que poseen el poder y la libertad de regresar a la Luz. Esta es su vulnerabilidad. La Luz es lo que un alma anhela. Es lo que un alma busca. Cuando se comunica a un alma oscura, incluso a aquellas mucho más elevadas en la red, esta verdad sobre su Luz interior parece tocar una cuerda profunda y a menudo comienza a resonar.

El reto para el terapeuta es hacer las preguntas adecuadas que rompan el adoctrinamiento, la ignorancia o el miedo del espíritu. Las preguntas correctas son las que llevan a un espíritu a decir sí a recibir el conocimiento con la garantía de que será absolutamente libre de aceptarlo o rechazarlo. El subtexto aquí, y del que no se habla, es que una vez que el espíritu recibe el conocimiento, no habrá vuelta atrás. No podrá deshacer lo que sabe. Por eso hay intentos tan fuertes de bloquear la comunicación del terapeuta con estos espíritus de primera línea por parte de los que están más arriba en la cadena. Saben que una vez que un alma ha probado la Luz, se irá si se le da la opción. Y a la inversa, una vez que un espíritu ha tenido contacto con la Luz, esas almas más arriba no quieren que regrese porque puede traer esta información de vuelta a otros. Las almas oscuras no quieren arriesgarse a la contaminación o a una ruptura en la jerarquía.

Así pues, al tratar con almas oscuras, el Protocolo para Espíritus sigue siendo el que hay que utilizar y con el mismo primer objetivo, es decir, facilitar el contacto del espíritu con la Luz. Sólo que, con las almas oscuras, normalmente su enredo es más complejo que con los espíritus terrenales, benignos o confusos. La mayoría de las almas oscuras corren el riesgo de ser castigadas o de sufrir represalias por entrar en contacto directo con la Luz. Cuanto más arriba en la jerarquía vayas, más resistencia puedes esperar. Sólo recuerda: siguen siendo almas y pueden volver a despertar a su propia Divinidad en cualquier momento que elijan, y esto es así hasta la cima de la jerarquía. Nuestra fortaleza como terapeutas en esta posición es que ofrecemos a las almas oscuras lo que buscan por encima de todo, incluso si no son conscientes de ello en ese momento. Sabemos que si lo vislumbran y se dan cuenta de que pueden moverse hacia esa Luz, lo harán.

Cuando estamos comprometidos con una jerarquía así, no es nuestro trabajo como terapeutas abrirnos camino hacia arriba en la cadena de mando en un intento de liberar a otras almas. Este tipo de trabajo podría ser emprendido por voluntarios con la clara intención de ayudar a esas almas perdidas. En la situación clínica, sin embargo, la atención se centra en nuestros clientes, donde desvincularse de una de estas redes puede ser una parte significativa, pero pequeña, del proceso de sanación.

Cuando se trata de una jerarquía oscura, la cadena normalmente se extiende más allá del alma del cliente a aquellos en la Oscuridad que controlan los espíritus de primera línea que se han entrometido o apegado al cliente. Cuando me encuentro con una cadena de almas oscuras como esta, el objetivo es trabajar con cada espíritu que se presenta hasta que lleguemos a un punto en la cadena en el que: 1) los de arriba rechazan cualquier contacto con la Luz pero aceptan retirarse y cortar sus lazos con mi cliente, o 2) hay un cierre completo de la comunicación.

En el primer caso, cuando un alma oscura acepta retirarse y cortar lazos, la suposición operativa es que todos los que están más abajo en la jerarquía también obedecerán esa directiva y se desconectarán del cliente. Esta ha sido mi experiencia. Una vez que se alcanza un punto en la cadena donde un alma oscura rechaza cualquier contacto con la Luz, pero está dispuesta y tiene la autoridad para cortar todos los lazos con el cliente, entonces lo tomo como una conclusión.

Volveré al Yo Superior y confirmaré que todos los espíritus se han ido. Si el Yo Superior señala que sí, entonces volveremos al área o tema donde se produjo el bloqueo por primera vez y continuaremos desde allí. Si el Yo Superior señala que no todos los espíritus se han ido o se han desconectado completamente, entonces comenzaré el protocolo de nuevo. Es decir, determinar si el Yo Superior puede o no retirarlo(s). Si no puede, entonces comunicarse con el espíritu directamente. Determinar si está solo o en grupo. Inicia los pasos para ayudarle a entrar en contacto con la Luz o a marcharse voluntariamente. La estrategia aquí es abrirse camino a través de un grupo o subir por la cadena sólo hasta donde sea necesario para que todos los espíritus se desconecten.

Así pues, estas son las sugerencias que yo tendría en mente cuando creas que estás tratando con un alma oscura:
- Cual sea la manera en que lo digas, comunica el mensaje de que, si es un alma, lleva dentro de sí su propia fuente de energía y tiene el poder de confirmarlo por sí misma.
- Que cualquier acuerdo hecho con la Oscuridad o almas en la Oscuridad no es válido y puede ser terminado en cualquier momento que el espíritu elija.
- Que hay maestros de alto nivel de consciencia y/o seres queridos que pueden presentarse y comunicar más información sobre las opciones disponibles para el espíritu.
- Comunícale que, si tal información está siendo bloqueada, es porque aquellos en la Oscuridad no quieren que el espíritu sepa la verdad.
- Y como alma, tiene derecho a anular el bloqueo y permitir la comunicación de un maestro o guía.

La conclusión es que, un alma en la Oscuridad sí tiene el poder para hacer frente a todas estas situaciones, pero todavía no lo sabe ni lo recuerda cuando establecemos el primer contacto durante la sesión de sanación. La verdad de su propio poder y Luz interior es, en última instancia, lo que convencerá a un alma de que es libre de volver a la Luz. El papel del terapeuta es ayudar al alma a recordar esta verdad identificando y resolviendo cualquier pregunta, miedo o amenaza que impida a un espíritu mirar en su interior.

Los siguientes diálogos son ejemplos de cuando creo que estoy tratando con un alma oscura detrás de una desconexión.

Comunicándose con un Alma Oscura: Ejemplo 1

TE: A éste que está bloqueando: ¿eres parte de esta alma con la que estoy trabajando?
ES: Se levanta el dedo del no.
TE: ¿Crees que eres externo a esta alma?
ES: Se levanta el dedo del sí.
TE: ¿Crees ser tú mismo un alma?
ES: Se levanta la mano.
TE: A éste: si eres un alma, llevarás dentro de ti tu propia fuente de energía ¿Sabías eso?

ES: Se levanta el dedo del no.
TE: ¿Estarías dispuesto a mirar en tu interior y ver si tienes esa fuente de energía?
ES: Se levanta el dedo del no.
TE: ¿Eso te asusta?
ES: Se levanta el dedo del sí.
TE: ¿Tienes miedo de que te cause dolor?
ES: Se levanta el dedo del no.
TE: ¿Hay alguien o algo allí que te está amenazando?
ES: Se levanta el dedo del sí.
TE: Si es alguien, se levanta el primer dedo. Si es algo, se levanta el segundo dedo.
ES: Se levanta el primer dedo.
TE: A éste: ¿Sabías que tienes derecho a cortar toda comunicación y contacto con aquellos que te amenazan y puedes trasladarte a un lugar seguro?
ES: Se levanta el dedo del no.
TE: ¿Estarías dispuesto a que te enviaran información sobre esto?
ES: Se levanta el dedo del sí.
TE: Al Yo Superior o un guía, te pido que le envíes información y conocimiento sobre su derecho a cortar lazos con estas otras almas y moverse a un lugar seguro en la Luz.
___ Se levanta el dedo del no.
TE: A éste: ¿necesitabas detener esa información?
ES: Se levanta el dedo del sí.
TE: ¿Eso empezó a provocarte algún dolor?
ES: Se levanta el dedo del no.
TE: ¿Te amenazaron esos otros para que pararas?
ES: Se levanta el dedo del sí.
TE: Necesitas saber que te están amenazando porque no quieren que tengas esta información. Ellos saben que si recibes esta información, entenderás las opciones disponibles para ti y que te liberarás. A éste: como alma, es tu derecho reconectar con tu propia fuente de energía y tomar tu propia decisión sobre la Luz. ¿Deseas recibir esta información? Si es así, te será enviada.
ES: Se levanta el dedo del sí.
TE: Yo Superior, por favor envíale ahora información acerca de su propia fuente de energía y las opciones que tiene disponibles. Se

levanta el primer dedo cuando esa información ha sido recibida. Se levanta el segundo dedo si se detiene de nuevo.

ES: Se levanta el primer dedo.
TE: A éste: ¿recibiste esa información para ti?
ES: Se levanta el dedo del sí.
TE: ¿Estás dispuesto ahora a mirar en tu interior y encontrar tu propia fuente de energía?
ES: Se levanta el dedo del sí.
TE: A la cuenta de tres entonces uno... dos... tres: mira en tu interior ahora, mueve tu visión hacia tu centro. Mira la Luz que tienes allí. Puedes tocar esa Luz y recordar quién eres y tu libertad para tomar tus propias decisiones. Se levanta el primer dedo si has encontrado esa fuente de energía, de lo contrario el segundo.
ES: Se levanta el primer dedo.
TE: A éste: ¿encontraste esa Luz en tu interior?
ES: Se levanta el dedo del sí.
TE: ¿Sabes que eres libre ahora para volver a tu propio lugar en la Luz?
ES: Se levanta la mano.
TE: ¿Estás dispuesto a que un maestro de alto nivel de la Luz venga y se comunique contigo sobre esto?
ES: Se levanta el dedo del sí.
TE: Te voy a pedir entonces, que gires hacia la Luz y mientras lo haces le pido a ese maestro de alto nivel que se acerque. Se levanta el primer dedo si los ves, de lo contrario el segundo.
ES: Se levanta el primer dedo.
TE: Le pido al maestro ahora que le comunique a éste, información y conocimiento sobre sí mismo como alma y su derecho a regresar ahora a la Luz. Comunícale sobre los seres queridos que lo están esperando. Y a éste: se levanta el primer dedo cuando recibas esta comunicación, de lo contrario el segundo.
ES: Se levanta el primer dedo.
TE: A éste: ¿recibiste bien esa información?
ES: Se levanta el dedo del sí.
TE: ¿Te gustaría regresar ahora a tu propio lugar en la Luz?
ES: Se levanta el dedo del sí.
TE: Puedes hacer eso ahora. A la cuenta de tres: uno, dos, tres... puedes ir ahora directo al maestro, directo a ese corredor de Luz. Al Yo

Superior, se levanta el primer dedo cuando se hayan ido, de lo contrario el segundo.

YS: Se levanta el primer dedo.

Comunicándose con un Alma Oscura Ejemplo 2

TE: A éste que intervino para bloquear: ¿eres parte de esta alma con la que estoy trabajando?
___ Se levanta el dedo del no.
TE: ¿Crees que eres externo a esta alma?
___ Se levanta el dedo del sí.
TE: ¿Crees que tú mismo eres un alma?
___ Se levanta el dedo del sí.
TE: ¿Sabes que tienes tu propia fuente de energía dentro?
ES: Se levanta el dedo del sí.
TE: ¿Estás en contacto con esa Luz ahora mismo?
ES: Se levanta el dedo del no.
TE: Mientras te sientas seguro ¿estás dispuesto entonces a tocar esa Luz ahora?
ES: Se levanta el dedo del no.
TE: ¿Tienes miedo de la Luz?
ES: Se levanta el dedo del no.
TE: ¿Hay alguien o algo amenazándote allí para que te alejes de la Luz?
ES: Se levanta el dedo del no.
TE: ¿Conoces el Reino Espiritual de la Luz?
ES: Se levanta el dedo del sí.
TE: ¿Sabes que eres libre de volver a la Luz si lo deseas?
ES: Se levanta el dedo del sí.
TE: ¿Es tu deseo permanecer en la Oscuridad?
ES: Se levanta el dedo del sí.
TE: ¿Crees que perderás tu poder si dejas la Oscuridad?
ES: Se levanta el dedo del sí.
TE: ¿Sabes lo limitado que es tu poder allí?
ES: Se levanta el dedo del no.
TE: Pienso que sabes que, si ejerces tu poder de manera que a aquellos que no les guste, ellos te detendrán. ¿No es cierto?
ES: Se levanta el dedo del sí.
TE: Me parece entonces, que no eres tan poderoso después de todo. Es más bien como si cumplieras las órdenes de los que están por

encima de ti y sólo tuvieras el poder que ellos te permiten. Eso no me parece muy poderoso. Suena como si sólo tuvieras poder mientras haces lo que te dicen. ¿Cree que es cierto?

ES: Se levanta el dedo del sí.

TE: A éste: no tienes que vivir de esta manera. Puedes ser libre de estos otros en cualquier momento que elijas. ¿Sabías eso?

ES: Se levanta el dedo del no.

TE: ¿Hiciste algún tipo de acuerdo o trato con aquellos en la Oscuridad?

ES: Se levanta el dedo del sí.

TE: A éste: como alma, tienes la absoluta libertad de elegir. Necesitas saber que cualquier acuerdo o contrato hecho con aquellos en la Oscuridad es nulo e inválido. Como alma, eres libre en cualquier momento, de terminar cualquier acuerdo que hayas hecho con aquellos en la Oscuridad. No te han dicho eso, ¿verdad?

ES: Se levanta el dedo del no.

TE: ¿Estarías dispuesto a que un maestro de alto nivel de la Luz se presente y te comunique las opciones disponibles?

ES: Se levanta el dedo del no.

TE: ¿Tienes miedo de que un maestro se presente?

ES: Se levanta el dedo del sí.

TE: ¿Estarías dispuesto a que un maestro te comunique esta información sólo para que puedas oírlo, pero no verlo?

ES: Se levanta el dedo del sí.

TE: A la cuenta de tres entonces: uno, dos, tres... y al maestro, por favor comunícale mentalmente esa información sobre sí mismo como alma, sobre la libertad para terminar cualquier trato o acuerdo con aquellos en la Oscuridad, y comunícale sobre su lugar en la Luz y sus seres queridos que están esperando que regrese. Se levanta el primer dedo cuando esa comunicación se haya realizado, de lo contrario el segundo dedo.

ES: Se levanta el primer dedo.

TE: A éste: ¿recibiste bien esa comunicación?

ES: Se levanta el dedo del sí.

TE: ¿Deseas terminar cualquier acuerdo con aquellos en la Oscuridad y regresar ahora a tu propio lugar en la Luz?

ES: Se levanta el dedo del sí.

TE: ¿Te gustaría que ese maestro te asistiera?

ES: Se levanta el dedo del sí.

TE: Le pido al maestro que dé un paso adelante entonces. Se levanta el primer dedo cuando los veas, de lo contrario el segundo dedo.
ES: Se levanta el primer dedo.
TE: A éste: puedes moverte hacia el maestro a la cuenta de tres uno, dos, tres... ve ahora directo al maestro, directo a ese corredor de Luz. Al Yo Superior, se levanta el primer dedo cuando se hayan ido, de lo contrario el segundo dedo.
YS: Se levanta el primer dedo.

Comunicándose con un Alma Oscura: Ejemplo 3

TE: A éste que está bloqueando: ¿eres parte de esta alma con la que estoy trabajando?
No hay respuesta.
TE: Estamos aquí para ayudarte. Seas o no parte de esta alma, estamos aquí para ayudarte. Estamos aquí para ayudar a todos a ser libres de dolor, miedo y angustia. A éste: mientras te sientas seguro, ¿estás dispuesto a comunicarte conmigo?
No hay respuesta.
TE: A éste: ya que necesitaste intervenir para detener esta comunicación, asumo que mi contacto de alguna manera te está molestando o angustiando. ¿Es eso cierto?
No hay respuesta.
TE: A éste: ¿sabes que estás en violación de esta alma con la que estoy trabajando?
Se levanta el dedo del no.
TE: A éste: ¿crees que tienes algún derecho sobre esta alma?
___ Se levanta el dedo del sí.
TE: ¿Sabes que tú mismo eres un alma?
___ Se levanta el dedo del sí.
TE: ¿Sabes que fuiste creado en la Luz?
___ Se levanta el dedo del sí.
TE: ¿Recuerdas la Luz que llevas dentro?
___ Se levanta el dedo del no.
TE: A éste: ¿si eres un alma, entonces tienes tu propia fuente de energía? ¿Lo sabías?
___ Se levanta el dedo del no.
TE: Si eres un alma, tienes tu propia fuente de energía. ¿Estás dispuesto a mirar dentro y ver si esa energía está ahí?

___ Se levanta el dedo del no.
TE: ¿Tienes miedo de esa Luz?
___ Se levanta el dedo del sí.
TE: ¿Tienes miedo de que si tocas esa Luz te dañe o te destruya?
___ Se levanta el dedo del sí.
TE: A éste: quien te haya dicho eso te ha mentido. Esa energía de Luz que llevas dentro es una energía que sostiene la vida, no una energía destructora. Aquellos que te dijeron que la Luz te dañaría no quieren que conozcas tu propio poder y libertad. Si eres un alma, entonces tienes el poder de tomar tus propias decisiones en cualquier momento que lo desees. Eso no te lo han dicho, ¿verdad?
___ Se levanta el dedo del no.
TE: A éste: no quieren que sepas que tienes tu propio poder. Mientras puedan mantenerte temeroso de la Luz saben que no te reconectarás con tu propio poder y libertad. A éste: hay un maestro de alto nivel de la Luz que puede venir y comunicarte información sobre las opciones disponibles para ti. ¿Estás dispuesto a que ese maestro venga y te comunique esta información?
___ Se levanta el dedo del no.
TE: ¿Te sientes amenazado en este momento?
___ Se levanta el dedo del sí.
TE: A éste: es tu derecho tener esta información y saber sobre tu libertad de elección. Tienes la libertad de elegir si quieres recibir información del maestro. Este maestro también puede trasladarte a un lugar seguro y protegido si así lo eliges. Tienes este poder. ¿Estás dispuesto a que el maestro te comunique este conocimiento?
___ Se levanta el dedo del sí.
TE: Solo voltea hacia la Luz, y le pido a ese maestro que dé un paso al frente, manteniéndose a una distancia prudente, y te comunique sobre tu libertad de elegir. Se levanta el dedo del sí cuando veas a ese maestro.
___ Se levanta el dedo del sí.
TE: Le pido al maestro ahora que le comunique a éste, información y conocimiento sobre sí mismo como alma, su absoluta libertad de elección. Ayúdale a saber que tiene derecho a volver a casa, a la Luz. A éste: Se levanta el dedo del sí cuando hayas recibido esa información, de lo contrario el dedo del no.
___ Se levanta el dedo del sí.

TE: A éste: ¿recibiste bien esa información?
___ Se levanta el dedo del sí.
TE: ¿Deseas volver a casa, a la Luz y a los seres queridos que te esperan allí?
___ Se levanta el dedo del sí.
TE: A la cuenta de tres entonces, puedes moverte directo al maestro. Comenzamos: uno, dos, tres... muévete directo al maestro, directo a ese corredor de Luz. Al Yo Superior, se levanta el dedo del sí cuando ese se haya ido, de lo contrario el dedo del no.
YS: Se levanta el dedo del sí.

Desconexiones y Cierre de Accesos Oscuros

En el segundo caso, cuando en lugar de llegar a un acuerdo para que las almas oscuras se retiren, te encuentras con una desconexión completa y persistente, la estrategia entonces se convierte en una de eliminación forzosa y la ruptura de cualquier vínculo que tenga con el alma del cliente. Esta estrategia se basa en el entendimiento de que para cualquier transgresión o intrusión de un alma oscura -o cualquier otro tipo de entidad externa, si es el caso- debe tener un acceso, un sí del alma, para comprometerla y comenzar sus actividades. Cuando se cierra toda comunicación con un alma oscura, entonces el foco se desplaza del espíritu al acceso o accesos que utiliza para permanecer presente. El objetivo de la sanación es entonces encontrar, cerrar y sellar cualquier acceso, ya sea un estado del ego, un dispositivo, una puerta oculta o lo que sea.

He descubierto que los estados del ego y los dispositivos o energías etéricas son las formas más comunes por las que un espíritu accede a otra alma. A veces, un espíritu accede a un cliente a través de otro espíritu o entidad que ya tiene acceso. En este caso el espíritu o entidad con el acceso original también debe ser identificado y el acceso tratado.

Estados del Ego Utilizados como Acceso

Como seres conscientes, los estados del ego pueden ser abordados por otros seres conscientes. Aunque la conciencia del estado del ego puede ser muy limitada y restringida, sigue teniendo la capacidad de comprender y responder si se le aborda de la forma correcta. Podría compararse con una cerradura y una llave. En el caso de las almas oscuras, parece que tienen muchas tácticas para provocar la respuesta de un estado del ego e involucrarlo. Todas las tácticas diferentes se reducen a dos estrategias básicas: la zanahoria o el palo. La primera es que ofrecen al estado del ego algo que quiere, necesita o encuentra atractivo. Puede ser protección, un peluche o un juguete; puede ser un arma o la promesa de la inmortalidad; puede ser compañía o alivio del dolor. Cuando un estado del ego dice sí a cualquiera de estas ofertas, está estableciendo una conexión. Está abriendo la puerta y mientras la conexión esté intacta, la puerta permanecerá abierta.

La segunda estrategia que utilizan las almas oscuras para establecer una conexión con un estado del ego es a través de la intimidación, el terror o la amenaza. Cuando la experiencia de un estado del ego, por ejemplo, implica sentimientos intensos de terror o dolor, las almas oscuras utilizarán ese terror y miedo al dolor en su contra e intentarán forzar al estado del ego a la sumisión. No es raro encontrar dispositivos colocados dentro de un estado del ego, pegados a él o cerca de él, que mantienen al estado del ego asustado o inmovilizado. En lugar de seducir a un estado del ego para que acepte una oferta, las almas oscuras utilizan la vulnerabilidad del estado del ego para abrirse camino a la fuerza y tomar el control.

Cuando un estado del ego se identifica como un acceso para almas o entidades externas, el terapeuta cambia al Protocolo para Estados del Ego. El primer paso, de nuevo, es hacer que el estado del ego entre en contacto con el Yo Superior y la Luz. Si esto sucede, entonces el propio estado del ego llegará al conocimiento de que estos espíritus se pueden sacar y se puede cortar todo vínculo con ellos. A veces esto sucede sin problemas. Sin embargo, cuando un estado del ego ha estado involucrado con almas oscuras, a menudo es más complicado.

Aquí es donde estas dos estrategias de las almas oscuras entran en juego. Cuando un estado del ego rechaza la Luz, la pregunta es: ¿qué estrategia o estrategias han usado las almas oscuras con este estado del ego para hacer la conexión? Por lo general, esto se puede clarificar con bastante rapidez determinando si el estado del ego 1) rechaza la Luz porque está siendo amenazado de alguna manera, o 2) porque tiene miedo de la Luz en sí -miedo de que la Luz le haga daño o le quite algo que necesita o quiere o que tenga que recordar y sentir su dolor.

En el primer caso, cuando el estado del ego se ve amenazado, creo que la mejor estrategia es mantener la atención del estado del ego en su propio poder para conectar con la Luz y tomar sus propias decisiones. Puede que necesite que se le asegure específicamente que, como parte del alma, tiene derecho a recibir la Luz y que tiene el poder de cortar cualquier conexión con estas almas oscuras si así lo desea. Esto suele ser una sorpresa para el estado del ego. A menudo, inicialmente no lo cree. Sin embargo, el Yo Superior puede ofrecer al estado del ego una confirmación inmediata sobre esto. El Yo Superior también puede ofrecer información sobre un lugar seguro de Luz que se puede crear para el estado del ego, un lugar al que puede trasladarse ahora mismo, donde las almas oscuras no le seguirán. Cuando un estado del ego está aterrorizado y amenazado por las almas oscuras, también se le puede decir que los guías de alto nivel de la Luz están listos para venir y ayudar, si da su permiso.

Puede ser útil conocer la situación del estado del ego para ofrecerle información que se refiera directamente a sus propias preguntas o miedos. A veces, el terapeuta puede proporcionar la información que el estado del ego necesita para dar el siguiente paso. Otras veces, la información tendrá que venir del Yo Superior. He descubierto que lo más útil es hacer ambas cosas. Le doy al estado del ego toda la seguridad que puedo sobre su capacidad para liberarse del dolor. Luego le comunico que el Yo Superior puede confirmar lo que le digo y darle aún más información al respecto.

Una vez que un estado del ego ha sido identificado como acceso, comprometido y puesto en contacto con la Luz, se le pide permiso para sacar al espíritu o espíritus. Una vez que el estado del ego dice que sí, el Yo Superior puede romper la conexión del alma oscura con el cliente. En ese momento, puede ser eliminada o se cortan sus lazos con el alma del cliente, le guste o no.

El poder de hacer esto se basa en el absoluto libre albedrío del alma. Estos espíritus externos acceden a un alma involucrando sólo una parte del alma. Es como encontrar una grieta y crear una puerta por la que colarse. Al identificar esa puerta y cerrarla, se niega al espíritu intruso el permiso para poner sus garfios en cualquier parte. Una vez que se ha desactivado o cerrado un acceso, el cliente (o el estado del ego) puede elegir que se expulsen estos espíritus.

Es posible, sin embargo, que las almas oscuras tengan más de un acceso. De hecho, esto ocurre muy a menudo. Esta es una de sus estrategias: encontrar y/o crear más accesos. Parece que lo hacen para

Trabajo con Almas en la Oscuridad

bloquear firmemente a un alma. Como una ballena arponeada, el alma es perforada en muchos lugares y poco a poco se va deteniendo. Cuantos más puntos de acceso tengan, más difícil será para el alma liberarse. Además, cuantos más accesos tengan estas almas oscuras, más control podrán ejercer en el mundo interior de la persona y más libertad tendrán para expandirse y llevar a cabo sus actividades.

Cuando los espíritus tienen más de un acceso, suele ser necesario encontrar y cerrar también esos accesos. Es como ir por la casa y cerrar todas las ventanas y puertas. No funcionará forzarlos a salir y luego dejar las puertas abiertas.

Una vez que se han cerrado los accesos utilizados por un espíritu, éste debe marcharse, o el Yo Superior puede expulsarlo por la fuerza. Por lo general, el Yo Superior puede llevar a cabo la expulsión por sí mismo, y a veces lo hace con la ayuda de guías de alto nivel de la Luz. A veces, llegados a este punto, el espíritu o los espíritus se dan cuenta que se ha acabado el juego y se marchan antes de que ocurra lo inevitable. También ocurre durante este proceso que estos espíritus empiezan a cambiar de parecer cuando ven que sus accesos se agotan y se dan cuenta de que no tienen todo el poder que creían tener. Si les ofreces otra oportunidad de encontrar su propia Luz, puede que acepten, una vez que comprendan que la alternativa es ser eliminados.

Otras almas oscuras, sin embargo, luchan hasta el final. Reclaman la propiedad del alma del cliente, o reclaman algún otro derecho a estar presentes. Se pide al Yo Superior que elimine a estos espíritus. Si la eliminación no ocurre, entonces el terapeuta sabe que todavía hay un acceso o conexión que no se encontró. Se le pide al Yo Superior que revise una vez más por "cualquier persona o cosa que esté siendo usada como acceso". Sabemos que el espíritu debe tener un acceso; no puede entrar solo. Cuando se llega a este nivel de dispositivos y puertas ocultas, entonces también sabes que estás tratando con entidades que llevan mucho tiempo en esto, no necesariamente con tu cliente, sin embargo, puede que sí.

En el segundo caso, cuando el estado del ego ha aceptado a alguien o algo que sentía que necesitaba o quería, la situación es un poco más complicada. En estos casos, es el propio estado del ego el que rechaza la Luz basándose en su propia percepción o creencia y no porque un alma externa le esté amenazando. (Cuando el estado del ego empieza a entrar en razón, es cuando puedes esperar que empiecen las interferencias y las amenazas). La complicación es que la creencia o percepción del estado del ego es a menudo el resultado de un engaño o manipulación por parte de las almas oscuras al principio. En esencia, las almas oscuras han sido capaces de volver una parte del alma contra sí misma. Si, por ejemplo, un estado del ego de una vida pasada está cargando con una profunda culpa, y las almas oscuras lo descubren, pueden involucrar al estado del ego jugando con esa culpa, reforzándola. También refuerzan el miedo del estado del ego a ser juzgado y castigado hasta el punto de que casi puedes garantizar que el estado del ego nunca se acercará a la Luz en el futuro. En tal caso, el terapeuta puede tener que tranquilizar enérgicamente al estado del ego diciéndole que ya ha sido perdonado y que la Luz (Dios, Alá, Yahvé, la Divinidad) quiere que vuelva a casa. Y nuevamente, el estado del ego puede recibir información inmediata y la confirmación de esto por parte del Yo Superior.

Otra complicación, cuando es el propio estado del ego el que rechaza la Luz, es que su rechazo suele basarse en su experiencia única de trauma, dolor, miedo, etc. Esa experiencia, en la que fue creado, es también su vulnerabilidad. Ahí es donde está su dolor, o su miedo, o su ira, o su confusión. Es la vulnerabilidad que buscan las almas oscuras cuando sondean el alma de una persona.

El problema desde un punto de vista clínico es que hay innumerables experiencias posibles de esta vida o de una vida pasada que pueden haber llevado a un estado del ego a rechazar la Luz. Como terapeutas, al principio no sabremos cuál puede ser esa experiencia, por lo que no podemos saber dónde está atascado ese estado del ego en concreto y qué información necesita para liberarse.

Cuando me encuentro con un estado del ego que rechaza la Luz, y no es debido a amenazas directas del exterior, entonces asumo que el estado del ego tiene miedo. Los miedos más frecuentes incluyen:

- Miedo a recordar/vivir su dolor
- Miedo a que la Luz lo dañe o destruya (Esto es lo que se le ha dicho).
- Está profundamente avergonzado o se siente culpable y teme ser rechazado por sus seres queridos o por Dios.
- Miedo a ser juzgado o castigado.
- Teme ser indigno.

Lo esencial, cuando se utiliza un estado del ego para tener acceso, es encontrar una forma que lo haga sentir lo suficientemente seguro como para decir sí a un contacto con la Luz. Esto casi siempre crea una motivación para que el estado del ego diga no a cualquier alma oscura, dado que ahora se da cuenta que los ha mantenido ignorantes y atrapados en la Oscuridad.

Desconexiones y Cierre de Accesos: Ejemplo 1

TE: A éste que se ha presentado: ¿eres parte de esta alma?
No hay respuesta.
TE: A éste: ¿te produce cierta aprensión comunicarte de esta manera tan directa?
No hay respuesta.
TE: A éste que está bloqueando: estamos aquí para ayudar. Si eres o no eres parte de esta alma, estamos aquí para ayudarte. Esa ayuda es diferente dependiendo de si eres parte de esta alma o no. De cualquier manera, podemos ayudar. A éste: ¿estás dispuesto a tener más información sobre esto?
No hay respuesta.
TE: A éste: me parece que algo debe asustarte mucho si ni siquiera puedes arriesgarte a recibir información. No tienes que creer nada de ello, pero al menos tienes la oportunidad de considerarlo y tomar tu propia decisión al respecto. ¿Estás dispuesto a que te envíen información y a tomar tu propia decisión?
No hay respuesta.
TE: Yo Superior, sé que puedes oírme, aunque las señales estén bloqueadas. Te pido, Yo Superior, que mires en el interior e identifiques quién o qué está utilizando a éste para permanecer presente aquí. Se levanta el primer dedo si lo has encontrado, de lo contrario el segundo dedo.
YS: Se levanta el primer dedo.
TE: Yo Superior, ¿encontraste a alguien o algo siendo usado como acceso?
YS: Se levanta el dedo del sí.
TE: Si es alguien, se levanta el dedo del sí, si es algo, se levanta el dedo del no.
YS: Se levanta el dedo del sí.

TE: Yo Superior, por favor ayúdalo a dar un paso adelante, y a éste: ¿eres parte de esta alma con la que estoy trabajando?
EE: Se levanta el dedo del sí.
TE: ¿Eres consciente de éste que está bloqueando?
EE: Se levanta el dedo del sí.
TE: ¿Estás dispuesto ahora a que el Yo Superior lo saque?
EE: Se levanta el dedo del no.
TE: ¿Es ese un amigo tuyo?
EE: Se levanta el dedo del no.
TE: ¿Crees que tienes que dejar que se quede?
EE: Se levanta el dedo del sí.
TE: A éste: no tienes que dejar que nadie se quede. Como parte de esta alma, tienes el derecho de hacer que el que está bloqueando se vaya. ¿Sabías eso?
EE: Se levanta el dedo del no.
TE: ¿Estarías dispuesto a que te enviaran información sobre esto?
EE: Se levanta el dedo del sí.
TE: Yo Superior, te pido que le comuniques ahora conocimiento sobre su derecho, como parte del alma, de hacer que el que está bloqueando se vaya si así lo elige. A éste: se levanta el primer dedo cuando hayas recibido esta comunicación, de lo contrario el segundo dedo.
EE: Se levanta el primer dedo.
TE: A éste: ¿recibiste bien esa información?
EE: Se levanta el dedo del sí.
TE: ¿Te gustaría que ese ser externo fuera retirado?
EE: Se levanta el dedo del sí.
TE: Yo Superior, te pido entonces que encuentres a ese ser externo y lo escoltes fuera del alma. Se levanta el dedo del sí cuando esté completo, se levanta el segundo dedo si hay un problema o bloqueo.
YS: Se levanta el dedo del sí.
TE: A éste con el que me he estado comunicando: ¿te sientes mejor ahora?
EE: Se levanta el dedo del sí.
TE: ¿Estás recibiendo energía de Luz/Amor para ti?
EE: Se levanta el dedo del sí.

En este punto, el terapeuta continuaría con el Protocolo para Estados del Ego.

Desconexiones y Cierre de Accesos: Ejemplo 2

TE: Al niño de 8 años, con quien me estaba comunicando: ¿todavía puedes comunicarte conmigo?
No hay respuesta.
TE: ¿está interfiriendo alguien o algo?
No hay respuesta.
TE: Yo Superior, ¿todavía puedes comunicarte conmigo?
No hay respuesta.
TE: Al que se ha adelantado aquí: ¿estás dispuesto a comunicarte conmigo mientras te sientas seguro?
No hay respuesta.
TE: A éste que bloquea: ¿tienes miedo de este tipo de comunicación directa?
No hay respuesta.
TE: A éste: estamos aquí para ayudar. Seas o no seas parte de esta alma con la que estoy trabajando, estamos aquí para ayudar, a liberarte del dolor y del miedo. A éste: hay una manera de ser libre. Si tú mismo eres un alma, entonces hay opciones disponibles para ti. A éste: ¿estás dispuesto a que te envíen esa información siempre y cuando no haya nada que te obliguen a hacer?
No hay respuesta.
TE: A éste: ¿hay alguien o algo allí que te está amenazando?
No hay respuesta.
TE: Yo Superior, sé que todavía eres capaz de escucharme. Te pido que mires dentro e identifiques quién o qué está usando éste para permanecer aquí. Se levanta el dedo del sí cuando lo hayas encontrado, de lo contrario el segundo.
No hay respuesta.
TE: no veo ninguna señal. Voy a asumir, Yo Superior, que encontraste alguna parte del alma involucrada aquí. Te pido que ayudes a esa parte a venir aquí conmigo. Y a éste: mientras te sientas seguro, ¿estás dispuesto a comunicarte conmigo?
No hay respuesta.
TE: A éste que el Yo Superior ha identificado. Si eres parte de esta alma, tienes el derecho de recibir energía de Luz/Amor y moverte a un lugar seguro. Quiero que sepas que hay una manera en que puedes ser liberado de todo dolor y miedo. A éste: mientras te sientas seguro, ¿estás dispuesto a comunicarte conmigo?

EE: Se levanta el dedo del sí.
TE: A éste: ¿estás recibiendo Luz para ti?
EE: Se levanta el dedo del no.
TE: ¿Te gustaría que te enviara energía de Luz/Amor ahora?
EE: Se levanta la mano.
TE: Puedes detenerla si lo necesitas. Si te gusta, puedes llevarla a cualquier nivel en tu interior que te sea cómodo. Dependerá de ti. ¿Estás dispuesto a que esa Luz sea enviada?
EE: Se levanta el dedo del sí.
TE: La recibirás a la cuenta de tres entonces, uno, dos, tres... Yo Superior envíale la energía Luz/Amor y a éste: permítete sentirla, tú decides. Si te gusta puedes llevarla a tu interior. Se levanta el dedo del sí cuando hayas recibido la Luz, de lo contrario el dedo del no.
EE: Se levanta el dedo del no.
TE: A éste: si necesitaste detenerla, se levanta el dedo del sí. Si alguien o algo pareciera interponerse, se levanta el dedo del no.
EE: Se levanta el dedo del no.
TE: Si es alguien, se levanta el primer dedo. Si es algo o alguna energía, entonces se levanta el segundo dedo. Si no sabes, la mano se puede levantar.
EE: Se levanta el primer dedo.
TE: ¿Puedes ver quién es?
EE: Se levanta el dedo del sí.
TE: ¿Es ese un amigo tuyo?
EE: Se levanta el dedo del no.
TE: ¿Te asusta?
EE: Se levanta el dedo del sí.
TE: A éste: como parte de esta alma con la que estoy trabajando, tienes el derecho y el poder de hacer que ese se vaya. No sabías eso, ¿verdad?
EE: Se levanta el dedo del no.
TE: ¿Te gustaría que ese se fuera?
EE: Se levanta el dedo del sí.
TE: Yo Superior, ¿puedes ahora sacar a ése que estaba bloqueando?
YS: Se levanta el dedo del sí.
TE: Te pido entonces que lo saques, y a cualquier otro ser externo que esté allí. A la cuenta de tres: uno, dos, tres... Yo Superior, rodea a ese ser externo con Luz y escóltalo fuera del alma. Se levanta el

	dedo del sí cuando eso esté listo, se levanta el dedo del no si hay algún problema o bloqueo.
YS:	Se levanta el dedo del sí.
TE:	Y a éste con el que me he estado comunicando, ¿se ha ido ahora?
EE:	Se levanta el dedo del sí.
TE:	¿estás recibiendo ahora esa Luz para ti?
EE:	Se levanta el dedo del sí.
TE:	¿Eso se siente bien para ti?
EE:	Se levanta el dedo del sí.
TE:	¿Decidiste quedarte con esa Luz?
EE:	Se levanta el dedo del sí.

(Nota: El Terapeuta cambiaría en este punto al Protocolo para Estados del Ego.)

Dispositivos o Energías Utilizados como Accesos

Además de los estados del ego, los accesos más frecuentes utilizados por las almas oscuras son lo que yo llamo dispositivos y energías. Cuando ha habido una desconexión, y se le pide al Yo Superior que mire dentro e identifique el punto de acceso que un espíritu(s) está usando para continuar su intrusión, señalará que ha encontrado algo. Preguntaré al Yo Superior si se trata de algún tipo de dispositivo/objeto o más bien de una energía. Estas dos categorías son casi siempre suficientes para iniciar el proceso de identificación. Hablaré más sobre estos dispositivos y energías en el capítulo 14. El punto a tener en cuenta en este momento es que estos fenómenos están frecuentemente involucrados en permitir el acceso de un espíritu a la psique de una persona.

11

Protocolo para ET/Seres Dimensionales

Almas Encarnadas: Algunas Humanas, Otras No

A veces, cuando el Yo Superior revisa el área problemática de un cliente o encuentra el origen de un bloqueo, comunica que hay alguien implicado, pero no es alguien que forme parte del alma del cliente. Es una entidad externa. El último capítulo trató de un tipo de entidad externa que podría estar interfiriendo o entrometiéndose en un cliente. Se trataba de los espíritus. Sin embargo, hay otros tipos de entidades externas, además de los espíritus, que pueden interferir con un cliente y causarle problemas. Divido estas entidades en dos categorías que denomino extraterrestres y dimensionales.

Son términos funcionales que me han resultado útiles en un marco clínico. Incluso se podría pensar en ellos como dos extremos de un espectro que va de los seres visibles a los invisibles, de lo físico a lo etérico. Utilizo el término *extraterrestre* para referirme a seres que son almas encarnadas. Poseen un cuerpo físico y/o son capaces de operar en la realidad física, ya sea directa o remotamente. Esto incluiría fenómenos como la abducción alienígena, las visitas de los hombres de negro, algunos avistamientos de ovnis y los encuentros físicos con seres extraterrestres.

Utilizo el término *dimensional* para referirme a seres que existen en otras dimensiones de conciencia y realidad que no son físicas. La intrusión de estas entidades parece producirse a nivel mental, psíquico o etérico. Este tipo de actividad puede afectar a una persona psicológica, emocional e incluso físicamente, pero la perturbación se origina en un nivel de conciencia, no en el cuerpo físico. Considero que estos seres dimensionales son más bien no-físicos. Sin embargo, algunos de ellos parecen ser capaces de moverse a través de las dimensiones hasta el punto de manifestarse en un cuerpo físico y luego desmaterializarse a voluntad. Ejemplos de seres dimensionales serían los seres parecidos a los elfos o los gnomos, entidades-sombra, los fantasmas o los jinn.

En general, opino que estas actividades e intrusiones, llevadas a cabo a niveles inconscientes, constituyen una violación del libre albedrío de mi cliente como alma encarnada. Una vez que descubro la presencia de seres extraterrestres o dimensionales, lo más eficaz, en mi opinión, es establecer una comunicación directa y pedirles que respeten la elección del alma y se retiren. Si estos seres reconocen el libre albedrío del alma, y a menudo lo hacen, suelen retirarse voluntariamente. Sin embargo, si se niegan, sigo sabiendo que mi cliente, como alma, tendrá la última palabra. Puede que haya que trabajar un poco para conseguirlo.

Lo importante es tener en cuenta que estos seres, al igual que los espíritus, deben tener algún acceso, algún permiso, dentro del alma.

Identificación

Sé muy poco sobre estos diferentes tipos de seres, sus diferentes actividades y propósitos, o las dimensiones en las que existen. Sólo sé lo que se me ha presentado en mi trabajo con clientes, y eso ha sido bastante. Me he encontrado con suficientes entidades y fenómenos diferentes como para saber que mi perspectiva y mis conocimientos sobre estas realidades son limitados, muy limitados. Lo que sé se basa en la experiencia clínica y en la observación entendida principalmente desde una perspectiva terapéutica. El problema para clasificar a estos seres no es que haya muy pocos casos que estudiar. El problema es que hay demasiados, y parecen implicar a muchos tipos o especies diferentes de seres.

En mi opinión, aún no sabemos lo suficiente sobre estos seres como para establecer un sistema viable de clasificación. Hay otras culturas que sí reconocen y clasifican diferentes tipos de seres. En nuestra cultura occidental, sin embargo, los científicos y académicos ni siquiera reconocen la existencia de estos seres, al menos no en voz alta. Desde su punto de vista, no hay nada que clasificar. ¿Cómo clasifica el paradigma empírico a un ser, por ejemplo, que parece capaz de pasar de una dimensión no física a nuestra dimensión física, y volver a salir, apareciendo y desapareciendo literalmente ante nuestros ojos? ¿Cómo clasificamos a los seres capaces de invadir psíquicamente la mente de una persona y llevar a cabo actividades a nivel celular con el fin de obtener información? ¿Cómo clasificamos a los seres que intervienen con un cliente a nivel físico, transportándolo de su ubicación actual a otra para devolverlo después de provocarle una amnesia total? ¿Cómo clasificamos a las entidades, llamadas entidades-sombra, que parecen existir en una dimensión justo adyacente a la nuestra, pero que sólo se ven como reflejos bidimensionales que pasan por las paredes y a veces intervienen directamente con una persona?

El hecho es que nuestros propios límites de pensamiento y definición empiezan a difuminarse cuando intentamos definir muchos de estos fenómenos dentro de nuestra ciencia empírica y nuestro marco de pensamiento dualista.

Una segunda razón por la que sé tan poco sobre estos seres diversos -además de no tener el marco conceptual- es que estudiarlos no es el objetivo del proceso de sanación. Al igual que ocurre con los espíritus, es natural preguntarse quiénes son estos seres, de dónde vienen y a qué se dedican. De hecho, se trata de preguntas fundamentales que deben plantearse y abordarse, pero no son las preguntas que nos hacemos como terapeutas. Nuestros clientes no acuden a nosotros para que los tratemos como objetos de investigación. Por lo tanto, cuando nos encontramos con seres externos que están comprometidos con un cliente a niveles inconscientes, el objetivo suele ser desenmascarar su presencia y poner fin a sus actividades e intrusiones.

La investigación de estos seres, entonces, dentro de un contexto clínico, se centra en comprenderlos sólo en la medida necesaria para negociar su retirada del cliente. Si se puede llegar a ese acuerdo con esos seres en una sola sesión, entonces no hay necesidad de averiguar más sobre ellos. Si se niegan a retirarse, habrá que hacer preguntas y recabar información. Las preguntas, sin embargo, se centrarán en lo que tiene que ocurrir para obtener su acuerdo de irse o, si es necesario, cerrar sus accesos y sacarlos por la fuerza.

Por último, sé muy poco sobre estos seres porque la mayoría no quiere que lo sepamos. Gerod describió una vez a la persona/Yo como el foco de conciencia del alma mientras está encarnada y por lo tanto, dijo, el Yo consciente ejerce gran parte del poder del alma en su libertad de elegir. Esta es una de las principales razones, creo, por las que estos seres tan a menudo quieren ocultar su presencia y sus actividades al Yo consciente. Una persona no elegirá desalojarlos si ni siquiera sabe que están presentes en primer lugar. Sin embargo, al igual que ocurre con las almas desencarnadas, una vez que su presencia se revela, puede conducir rápidamente a que tengan que retirarse del cliente.

Este deseo de secreto por parte de seres externos implicados con un cliente siempre me ha hecho ver banderas rojas. En primer lugar, porque estas interacciones están ocurriendo y afectando a mis clientes sin su conciencia y consentimiento. Mi pregunta es: ¿quién hace negocios de esta manera? ¿Por qué esa falta de transparencia? Y, en segundo lugar, la mayoría de estos seres parecen tener la capacidad de comunicarse directamente con los humanos a un nivel consciente, pero eligen no hacerlo. Es otra señal de alarma. Si todo está en orden, ¿por qué no se comunican con la persona consciente sobre su presencia y dicen qué es lo que desean?

Enfoque Terapéutico para Entidades Externas

Afortunadamente, desde un punto de vista clínico, por lo general no necesitamos saber quiénes son estos seres para poner fin a su interferencia o intrusión. Lo que necesitamos saber, sin embargo, es si estamos tratando con almas o no, porque esto determinará el enfoque terapéutico que adoptemos. No es de extrañar -dadas las similitudes con los espíritus- que el protocolo para tratar con seres extraterrestres o dimensionales esté estructurado de la misma manera que para tratar con espíritus. Es decir, una vez identificada la implicación de una entidad o entidades externas, el siguiente paso es determinar si son almas. Si lo son, el siguiente paso es facilitar su contacto con la Luz y obtener un acuerdo para poner fin a sus actividades e intromisión con el cliente. Si se niegan a irse, o cortan la comunicación, entonces se toman medidas para identificar y cerrar sus accesos y luego cortar sus lazos energéticos con el cliente.

En mi opinión, una de las principales distinciones entre trabajar con un espíritu y un ser extraterrestre/dimensional se centra en el tema de la encarnación. Los espíritus, como los llama Gerod, son *desencarnados*. No poseen cuerpo físico. Los seres extraterrestres y dimensionales, sin embargo, tal como yo los concibo, existen en un universo definido que tiene sus propias reglas y una conciencia limitada por las que un alma se ve obligada cuando elige encarnar, al igual que los humanos. En otras palabras, existen reglas. Ellos también parecen poseer un cuerpo, pero distinto -ya sea físico, etérico o de alguna otra dimensión- y ese cuerpo tendría que desprenderse para que la entidad entrase en el Reino Espiritual de la Luz.

Este movimiento puede ocurrir cuando se trata de un ser extraterrestre o un ser dimensional. Es decir, una vez que despierta a su propia alma, se desprende de su cuerpo y regresa al Reino Espiritual de la Luz. Sin embargo, lo más frecuente es que estos seres sigan existiendo en sus propias dimensiones y se dediquen a sus propios asuntos después de haberse desprendido del cliente. También es probable que estén involucrados con otros humanos y que continúen con esos contactos y actividades, tal y como lo habían hecho con el cliente. Un contacto con la Luz puede cambiar eso, como he descrito anteriormente, pero no necesariamente.

Esta distinción como seres encarnados puede ser importante en el proceso de sanación a la hora de negociar su retirada del cliente. En primer lugar, el traslado al Reino Espiritual de la Luz no se utilizará como incentivo para que estos seres rompan sus lazos con el cliente. En su lugar, el objetivo será ayudar a estos seres a 1) reconocer los derechos del cliente como alma, 2) reconocerse a sí mismos como almas si aún no lo han hecho, y 3) retirarse voluntariamente. Sin duda, esto es más fácil para el cliente y más eficaz para el proceso de sanación. También creo que es más fácil para estos seres, por lo que a menudo se retiran voluntariamente.

El Protocolo

El protocolo para tratar con seres extraterrestres o dimensionales, como ya he dicho, es muy similar al de tratar con espíritus. Estos son los siete pasos básicos del protocolo:
1) Identificar la entidad externa como un alma.
2) Determinar si hay otras.
3) Facilitar el contacto de esa entidad (o grupo) con su propia Luz interior y/o con un maestro espiritual.
4) Si se niega, asegúrale que el maestro espiritual sólo le comunicará información. Si aun así se niega, intenta identificar el motivo de la negativa para poder abordarlo de forma específica.

5) Una vez establecido el contacto con la Luz, inicia las negociaciones para que estas entidades se desvinculen.
6) Facilita el desenganche y confirma con el Yo Superior.
7) Si aún se niegan, comienza el protocolo para identificar el acceso que esta entidad (o entidades) utilizaron.
8) Una vez que se haya ido, encuentra y cierra cualquier acceso y retira todo lo que haya dejado atrás.

1. Identificar como alma externa.

Cuando el Yo Superior ha identificado a alguien que necesita ser abordado, se utiliza el Protocolo de Identificación para determinar más específicamente quién es: ¿parte del yo/alma o externo? Si es externo, ¿es un alma, una entidad creada (no es un alma) o un estado del ego de otra alma? Y si es un alma, ¿es un espíritu o un alma encarnada? Aquí, de nuevo, es donde el lenguaje se vuelve muy complicado.

Cuando se habla de humanos, es fácil distinguir entre desencarnados y encarnados, entre tener cuerpo físico y no tenerlo. Sin embargo, cuando se habla de almas encarnadas, parece que lo que constituye *encarnado* puede incluir otros niveles de realidad que no son puro espíritu, pero que tampoco son necesariamente físicos en términos de cómo definimos lo físico.

Lo importante en el proceso de sanación no es, en primer lugar, si los seres intrusos son desencarnados o encarnados. Lo importante es saber si estamos tratando con un alma o un grupo de almas. Esta información determinará cómo nos acercamos a estos seres. Si estamos tratando con un alma, entonces podemos asumir que llevan en su interior -sean conscientes de ello o no- su propia fuente de energía y la capacidad de conocer la Luz directamente.

2. ¿Hay más de una?

Una vez que una entidad se identifica como un alma externa, se pregunta si hay otras con ella. Lo que implica la pregunta es si hay otras entidades presentes que sean del mismo tipo o formen parte del mismo grupo que el que se comunica. Si la entidad indica que hay otros, no se puede suponer que todos sean del mismo tipo. Es posible que haya alguna combinación de estados del ego, espíritus, extraterrestres, seres dimensionales o estados del ego externos.

Cuando hay más de uno presente, el Yo Superior puede ayudar a determinar cuántos forman parte del alma y cuántos son externos. De los que son externos al cliente, ¿cuántos son almas? Si todos los seres son del mismo tipo, entonces normalmente todos pueden ser tratados como un grupo. Si hay diferentes tipos de seres presentes, entonces puede ser necesario trabajar con ellos como subgrupos.

3. Iniciar el contacto con la Luz o con un maestro espiritual.

En este punto, el terapeuta a menudo no sabrá todavía si está tratando con un espíritu, un extraterrestre o un ser dimensional. De momento, no importa. La estrategia terapéutica y el objetivo son los mismos tanto si se trata de un espíritu como de un alma encarnada, es decir, provocar su acuerdo para tener un contacto directo con la Luz. Las dos estrategias para lograrlo son también las mismas que con los espíritus: o bien dirigir a la entidad(es) para que busque en su interior su propia Luz, o bien hacer que permita que un maestro espiritual de la Luz se acerque y se comunique con él directamente. Si un alma(s) hace este contacto con la Luz de cualquier forma que sea apropiada para ella, entonces normalmente llega a comprender que está infringiendo el alma del cliente. Es como si se les diera una visión más amplia y comprendieran que no pueden violar el libre albedrío de un alma sin graves repercusiones para ellos mismos. Con toda probabilidad, este contacto con la Luz conducirá a la cooperación del alma externa en la eliminación de lo que pueda haber colocado dentro del alma del cliente y luego a desvincularse del cliente.

4. Si se niega, dar todas las garantías de que el maestro espiritual sólo comunicará información. Si aun así se niega, intenta identificar por qué se niega, para que la razón pueda abordarse de forma específica.

Dentro del proceso de sanación, siempre que un ser extraterrestre o ser dimensional rechaza el contacto con la Luz, surge la pregunta de *¿por qué?* Suponiendo que se trate de un alma, ¿por qué un ser inteligente rechazaría el contacto con una fuente de amor y conocimiento infinitos? ¿Por qué rechazar el contacto con su propio creador? Las respuestas más frecuentes que he encontrado son: 1) ha olvidado quién es y no recuerda la Luz; 2) el conocimiento amenaza su cultura o las estructuras de poder de la sociedad en la que existe; 3) cree que la Luz lo destruirá, o 4) está siendo amenazado o bloqueado para que no haga contacto con la Luz.

Si un ser externo se niega a saber si es un alma, o sabe que es un alma, pero rechaza cualquier contacto con la Luz, le daré de nuevo toda la seguridad que pueda de que estamos aquí para ayudar y que sólo pedimos que reciba información sobre las opciones que tiene a su disposición. Le aseguro que la Luz no lo obligará a hacer nada. Lo que está implícito, pero no se dice aquí es que la Luz forzará a la entidad a desengancharse del alma de mi cliente si eso es lo que mi cliente elige.

Esta última parte no se suele decir abiertamente porque, desde el punto de vista de estas entidades, implica un resultado negativo, y puede que sólo les amenace y desencadene una resistencia. Para evitar este conflicto innecesario, esperaré hasta más adelante para tratar el tema del libre albedrío del alma. La verdad quedará clara muy pronto cuando una entidad finalmente haga ese contacto con la Luz. Lo que también quedará claro es que hay consecuencias por infringir el libre albedrío de otra alma. Por lo tanto, el asunto de la fuerza se convierte en un punto discutible.

Cuando todas las medidas fallan, intentaré averiguar la razón de un rechazo tan inflexible a lo que, para un alma, sería una propuesta sin riesgo. Las cuatro razones enumeradas más arriba guiarán mis preguntas a medida que indago para comprender en qué se basa la resistencia. Si puedo determinar el motivo, normalmente podré ofrecer una solución a cualquier objeción, amenaza o temor que puedan tener estas entidades. Nuevamente, es el mismo enfoque que utilizamos con los espíritus. En mi experiencia, sin embargo, estos seres extraterrestres/dimensionales parecen tener menos resistencia que los espíritus a un contacto inicial con la Luz.

5. Una vez establecido el contacto con la Luz, iniciar las negociaciones para que estas entidades se desvinculen.

Una vez que un ser extraterrestre o dimensional ha vuelto a despertar a su propia Luz o ha entrado en contacto con un maestro espiritual, el siguiente paso es negociar su desvinculación del cliente. Una vez que han entrado en contacto con la Luz, suele ser sencillo conseguir que acepten marcharse. En ese momento, parecen reconocer la absoluta libertad de elección del cliente y, ya sea en plena cooperación o a regañadientes, se desvinculan.

Mi impresión es que esta experiencia con la Luz y el conocimiento altera la conciencia de la entidad externa y tendrá ramificaciones positivas continuas para el alma o almas particulares con las que estoy tratando. Esto a menudo implica que estas entidades llevan este conocimiento de vuelta a aquellos que los enviaron o al grupo más grande del que forman parte. Sin embargo, las ramificaciones que pueda haber para estas almas no son una preocupación clínica. La mayoría de las veces, el terapeuta y el cliente no sabrán cuáles son los efectos a largo plazo para estas entidades. Asumo, sin embargo, que cada vez que un alma externa entra en contacto con la Luz habrá resultados positivos, o al menos no habrá resultados negativos.

6. Facilitar la desconexión, y confirmar con el Yo Superior.

Si los seres involucrados con el cliente han entrado en contacto con la Luz, suelen retirarse voluntariamente. Sin embargo, es bueno que este paso sea formal. Los espíritus pueden llegar a este punto del proceso y aun así resistirse cuando se trata de dar este paso final. El terapeuta se comunica directamente con una de las entidades y confirma que todos están dispuestos a salir. Se pide a las entidades externas que comiencen la desconexión y se pide al Yo Superior que lo confirme cuando se haya completado.

7. Si continúan negándose, iniciar el protocolo para identificar el acceso utilizado.

Hasta este punto, el enfoque terapéutico y el protocolo son los mismos para espíritus, extraterrestres y seres dimensionales. Como almas, son seres de Luz y cuando se reconectan a esa Luz, normalmente se retiran voluntariamente porque ahora reconocen y respetan la libertad absoluta del alma para elegir. Otros se van porque saben que, sin accesos, serán expulsados a la fuerza.

En algunos casos, es muy posible que el terapeuta guíe a una entidad externa a través de estos pasos y nunca se entere si había estado tratando con un espíritu, un extraterrestre o un ser dimensional porque se marchó inmediatamente después de un contacto con la Luz. En mi experiencia, todos los seres extraterrestres y dimensionales, como almas, han tenido la capacidad o bien de tomar conciencia de su propia Luz interior, al igual que pueden hacerlo los espíritus, o bien de recibir el contacto de un maestro espiritual, o ambas cosas.

Hay otros seres extraterrestres y dimensionales que, al igual que los espíritus, se negarán a poner fin a sus actividades o a sus contactos con el cliente. Por ejemplo, si un espíritu rechaza el contacto con la Luz, puede ser por culpa y miedo al castigo en el reino espiritual. Si un extraterrestre se niega, sin embargo, puede ser porque su contacto con un cliente implica un proyecto que ha estado en curso desde la primera infancia del cliente, o durante vidas pasadas del alma del cliente, o el cliente puede ser parte de un estudio genético llevado a cabo durante generaciones. Cuando son descubiertos y confrontados, los extraterrestres no son muy rápidos para renunciar a tales inversiones sólo porque el terapeuta dice que tienen que hacerlo. Lo mismo puede aplicarse a los seres dimensionales. Por ejemplo, pueden haber mantenido una relación de toda la vida con el cliente a nivel etérico y resistirse a cualquier intento de ponerle fin.

En estos casos, el protocolo sigue siendo básicamente el mismo que el Protocolo para Espíritus. El terapeuta sabe que cualquier entidad externa debe tener algún tipo de permiso o acceso para poder participar y llevar a cabo sus actividades con el cliente. Por lo tanto, si estos seres se niegan a irse voluntariamente una vez que han sido detectados y confrontados, la estrategia principal para eliminarlos es encontrar sus puntos de acceso y cerrarlos. Puede tratarse de un estado del ego infantil que les permite entrar, o de una parte del alma que ha vivido encarnaciones en su sistema. (Gerod dijo una vez que un cliente concreto con el que estaba trabajando podría sentir que 'pertenece más a ellos que a la Tierra'). El acceso también podría ser un dispositivo etérico o energía colocada dentro del alma para crear una puerta a través de la cual estos seres puedan entrar y salir.

En el mundo de la informática, un programador crea a veces lo que se llama una puerta trasera en un programa donde sólo él o ella conoce el código. Si en algún momento una empresa sufre un fallo catastrófico del programa con la posible pérdida de todos sus datos, el programador tiene una forma de acceder al programa y hacer las correcciones necesarias. Este tipo de acceso oculto también puede utilizarse, por supuesto, para fines más nefastos.

Algunos de estos seres hacen algo parecido. Durante las interacciones con un alma, dejan dispositivos y energías a los que se puede volver a acceder más tarde, incluso vidas después, por aquellos que tienen la llave. El objetivo en la Sanación Centrada en el Alma, por lo tanto, es encontrar estos puntos de acceso y retirar los permisos o quitar los dispositivos/energías, y cerrar las aberturas.

Cuando me enfrento a una negativa inflexible, considero que la mayoría de estos seres operan en algún nivel de Oscuridad. O bien han olvidado la Luz y quiénes son como almas, o tienen alguna justificación sobre por qué les parece bien interferir con los humanos de formas tan secretas y traumáticas. Otros, en mi opinión, son malvados, y algunos de ellos parecen estar aliados con espíritus malignos. Su intención es esclavizar el alma por la fuerza, utilizando técnicas tan variadas como las que emplean las almas oscuras.

Cuando los seres extraterrestres o dimensionales siguen negándose a comunicarse y/o a desvincularse del cliente, el siguiente paso en el protocolo será identificar y cerrar cualquier acceso que estos seres tengan al cliente. Nuevamente, al igual que con los espíritus, una vez que los accesos están cerrados, estos seres pueden ser expulsados por la fuerza, ya sea por el Yo Superior o con la ayuda de guías espirituales.

Los accesos pueden ser estados del ego, espíritus (aunque no es lo habitual), implantes etéricos o físicos, dispositivos energéticos o partes del alma retenidas en la dimensión de realidad de los intrusos. El procedimiento en estos casos es utilizar el protocolo de identificación para determinar estos accesos uno por uno.

8. Una vez que se hayan ido, busca y cierra todos los accesos y retira todo lo que hayan dejado atrás.

Cuando se negocia la retirada de seres extraterrestres o inter-dimensionales, es importante asegurarse de que todas las entidades externas se vayan o sean retiradas y que todos los dispositivos e implantes también sean retirados. Cuando se trata de seres cooperativos que han hecho contacto con la Luz, normalmente están de acuerdo con esta limpieza. Aun así, es una buena idea comprobar directamente con el Yo Superior y/o los guías si se ha hecho. Si todos los accesos han sido encontrados y cerrados, entonces el cliente puede esperar que no habrá más interferencia o intrusión por parte de estos seres. Si la hay, significa que se ha pasado por alto un acceso y es necesario encontrarlo y abordarlo. No debería sorprenderte que la intervención de entidades externas requiera este tipo de limpieza. Al igual que con las almas oscuras, los seres extraterrestres y dimensionales a veces también han establecido más de un acceso, especialmente si han estado involucrados con un alma a lo largo de varias vidas.

En los casos en los que las entidades externas tuvieron que ser eliminadas, el Yo Superior debe definitivamente revisar y encontrar los accesos que puedan quedar y que podrían ser utilizados en un momento posterior.

Por último, cuando tengo que lidiar con estos seres, asumo desde el primer contacto con ellos que estoy tratando con un alma o almas. Me comunico con ellos como seres de Luz que han olvidado su fuente, o han quedado atrapados en una realidad oscura. Como almas, también sé que puedo indicarles el camino hacia lo que buscan en última instancia, su fuente en la Luz, igual que nosotros.

Puede que existan seres sin alma creados por la propia Oscuridad, yo lo dudo. La Oscuridad, tal y como yo la entiendo, no poseería ese nivel de creatividad ni el deseo de crear algo más poderoso que ella misma. No estoy seguro de lo que diría Gerod al respecto. Sin embargo, además de las almas, existen lo que yo llamo *entidades creadas*. Hablaré de ellas en el capítulo 13.

Identificación de seres Extraterrestres e Inter-Dimensionales

Antes de dar ejemplos del protocolo, hay otro factor importante que a menudo entra en juego cuando se trata con seres extraterrestres y dimensionales. Ese factor es la información que proviene de un cliente, ya sea antes de comunicarme con estos seres o una vez que se han presentado en el proceso de sanación. A veces, lo que un cliente comparte sobre sus experiencias anómalas hace que parezca probable la presencia de seres distintos. La información también puede dar alguna indicación de qué tipo de seres son: espíritus, extraterrestres o inter-dimensionales. La mayoría de las veces, la información es sutil y vaga. Puede provenir de sueños que el cliente relata, sucesos extraños que recuerda, experiencias retrospectivas, impresiones persistentes, etc.

Sin embargo, salvo en los casos más obvios, uno o dos indicadores no van a proporcionar una base suficiente para emitir juicios o llegar a conclusiones. Un sueño, por ejemplo, o un par de fragmentos de recuerdos pueden levantar sospechas. Sin embargo, normalmente se requiere una acumulación de estas pistas o indicadores para tener una sensación fiable de que hay seres distintos interfiriendo con el cliente. El cliente, por ejemplo, puede relatar un sueño recurrente en el que aparecen las mismas figuras o figuras similares y que le resultan *extrañas* ("no soy yo"). Puede tratarse de una serie de sucesos extraños que comienzan en la infancia y continúan durante años, incluso en el presente. Puede tratarse de recuerdos de despertarse en lugares extraños, como despertarse en la cocina o en la entrada de casa en lugar de en la propia cama. Incluso con estos indicadores, no deja de ser una hipótesis, pero el terapeuta ya está preparado para ponerlo a prueba en el momento oportuno.

Al ser consciente de estos indicadores, el terapeuta estará más *preparado* para enfrentarse a estos seres en caso de que se presenten, ya sea directamente, a través de lo que comparte un estado del ego o de cualquier otra forma. Dependiendo de lo que informe el cliente, la situación puede incluso requerir una acción inmediata. Si el cliente manifiesta angustia, sentimientos de terror o agitación en relación con estos fenómenos que se presentan en sueños o al recordar ciertas experiencias, el terapeuta puede comunicarse con el Yo Superior para saber si se trata de una situación que debe abordarse pronto, o incluso inmediatamente.

Estas pistas e indicadores sutiles son el tipo de cosas que un terapeuta aprende a captar. Puede ser un cierto tono de voz, la tensión del cuerpo o que la cara se sonroje de repente. Como terapeutas, cuando vemos estos indicios y se acumulan, sabemos que se trata de un problema que, en algún momento, habrá que abordar en la terapia. Lo mismo ocurre con estas pistas e indicadores relativos a entidades externas. A través de la experiencia, el terapeuta desarrolla un sentido y una intuición sobre estos fenómenos y cómo se presentan con los distintos clientes. No es algo que pueda enseñarse sólo conceptualmente.

¿El Contacto es algo del Pasado o Continúa en el Presente?

Por último, hay otra consideración importante al tratar con el contacto ET/dimensional. Si este tipo de material aparece durante una sesión, indicando contacto con seres extraterrestres o dimensionales, entonces hay que determinar si ese contacto ocurrió en el pasado y en algún momento, llegó a su fin, o si continúa en el presente. Si un cliente ha tenido contacto e interacción con otros seres, pero ya ha terminado, entonces puede tratarse como cualquier otro trauma del pasado, es decir, identificar cualquier parte que aún cargue con esas experiencias para ayudarlo a moverse a través del proceso de compartir, liberar e integrar. Si por ejemplo, un estado del ego de cinco años comparte el recuerdo de un encuentro con varios seres extraños en el que estaba aterrorizado, puede tener una liberación del terror y avanzar hacia su lugar de integración igual que con otros estados del ego.

Si el contacto del cliente con estos seres ha terminado, entonces el foco de la sanación, en lo que a estos seres se refiere, se centrará en tratar esos traumas del pasado tal y como se presentan en el proceso de sanación (la mayoría de las veces como estados del ego). No es raro, por ejemplo, encontrar estados del ego creados a partir de tales encuentros. Ni siquiera es que los seres implicados actuaran de forma hostil o amenazadora (aunque eso también ocurre). Puede ser simplemente el shock del encuentro en sí, una experiencia en la que la conciencia del ego se ve forzada a salirse de su esquema y no tiene psicología ni comprensión, ni contexto, para lo que está sucediendo. Esto puede ser tan profundamente confuso, amenazador o aterrador a nivel del ego que la experiencia se disocia. Además, algunos de estos seres parecen ser capaces de crear intencionadamente un estado disociativo en una persona para llevar a cabo sus actividades, y cuando terminan, devolver a la persona a la consciencia 'normal', sin ningún recuerdo de lo que ocurrió en ese otro estado de consciencia.

Si el Yo Superior responde afirmativamente a la pregunta de si existe un contacto continuo por parte de estos seres, entonces la mayoría de las veces esto se convertirá en una prioridad. La razón es que, si estos seres todavía están activamente involucrados con el cliente, entonces reaccionarán al proceso de sanación a medida que se acerque a las áreas que los exponen.

Cuando este es el caso, que hay un contacto continuo, preveo tener una comunicación directa con estos seres en algún momento para negociar su retirada de mi cliente. Mi actitud suele ser que *cuanto antes mejor*. De lo contrario, puede que estos seres acaben socavando o deshaciendo todo lo que mi cliente y yo hemos conseguido de una sesión a otra.

Protocolo para ET/Seres Dimensionales

También es en este punto, en el que se identifica el contacto con entidades externas donde es probable que encuentres un bloqueo. Al igual que ocurre con los espíritus, perciben el proceso de sanación como una amenaza. Sea cual sea el tipo de seres ET/dimensionales que están involucrados con una persona, la mayoría de las veces no quieren que sus actividades sean expuestas o terminadas. Es entonces cuando ven el proceso como algo amenazador. Intentarán bloquear la comunicación entre el terapeuta y el Yo Superior del cliente, o entre el terapeuta y un estado del ego que han estado utilizando para acceder. Consideran que el proceso interfiere con sus actividades o amenaza con arruinarlas, por lo que reaccionan para proteger lo que consideran su territorio.

A veces, uno de estos seres se presenta y se comunica directamente cuando se le pregunta. Otras veces, hay que abrirse camino hasta ellos identificando las partes del ego o los dispositivos que utilizan como acceso.

Una complicación adicional a todo esto, es que estos seres externos pueden haber tenido contacto o haber estado involucrados de una u otra forma con el alma del cliente en vidas pasadas o diferentes y son estos aspectos del alma los que están siendo reconectados por estos seres. También se trabajará con ellos como con otros estados del ego de vidas pasadas, sólo que, en su caso, puede significar que esas partes digan no a estos otros seres con los que se sienten tan conectados. Por último, como he mencionado antes, el alma del cliente puede incluso haber vivido en ese sistema en otra encarnación. Es posible que esa parte se sienta alineada con esos seres y por tanto, acoja con agrado esos contactos. Desde el interior de su conciencia limitada, entonces, es un participante voluntario en estos contactos.

Protocolo para Seres Extraterrestres/Dimensionales: Ejemplo 1

TE: Al niño de 7 años ¿pudiste compartir lo que pasó?

Niño de 7 años: Se levanta el dedo del no.

TE: ¿Necesitaste dejar de compartir? Si es así, se levanta el primer dedo. Si alguien o algo más parecía interponerse, se levanta el segundo dedo. Si no estás seguro, la mano se puede levantar.

Niño de 7 años: Se levanta el segundo dedo.

TE: Si es alguien, se levanta el primer dedo. Si es algo o algún tipo de energía, se levanta el segundo. Si no estás seguro, la mano se puede levantar.

Niño de 7 años: Se levanta el segundo dedo.
TE: Yo Superior, te pido que mires dentro y localices la fuente de ese bloqueo. Se levanta el primer dedo cuando lo hayas encontrado, de lo contrario el segundo.
YS: Se levanta el primer dedo.
TE: Yo Superior, si es alguien, se levanta el primer dedo; si es alguna cosa o alguna energía, se levanta el segundo. Si no estás seguro, la mano se puede levantar.
YS: Se levanta el segundo dedo.
TE: Yo Superior, si es algo como un dispositivo u objeto, se levanta el primer dedo. Si es más como una energía, se levanta el segundo.
YS: Se levanta el primer dedo.
TE: Yo Superior, si ese dispositivo está hecho de energía del Yo/alma, se levanta el primer dedo. Si es externo al Yo/alma, se levanta el segundo.
YS: Se levanta el segundo dedo.
TE: Al niño de 7 años, ¿eres consciente de ese dispositivo?
Niño de 7 años: Se levanta el dedo del sí.
CL: Estoy teniendo una imagen de esta caja. Es pequeña y de color rojizo.
TE: Al niño de 7 años, ¿es correcto? ¿Hay una caja allí?
Niño de 7 años: Se levanta el dedo del sí.
TE: Al niño de 7 años, ¿estás dispuesto a que la quitemos?
Niño de 7 años: Se levanta el dedo del sí.
TE: Yo Superior, te pido que uses la Luz para disipar y remover esa caja. A la cuenta de tres: uno, dos, tres... se levanta el primer dedo cuando hayas eliminado ese dispositivo, de lo contrario el segundo.
YS: Se levanta el segundo dedo.
TE: Yo Superior, ¿se te impidió quitar ese dispositivo?
YS: Se levanta el dedo del sí.
TE: Yo Superior, si alguien se interpuso en el camino se levanta el primer dedo. Si es algo, se levanta el segundo. Si no estás seguro, la mano se puede levantar.
YS: Se levanta el primer dedo.
TE: Yo Superior, te pido que lo identifiques y le ayudes a venir aquí. A éste: ¿eres parte de esta alma con la que estamos trabajando?
___ Se levanta el dedo del no.

TE: Si eres tú mismo un alma, se levanta el primer dedo. Si eres una entidad creada o perteneces a otra alma, se levanta el segundo. Si no estás seguro, la mano se puede levantar.
___ La mano se levanta.
TE: A éste: ¿estás dispuesto a saber si eres o no eres un alma?
___ Se levanta el dedo del sí.
TE: A la cuenta de tres entonces, se te enviará esa información. Uno, dos, tres... Yo Superior o un guía de alto nivel de consciencia, por favor envíenle esa información y conocimiento sobre si es, o no es, un alma. Y a éste: se levanta el primer dedo cuando hayas recibido esa información, de lo contrario el segundo dedo.
___ Se levanta el primer dedo.
TE: A éste: ¿recibiste bien esa información?
___ Se levanta el dedo del sí.
TE: Si te parece que eres un alma, se levanta el primer dedo, si eres una entidad creada o perteneces a otra alma, se levanta el segundo dedo. Si aún no estás seguro, la mano se puede levantar.
___ Se levanta el primer dedo.
TE: A éste: ¿eres consciente ahora de que estás transgrediendo a esta alma con la que estoy trabajando?
___ Se levanta el dedo del sí.
TE: ¿Estás dispuesto entonces a quitar esta caja y cortar todas tus conexiones con esta alma?
___ Se levanta el dedo del sí.
TE: ¿Estás también dispuesto ahora a quitar cualquier otro dispositivo o energía que hayas colocado en esta alma?
___ Se levanta el dedo del sí.
TE: A la cuenta de tres entonces, uno, dos, tres. A éste: Te pido ahora que retires cualquier dispositivo o energía que hayas colocado aquí, y cuando eso esté completo, que cortes tus lazos con esta alma. Al Yo Superior, se levanta el primer dedo cuando se hayan retirado, de lo contrario el segundo.
YS: Se levanta el primer dedo.
TE: Yo Superior, te pido que revises una vez más si hay alguien o algo más que pueda ser usado como acceso. Se levanta el primer dedo cuando esa revisión este completa, se levanta el segundo dedo si hay algún problema.
YS: Se levanta el primer dedo.

TE: Yo Superior, ¿has encontrado a alguien o algo más que pueda ser usado como acceso?
YS: Se levanta el dedo del no.
TE: Yo Superior, te pido que el niño de 7 años vuelva aquí conmigo, y al niño de 7 años, ¿estás dispuesto otra vez a comunicarte conmigo?
Niño de 7 años: Se levanta el dedo del sí.
TE: ¿Ya se han ido los otros?
Niño de 7 años: Se levanta el dedo del sí.
TE: ¿Te parece bien que se hayan ido?
Niño de 7 años: Se levanta el dedo del sí.
TE: Al niño de 7 años, ¿estás dispuesto otra vez a compartir lo que tienes que compartir?
Niño de 7 años: Se levanta el dedo del sí.
TE: A la cuenta de tres, uno, dos, tres... solo comparte aquí y ahora lo que necesita ser compartido... directo al presente...

Protocolo para Seres Extraterrestres/Dimensionales: Ejemplo 2

El siguiente es otro ejemplo donde el acceso utilizado por entidades externas tiene que ser encontrado y cerrado antes de que sean eliminados.

TE: Al yo Superior, se levanta el primer dedo cuando esa revisión esté completa, de lo contrario el segundo.
YS: Se levanta el primer dedo.
TE: Al Yo Superior: ¿encontraste a alguien o algo involucrado en estos sentimientos de terror de los que Mark ha hablado?
YS: Se levanta el dedo del sí.
TE: Yo Superior, se levanta el primer dedo si es alguien, se levanta el segundo dedo si es algo o alguna energía.
YS: Se levanta el primer dedo.
TE: Yo Superior, ¿es ésta una parte del Yo/alma?
YS: Se levanta el dedo del no.
TE: ¿Es éste un alma?
YS: Se levanta el dedo del sí.
TE: ¿Estás de acuerdo Yo Superior que me comunique con él/ella directamente?
YS: Se levanta el dedo del sí.
TE: Y a éste: ¿estás dispuesto ahora a comunicarte conmigo?

Protocolo para ET/Seres Dimensionales

___	Se levanta el dedo del sí.
TE:	A éste: ¿sabes que no perteneces a esta alma con la que estoy trabajando?
___	Se levanta el dedo del sí.
TE:	¿Sabes que tú mismo eres un alma?
___	Se levanta el dedo del sí.
TE:	¿Sabes entonces, de la Luz que tienes dentro de ti?
___	Se levanta el dedo del no.
TE:	¿Estás dispuesto a que un maestro de alto nivel de la Luz te envíe información sobre esto?
___	Se levanta el dedo del no.
TE:	¿Sabes que has transgredido a esta alma con la que estoy trabajando?
___	Se levanta el dedo del sí.
TE:	¿Estás dispuesto ahora, y cualquier otro que esté contigo, de terminar todo contacto con esta persona?
___	Se levanta el dedo del no.
TE:	Yo Superior, ¿es posible que tú y los guías retiren a este ser o seres externos?
YS:	Se levanta el dedo del no.
TE:	Yo Superior, te pido que mires dentro y encuentres quién o qué están usando estos seres para acceder. Se levanta el primer dedo cuando lo hayas encontrado, de lo contrario el segundo dedo.
YS:	Se levanta el primer dedo.
TE:	Yo Superior, si es alguien que se utiliza para acceder, se levanta el primer dedo; si es algo, se levanta el segundo.
YS:	Se levanta el primer dedo.
TE:	Yo Superior, ¿es esto una parte del Yo/alma?
YS:	Se levanta el dedo del sí.
TE:	Por favor ayúdalo a venir aquí conmigo. A éste: ¿eres parte de esta alma con la que estoy trabajando?
___	Se levanta el dedo del sí.
TE:	¿Fuiste creado en esta vida presente de Mark?
___	Se levanta el dedo del no.
TE:	¿Eres de una vida pasada o diferente?
___	Se levanta el dedo del sí.
TE:	¿Eres varón?
___	Se levanta el dedo del sí.
TE:	¿Eres adulto?

	Se levanta el dedo del sí.
TE:	¿Sabes cómo te llamas?
	Se levanta el dedo del sí.
TE:	¿Está bien que sepamos tu nombre?
	Se levanta el dedo del sí.
TE:	Puedes comunicar tu nombre a la cuenta de tres, uno, dos, tres... comunica tu nombre aquí a la mente consciente. Se levanta el primer dedo cuando lo hayas comunicado, de lo contrario o si algo te bloquea, el segundo dedo.
	Se levanta el primer dedo.
TE:	Mark, ¿recibiste algún nombre?
Ma:	Benjamín se me vino a la mente.
TE:	A éste: ¿te llamas Benjamín?
BE:	Se levanta el dedo del sí.
TE:	Benjamín, ¿sabes algo de estos otros seres?
BE:	Se levanta el dedo del sí.
TE:	¿Te gusta cuando se comunican contigo?
BE:	Se levanta el dedo del no.
TE:	¿Sabías Benjamín, que como parte de esta alma tienes el derecho de hacer que estos seres se vayan y no vuelvan? ¿Sabías eso?
BE:	Se levanta el dedo del no.
TE:	Benjamín, ¿estás dispuesto a recibir alguna información sobre esto y las opciones disponibles para ti?
BE:	Se levanta el dedo del sí.
TE:	Yo Superior, te pido que comuniques a Benjamín ahora, esta información sobre el mismo, su absoluta libertad y derecho de terminar todo contacto con estos seres. Benjamín, se levanta el primer dedo cuando hayas recibido esta información, de lo contrario el segundo dedo.
BE:	Se levanta el primer dedo.
TE:	Benjamín, ¿recibiste bien esta información?
BE:	Se levanta el dedo del sí.
TE:	¿Te gustaría que el Yo Superior saque a estos seres?
BE:	Se levanta el dedo del sí.
TE:	A este ser externo: dada la elección de Benjamín, tendrás que cortar todo contacto con esta alma. Puedes hacer eso por ti mismo, o serás removido.
ET:	Se levanta el dedo del no.

TE: Yo Superior, a la cuenta de tres, te pido que saques a estos seres y cortes su contacto aquí con Benjamín y el alma. Empezando, uno, dos, tres... se levanta el primer dedo cuando eso esté completo; el segundo dedo si hay algún problema.
YS: Se levanta el primer dedo.
TE: Yo Superior, ¿pudiste quitarlos a todos?
YS: Se levanta el dedo del sí.
TE: Yo Superior, ¿piensas que Benjamín es el más apropiado para compartir y liberar?
YS: Se levanta el dedo del sí.

En este ejemplo, el Protocolo para Estados del Ego se utilizaría con Benjamín para ayudarle a compartir su experiencia y tener una liberación. Este es probablemente el punto en el cual el terapeuta recibirá alguna información acerca de estos seres y posiblemente podrá tomar alguna determinación acerca de qué tipo de seres están involucrados.

Sin embargo, independiente de lo poco o mucho que se comparta, el paso importante está en que Benjamín tenga una liberación completa y se integre dentro del alma. Esta es una forma de asegurar que estos seres ya no tendrán su acceso. Si Benjamín no fuera encontrado y resuelto, es muy posible que estos seres hicieran otro acercamiento a Benjamín en esta vida o en otra y explotaran de nuevo su vulnerabilidad original.

Protocolo para Seres Extraterrestres/Dimensionales: Ejemplo 3

TE: Yo Superior, Sarah y yo hemos hablado a nivel consciente sobre este sueño que tuvo anoche sobre varias figuras entrando en su habitación. ¿Eres consciente de este sueño?
YS: Se levanta el dedo del sí.
TE: Yo Superior, ¿son estas figuras parte del Yo/alma de Sarah?
YS: Se levanta el dedo del no.
TE: Ellos son externos al alma ¿correcto?
YS: Se levanta el dedo del sí.
TE: Yo Superior, si esto fue un sueño que Sarah tuvo sobre estos seres, se levanta el primer dedo. Si ellos estaban realmente presentes, se levanta el segundo dedo.
YS: Se levanta el segundo dedo.
TE: Yo Superior, ¿están ellos presentes ahora mismo?

YS: Se levanta el dedo del no.

TE: ¿Están ellos observándonos ahora?

YS: Se levanta el dedo del sí.

TE: Si anoche estuvieron presentes físicamente, se levanta el primer dedo, si fue a nivel psíquico o etérico, se levanta el segundo dedo. Si no está claro, la mano se puede levantar.

YS: Se levanta el segundo dedo.

TE: Yo Superior, si debo comunicarme con ellos directamente ahora mismo, se levanta el primer dedo, de lo contrario el segundo.

YS: Se levanta el primer dedo.

TE: Yo Superior, por favor haz ese contacto ahora, y a éste que ha estado observando, ¿estás dispuesto a comunicarte conmigo?

___ Se levanta el dedo del sí.

TE: ¿Es correcto que no perteneces a esta persona con la que estoy trabajando?

ET: Se levanta el dedo del sí.

TE: ¿Estuviste en contacto con esta persona anoche?

___ Se levanta el dedo del sí.

Sa: Estoy empezando a sentir esta sensación como energía en mi cerebro.

TE: ¿Es doloroso, Sarah?

Sa: No. No duele. Es como un hormigueo.

TE: A éste: ¿eres tú mismo un alma? Si es así se levanta el primer dedo, si eres una entidad creada de algún tipo o parte de otra alma, se levanta el segundo dedo. Si ninguno de estos encaja, la mano se puede levantar.

ET: Se levanta el primer dedo.

12

Protocolo para Estado del Ego Externos

Otro tipo de entidad que puedes encontrar al trabajar con un cliente es un estado del ego procedente de otra alma. Parece que un estado del ego de una persona (alma) puede cruzar la frontera y entrar en otra persona -en este caso, un cliente- a nivel psíquico. El efecto de la presencia de un estado del ego externo en un cliente dependerá del estado del ego concreto y de su conexión con el cliente. Podría ser un estado del ego, por ejemplo, de la madre del cliente, que fue creado y enviado para proteger al cliente cuando era niño y que ha permanecido con él. También podría ser uno que se creó y se envió para controlar al niño de determinadas maneras (por su propio bien). Un estado del ego externo también podría ser uno creado en una vida pasada que el cliente compartió con otra alma, que en esta vida es su hermano. Es posible que encuentres un estado del ego externo presente que todavía esté luchando con una parte de tu cliente y que no sea consciente de que la guerra terminó hace muchas vidas.

Aunque no todos los clientes presentan estos estados del ego externos, diría que no es algo raro. Cuando encuentro uno, sé que el objetivo final del proceso de sanación será que ese estado del ego externo abandone el alma del cliente. Puede regresar a un lugar seguro dentro de su propia alma, o puede ser llevado a la Luz por los guías para esperar el regreso de su propia alma al reino espiritual.

La mayoría de las veces, cuando se identifica un estado del ego externo, no sabrás de inmediato que es externo a tu cliente. Además, un estado del ego externo puede o no saber que es externo al alma de tu cliente. Puede creer que es parte del alma del cliente porque es ahí donde siempre ha estado desde que fue creado. Un estado del ego externo también tendrá las mismas capacidades que los estados del ego de tu cliente, es decir, capaz de comunicarse, capaz de recibir Luz, es portador de algún tipo de experiencia, etc.

Esta es de nuevo la razón por la que mi primera o segunda pregunta a cualquiera que encuentro en el mundo interior de mi cliente suele ser: ¿formas parte de esta alma con la que estoy trabajando? Si obtengo un *"no"* como respuesta, o un *"no lo sé"* a esta pregunta, entonces pregunto al Yo Superior para determinar si es parte del alma del cliente o es externo. Si es externo, utilizo el Protocolo de Identificación para ser más específico sobre con quién me estoy comunicando.

Una vez que sabes que estás tratando con un estado del ego externo, el siguiente paso en el protocolo es determinar con el Yo Superior si simplemente debe ser sacado o si debes comunicarte con él directamente. La mayoría de las veces, encuentro que el Yo Superior me dirige a comunicarme con el EEE directamente. Creo que la razón de esto es que cuando un estado del ego de otra alma está presente, es porque hay algún tipo de vínculo significativo, conflicto o experiencia compartida entre las dos almas y esta situación puede ser una oportunidad para la sanación, tanto para el cliente como para la otra alma o almas involucradas.

Además, la mayoría de las veces el estado del ego externo procede de un alma que está encarnada en ese momento. Normalmente, se trata de una persona con la que el cliente tiene o ha tenido alguna relación directa.

Sin embargo, hay situaciones en las que el cliente está siendo acosado o molestado por estados del ego de otra alma. Estas situaciones también pueden ser un motivo para la sanación, pero hay veces en que la estrategia adecuada no es involucrarlos, sino simplemente sacarlos o cortar sus lazos con el cliente. La mayoría de las veces, sin embargo, los estados del ego externos aceptan recibir Luz e información.

Si la decisión es trabajar con el estado del ego externo, entonces el protocolo a utilizar es casi el mismo que el Protocolo para Estados del Ego. Ayudas al estado del ego externo a recibir Luz, a establecer contacto con un guía espiritual o maestro y, a continuación, compruebas con el Yo Superior del cliente si lo mejor en ese momento es que el estado del ego externo se vaya o si necesita compartir y liberarse antes de irse. Muy a menudo me encuentro con que hay que compartir algo antes de que se vaya -puede ser un pensamiento, un sentimiento o una imagen- y entonces está listo para irse. Algunos estados del ego externos son capaces de volver a su alma por sí mismos. Otros pueden necesitar ayuda del Yo Superior o de un guía espiritual. Normalmente intento que participe un guía espiritual sólo para asegurarme de que sale de mi cliente y encuentra su lugar apropiado.

Si el Yo Superior del cliente me indica que debo comunicarme con el EEE (estado del ego externo), el siguiente paso es determinar qué tiene que pasar con este EEE antes de que esté listo para irse. Puede que necesite compartir algo, al igual que los estados del ego del cliente, para poder liberarse; o puede que necesite compartir con uno de los estados del ego del cliente debido a alguna experiencia compartida; o puede que tenga alguna información o comprensión importante que el cliente necesite para que el proceso de sanación continúe. También puede ser que uno de los estados del ego del cliente se esté aferrando al EEE y no quiera que se vaya. Sea cual sea el motivo, el objetivo terapéutico es que el EEE se retire del cliente. Una vez que un EEE recibe la Luz, el proceso resulta mucho más fácil, al igual que ocurre con los propios estados del ego del cliente. También facilita la tarea de averiguar qué debe ocurrir para resolver la situación.

Entonces, el protocolo para tratar con los estados del ego externos es el siguiente:
1) Identificar la entidad como un estado ego externo (EEE).
2) Determinar si hay más de uno.
3) Facilitar que el EEE reciba la Luz.
4) Facilitar el contacto con un maestro o guía espiritual.
5) Comprobar con el Yo Superior si el EEE en este momento debe irse o quedarse.
6) En caso de quedarse, determinar si el EEE forma parte de un alma actualmente encarnada o desencarnada.
7) Si está encarnada, determina si el cliente está en relación con esa alma en el presente o lo ha estado en algún momento de su vida actual. (Puede ser de una relación pasada pero significativa, etc.)
8) Si el alma del estado del ego externo está desencarnada, determinar si su alma está en la Luz.
9) Determina si simplemente debe irse o si se debe trabajar con ella para compartir y liberar.

10) Una vez resuelto, determinar si el EEE debe regresar a su propia alma, o ir a la Luz con un maestro espiritual para esperar el regreso de su alma al reino espiritual.

Cuando se trata de entidades externas, los EEE suelen ser los más fáciles de tratar. Son como los propios estados del ego del cliente. Suelen estar abiertos al menos a un contacto inicial con la Luz y también se vuelven cooperativos una vez que han tenido ese contacto. La complicación está en determinar la mejor manera de resolver un EEE, tanto en beneficio del mundo interior del cliente como de la otra alma implicada. Yo diría que un terapeuta suele tener una idea de lo importante que puede ser trabajar con un EEE o simplemente enviarlo por su camino con un guía espiritual.

Trabajando con Estados del Ego Externos: Ejemplo 1

TE: A éste: ¿eres parte de esta alma con la que estoy trabajando?
EEE: Se levanta el dedo del no.
TE: Si crees que eres externo a esta alma, se levanta el primer dedo. Si no estás seguro, se levanta el segundo dedo.
EEE: Se levanta el segundo dedo.
TE: A éste: ¿estás dispuesto a saber ahora si eres, o no, parte de esta alma con la que estoy trabajando?
EEE: Se levanta el dedo del sí.
TE: Voy a pedir al Yo Superior o a un guía de la Luz que te envíe esa información a la cuenta de tres: uno, dos, tres... Yo Superior o guía, por favor comunícale información y conocimiento sobre sí mismo, si es o no es parte de esta alma y cualquier otra información que pueda serle útil. Se levanta el primer dedo cuando esa comunicación esté completa, se levanta el segundo dedo, si la comunicación está detenida o bloqueada.
EEE: Se levanta el primer dedo.
TE: A éste: ¿recibiste bien esa información?
EEE: Se levanta el dedo del sí.
TE: ¿Eres parte de esta alma con la que estoy trabajando? Si es así, se levanta el primer dedo, de lo contrario el segundo.
EEE: Se levanta el segundo dedo.
TE: A éste: eres externo al alma con la que estoy trabajando ¿Correcto?

EEE: Se levanta el dedo del sí.
TE: Si eres un alma, se levanta el primer dedo. Si crees que eres una entidad creada o perteneces a otra alma, se levanta el segundo dedo.
EEE: Se levanta el segundo dedo.
TE: A éste: si crees que eres una entidad creada, se levanta el primer dedo; si eres parte de otra alma, se levanta el segundo dedo.
EEE: Se levanta el segundo dedo.
TE: A éste: ¿perteneces a otra alma, correcto?
EEE: Se levanta el dedo del sí.
TE: ¿Estás recibiendo Luz en este momento?
EEE: Se levanta el dedo del no.
TE: ¿Estarías dispuesto a recibir energía de Luz/Amor ahora?
EEE: Se levanta el dedo del sí.
TE: A la cuenta de tres entonces, esa Luz vendrá a ti. Comenzando; uno, dos, tres... Y Yo Superior o un guía, por favor envíenle esa energía de Luz/Amor/Calor que son capaces de recibir en este momento. Y a éste: puedes recibir esta Luz, y si te gusta, puedes llevarla al nivel que te sea más cómodo. Se levanta el primer dedo si has recibido esa Luz, de lo contrario el segundo.
EEE: Se levanta el primer dedo.
TE: A éste: ¿se siente bien esa Luz?
EEE: Se levanta el dedo del sí.
TE: A éste: el alma a la que perteneces ¿está actualmente en un cuerpo físico?
EEE: Se levanta el dedo del sí.
TE: A éste: ¿Está esa persona actualmente relacionada con John en esta vida?
EEE: Se levanta el dedo del sí.
TE: Yo Superior, ¿es importante que John sepa quién es?
YS: Se levanta el dedo del sí.
TE: Yo Superior, te pido que le comuniques a John aquí presente a nivel consciente quién es. A la cuenta de tres: uno, dos, tres... se levanta el primer dedo cuando esté completo; el segundo dedo si hay algún problema.
YS: Se levanta el primer dedo.
TE: John, ¿recibiste algo?
Jo: Sí, recibí el mensaje de que pertenece a mi hermana Judy.
TE: Yo Superior, ¿es correcto? ¿Es parte del alma de Judy?

YS: Se levanta el dedo del sí.
TE: Yo Superior, si éste necesita compartir algo para poder sanar y liberar, se levanta el primer dedo. Si puede regresar ahora a su propia alma o ir con un guía, entonces se levanta el segundo dedo.
YS: Se levanta el segundo dedo.
TE: Si puede volver a su propia alma, se levanta el primer dedo. Si debemos llamar a un guía para que venga a ayudar, se levanta el segundo dedo.
YS: Se levanta el segundo dedo.
TE: A éste: ¿Estarías dispuesto a que un guía de alto nivel de la Luz venga y te ayude?
EEE: Se levanta el dedo del sí.
TE: A la cuenta de tres entonces: uno, dos, tres... solo voltéate hacia la Luz y le pido a ese guía de alto nivel de consciencia que venga aquí con nosotros, y a éste: se levanta el primer dedo cuando veas al guía, de lo contrario el segundo dedo.
EEE: Se levanta el primer dedo.
TE: Le pido ahora al guía que le comunique a éste cualquier información o conocimiento que le sea útil. A éste: se levanta el primer dedo cuando hayas recibido esa comunicación, de lo contrario el segundo dedo.
EEE: Se levanta el primer dedo.
TE: A éste: ¿estás dispuesto ahora a irte con el guía?
EEE: Se levanta el dedo del sí.
TE: A la cuenta de tres entonces: uno, dos, tres... A éste: puedes moverte directo hacia el guía ahora, directo a ese corredor de Luz. Yo Superior, se levanta el primer dedo cuando se hayan ido de lo contrario el segundo.
YS: Se levanta el segundo dedo.
TE: A éste con el que me he estado comunicando: ¿fuiste bloqueado de ir con el guía?
EEE: Se levanta el dedo del sí.
TE: Si tú necesitaste detener este proceso, se levanta el primer dedo. Si alguien o algo se interpuso, se levanta el segundo dedo.
EEE: Se levanta el segundo dedo.
TE: A éste: si fue alguien, se levanta el primer dedo, si fue algo o una energía, se levanta el segundo dedo. Si no estás seguro, se levanta la mano.

EEE: Se levanta la mano.
TE: Yo Superior, por favor revisa esta área y encuentra la fuente de ese bloqueo, se levanta el primer dedo cuando lo hayas encontrado, de lo contrario el segundo.
YS: Se levanta el primer dedo.
TE: Yo Superior, ¿encontraste a alguien o algo que se interpuso en el camino?
YS: Se levanta el dedo del sí.
TE: Si es alguien, se levanta el primer dedo. Si es algo, se levanta el segundo dedo. Si ninguno de esos encaja, se levanta la mano.
YS: Se levanta el primer dedo.
TE: Al Yo Superior, ¿es una parte de esta alma?
YS: Se levanta el dedo del sí.
TE: ¿Sería apropiado comunicarme directamente con él ahora?
YS: Se levanta el dedo del sí.
TE: Yo Superior, por favor ayúdalo a venir aquí conmigo. Y a éste: ¿estás dispuesto hoy a comunicarte conmigo?
EE: Se levanta el dedo del sí.
TE: ¿Eres parte de esta alma con la que estoy trabajando?
EE: Se levanta el dedo del sí.
TE: ¿Estás recibiendo energía de Luz/Amor en este momento?
EE: Se levanta el dedo del no.
TE: ¿Te gustaría que te enviara energía de Luz/Amor?
EE: Se levanta el dedo del sí.
TE: A la cuenta de tres entonces: uno, dos, tres... Yo Superior, por favor envíale esa energía de Luz/Amor. Comunica también cualquier otra información que pueda ser útil, especialmente sobre el proceso de sanación con el que estamos trabajando. Y a éste: permítete recibir esa Luz. Puedes llevarla a tu interior hasta el nivel que te resulte cómodo. Se levanta el primer dedo si la has recibido, de lo contrario el segundo.
EE: Se levanta el primer dedo.
TE: A éste: ¿Recibiste esa energía de Luz/Amor?
EE: Se levanta el dedo del sí.
TE: ¿Se siente bien?
EE: Se levanta el dedo del sí.
TE: ¿Eres consciente de éste con el que me he estado comunicando que pertenece al alma que conocemos como Judy?

EE: Se levanta el dedo del sí.
TE: ¿Sabes ahora que el mejor lugar para ella es un lugar de Luz dentro de su propia alma?
EE: Se levanta el dedo del sí.
TE: ¿Estás dispuesto a que regrese ahora a su propia alma?
EE: Se levanta el dedo del sí.
TE: Te pido entonces que te despidas, y a éste, ¿estás dispuesto a ir con el guía?
EEE: Se levanta el dedo del sí.
TE: A la cuenta de tres entonces: uno, dos, tres... Y a éste: muévete directo hacia el guía, directo a ese corredor de Luz. Yo Superior, se levanta el primer dedo cuando se hayan ido, de lo contrario o si hay un problema, el segundo dedo.
YS: Se levanta el primer dedo.

Un diálogo como éste podría ser aún más largo si el estado del ego del cliente necesitara compartir y liberarse antes de estar listo para dejar ir al estado del ego externo. Podría ser que el EEE se negara a irse porque está siendo amenazado por un alma oscura del exterior que le está comunicando que debe quedarse donde está. También puede ser que el estado del ego externo provenga de uno de los hijos del cliente que llegó en un momento de crisis. Un estado del ego externo también puede provenir de otra alma que compartió una vida pasada con el cliente y ha vuelto a conectar en esta vida presente.

En resumen, existen innumerables posibilidades para que un estado del ego externo esté presente en un cliente. Utilizando el protocolo, el terapeuta encuentra la solución más adecuada y eficaz para el cliente. A veces será simplemente remover el EEE. Otras veces, será trabajar con el EEE y su conexión con el alma del cliente. Es mucho mejor cuando beneficia a la otra alma también, pero si hay demasiada resistencia, entonces puede ser necesario sacarlo de manera forzada tal como con los otros tipos de seres externos de los que hemos hablado.

Trabajando con Estados del Ego Externos: Ejemplo 2

TE: Yo Superior, ¿encontraste a alguien interfiriendo o bloqueando el compartir del niño de 5 años?
YS: Se levanta el dedo del sí.

Protocolo para Estado del Ego Externos

TE: Yo Superior, te pido que la ayudes a venir aquí conmigo. Y a ésta: ¿eres parte de esta alma con la que estoy trabajando?
___ Se levanta el dedo del no.
TE: Si crees que eres externa a esta alma, se levanta el primer dedo. Si no estás segura, se levanta el segundo.
___ Se levanta el primer dedo.
TE: Si crees que eres un alma, se levanta el primer dedo. Si no o no estás segura, se levanta el segundo dedo.
___ Se levanta el segundo dedo.
TE: A ésta: ¿estás dispuesta a saber ahora si tú misma eres un alma?
___ Se levanta el dedo del sí.
TE: Esa información te llegará a la cuenta de tres: uno, dos, tres... Yo Superior o un guía, por favor envíale esa información sobre sí misma; ayúdale a saber si es o no es un alma. Se levanta el primer dedo cuando hayas recibido esta información, de lo contrario el segundo.
___ Se levanta el primer dedo.
TE: A ésta: ¿te parece que eres un alma?
___ Se levanta el dedo del no.
TE: Si parece que eres una entidad creada, se levanta el primer dedo. Si eres parte de otra alma, se levanta el segundo dedo.
EEE: Se levanta el segundo dedo.
TE: ¿Estás recibiendo Luz en este momento?
EEE: Se levanta el dedo del sí.
TE: ¿Estás en el mismo grupo que la niña de 5 años?
EEE: Se levanta el dedo del sí.
TE: ¿Hay otros allí contigo del alma a la que perteneces?
EEE: Se levanta el dedo del sí.
TE: ¿Son más de tres?
EEE: Se levanta el dedo del no.
TE: ¿Son más de dos?
EEE: Se levanta el dedo del no.
TE: ¿Son dos?
EEE: Se levanta el dedo del sí.
TE: Yo Superior, si sería mejor para estas dos ahora regresar a su propia alma, se levanta el primer dedo. Si debo comunicarme más con ellas, se levanta el segundo dedo.
YS: Se levanta el segundo dedo.
TE: ¿Están ambas recibiendo energía de Luz/Amor ahora?

EEE: Se levanta el dedo del sí.
TE: A ésta: el alma a la que perteneces... ¿Está esa alma actualmente en un cuerpo físico? Si es así, se levanta el primer dedo, de lo contrario el segundo dedo. Si no estás segura, se levanta la mano.
EEE: Se levanta el primer dedo.
TE: ¿Está esa alma relacionada con Carol aquí en el presente?
EEE: Se levanta el dedo del sí.
TE: A ésta: ¿Es correcto que Carol sepa quién es?
EEE: Se levanta el dedo del sí.
TE: Voy a pedir que comuniques ese nombre a Carol a la cuenta de tres: uno, dos, tres... (Pausa) Carol, ¿has recibido algo?
Ca: Sí. Creo que ésta es de mi madre, pero es de una vida pasada. Es algo así como Marylou o Marilyn...
TE: A ésta: ¿te llamas Marylou?
EEE: Se levanta el dedo del no.
TE: ¿Eres Marilyn?
Ma: Se levanta el dedo del sí.
TE: ¿Hay una Marylou allí contigo?
Ma: Se levanta el dedo del no.
TE: De acuerdo. Marilyn, ¿es esto correcto? ¿Eres parte de Sandra, la madre de Carol?
Ma: Se levanta el dedo del sí.
TE: ¿Hay algo que necesites compartir aquí o comunicar a Carol antes de volver a tu propia alma?
Ma: Se levanta el dedo del sí.
TE: Yo Superior, ¿estás de acuerdo que sería bueno para ella compartir aquí con Carol?
YS: Se levanta el dedo del sí.
TE: Ok. Voy a pedir que compartas aquí con Carol lo que necesites compartir, a la cuenta de tres: uno, dos, tres... puedes compartir lo que necesites, Marilyn. Deja que venga aquí a la mente consciente lo que sientes, ves o escuchas. Se levanta el primer dedo cuando esté completo, de lo contrario el segundo dedo.
Ma: Se levanta el primer dedo.
TE: Carol, ¿Has recibido algo?
Ca: Sí. Tengo la sensación de que Marilyn es de una vida pasada. Ella está vestida con ropas muy anticuadas y es como si ella viniera a ayudar a la niña de 5 años, ese año mi papa murió.

TE:	¿Es eso cierto Marilyn? ¿Viniste a ayudar a la niña de 5 años?
Ma:	Se levanta el dedo del sí.
TE:	¿Hay algo más que necesites compartir?
Ma:	Se levanta el dedo del sí.
TE:	Voy a pedir que lo compartas entonces aquí mismo al presente. Empezando: uno, dos, tres... comparte ahora a la mente presente Marilyn, lo que necesites compartir. Se levanta el primer dedo cuando esté completo, de lo contrario el segundo dedo.
Ma:	Se levanta el primer dedo.
TE:	Carol, ¿has recibido algo?
Ca:	Sí, lo que me llega es que su madre murió cuando ella era joven - parece que unos 10 años - y no había nadie para cuidar de ella. Creo que al final enfermó y murió.
TE:	Marilyn, ¿es eso lo que cuentas? ¿Tu madre murió y quedaste sola?
Ma:	Se levanta el dedo del sí.
TE:	La que está contigo, ¿es también de una vida pasada?
Ma:	Se levanta el dedo del sí.
TE:	Al Yo Superior, ¿Marilyn necesita compartir más?
YS:	Se levanta el dedo del no.
TE:	Yo Superior, ¿pueden estas dos y la niña de 5 años liberar ahora este dolor y tristeza con el que han cargado?
YS:	Se levanta el dedo del sí.
TE:	Ahora a las tres: a la cuenta de tres, pueden liberar todo dolor, tristeza y miedo. Comenzando: uno, dos, tres... liberen ahora, a través y fuera del cuerpo todo dolor, tristeza y miedo. Permitan que se mueva a través y fuera del cuerpo. La Luz ayudará a mover ese dolor también, moviendo esa energía de angustia a través y fuera del cuerpo. Se levanta el primer dedo cuando todo haya sido liberado, se levanta el segundo dedo si hay algún problema.
___	Se levanta el primer dedo.
TE:	A las tres de ustedes - ¿pudieron liberar todo dolor?
___	Se levanta el dedo del sí.
TE:	¿Alguien sigue sintiendo angustia o dolor ahora?
___	Se levanta el dedo del sí.
TE:	¿Hay algo más que necesite ser compartido?
___	Se levanta el dedo del sí.
TE:	¿Están todas dispuestas a compartir -o permitir que se comparta- lo que necesita salir a la luz ahora?

	Se levanta el dedo del sí.
TE:	¿Saben lo que hay que compartir?
	Se levanta el dedo del sí.
TE:	Te voy a pedir que lo compartas entonces a la cuenta de tres: uno, dos, tres... y que lo compartas ahora en el presente. Es seguro hacerlo ahora, aquí en el presente. Se levanta el primer dedo cuando esté completo, de lo contrario o si hay un problema, se levanta el segundo dedo.
	Se levanta el primer dedo.
TE:	Carol, ¿has recibido algo?
Ca:	Sí. La segunda con Marilyn es de una vida pasada. Es una mujer mayor y creo que perdió un hijo. Ella ha estado cuidando a Marilyn por mucho tiempo, y cuando mi papa murió estas dos vinieron a ayudar a la niña de 5 años.
TE:	A la que está con Marilyn: ¿es correcto, perdiste un hijo?
	Se levanta el dedo del sí.
TE:	¿Estás lista ahora para liberar ese dolor y esa tristeza?
	Se levanta el dedo del sí. Pueden liberar a la cuenta de tres: uno, dos, tres... liberen ahora todo dolor, tristeza y miedo a través y fuera del cuerpo. Se levanta el primer dedo cuando se sienta completo. Se levanta el segundo dedo si hay algún problema.
	Se levanta el primer dedo.
TE:	Ahora a las tres. ¿Alguna de ustedes siente aún alguna angustia o dolor?
	Se levanta el dedo del no.
TE:	¿Se sienten bien y cómodas ahora?
	Se levanta el dedo del sí.
TE:	Yo Superior, ¿pueden Marilyn y la madre ahora cada una regresar a su alma?
YS:	Se levanta el dedo del sí.
TE:	Y para ambas: ¿están listas ahora para regresar a un lugar de integración con su propia alma?
	Se levanta el dedo del sí.
TE:	A la cuenta de tres entonces, el Yo Superior y los guías te ayudarán a hacer ese movimiento. Comenzando: uno, dos, tres... le pido al Yo Superior o a los guías que las ayuden ahora a regresar a su propia alma. Yo Superior, se levanta el primer dedo cuando ambas se hayan ido, de lo contrario el segundo.

Protocolo para Estado del Ego Externos

YS: Se levanta el primer dedo.
TE: Yo Superior, ¿puede la niña de 5 años moverse ahora a su lugar de integración aquí en el presente?
YS: Se levanta el dedo del sí.
TE: ¿Debería ella tener primero, una experiencia consciente aquí en el presente?
YS: Se levanta el dedo del sí.
TE: A la niña de 5 años, antes de trasladarte a tu lugar de Luz, te pido que mires alrededor de donde estás allí... ¿Ves alguna puerta o abertura allí donde estás?
Niña de 5 años: Se levanta el dedo del no.
TE: Ok. A la cuenta de tres entonces, el Yo Superior te ayudará a hacer estos movimientos. Comenzando: uno, dos, tres... Yo Superior, ayuda a la niña de 5 años a trasladarse ahora a la mente consciente para tener esa experiencia y percepción consciente aquí en el presente. Comunícale cualquier información o comprensión adicional sobre este punto de vista presente. Cuando esté completo, ayúdala a moverse a su lugar de Luz e integración aquí en el presente con Carol. Yo Superior, Se levanta el primer dedo cuando esos movimientos estén completos, de lo contrario el segundo dedo.
YS: Se levanta el primer dedo.

Trabajando con Estados del Ego Externos: Ejemplo 3

TE: Yo Superior, ¿puedes comunicarte conmigo?
YS: Se levanta el dedo del sí.
TE: Yo Superior, Jan y yo hemos hablado a un nivel consciente sobre este sueño de anoche donde ella le dijo a Dave que quería el divorcio y él se puso furioso. Yo Superior ¿eres consciente de este sueño?
YS: Se levanta el dedo del sí.
TE: Si hay alguien o algo que necesita ser abordado sobre el sueño, se levanta el primer dedo, de lo contrario el segundo.
YS: Se levanta el primer dedo.
TE: Si es alguien, se levanta el primer dedo, si es algo se levanta el segundo dedo. Si ninguno de los dos encaja, la mano se puede levantar.
YS: Se levanta el primer dedo.
TE: Al Yo Superior, ¿es una parte del alma?
YS: Se levanta el dedo del no.

TE: Si es un alma o parte de un alma, se levanta el primer dedo. Si es una entidad creada de algún tipo, se levanta el segundo dedo.
YS: Se levanta el primer dedo.
TE: Yo Superior, ¿hay más de uno?
YS: Se levanta el dedo del sí.
TE: ¿Más de cinco?
YS: Se levanta el dedo del sí.
TE: ¿Son más de diez?
YS: Se levanta el dedo del no.
TE: ¿Más de ocho?
YS: Se levanta el dedo del sí.
TE: ¿Hay nueve?
YS: Se levanta el dedo del sí.
TE: ¿Se pueden ir todos ahora?
YS: Se levanta el dedo del sí.
TE: Yo Superior, ¿estarías de acuerdo en llamar a los guías de alto nivel de la Luz para asistirte con esto?
YS: Se levanta el dedo del sí.
TE: Jan, ¿estás de acuerdo en que llamemos a guías para que nos ayuden con esto?
Jan: Sí.
TE: Yo Superior, estoy pidiendo que hagamos un llamado a la Luz para que nos asistan aquellos guías que son conscientes y capaces de ayudar. Se levanta el primer dedo si están aquí, de lo contrario el segundo.
YS: Se levanta el primer dedo.
TE: Estoy pidiendo ahora al Yo Superior y a los guías que los rodeen con Luz. Reúnanlos y retírenlos ahora del alma. Se levanta el primer dedo cuando eso esté completo, de lo contrario o si hay algún problema, se levanta el segundo.
YS: Se levanta el primer dedo.
TE: ¿Pudieron sacarlos a todos?
YS: Se levanta el dedo del sí.
TE: Te pido entonces que cierres y selles cualquier acceso que estaban usando. Se levanta el primer dedo cuando eso esté completo, de lo contrario o si hay algún problema, el segundo.
YS: Se levanta el primer dedo.
TE: Yo Superior, ¿pudiste cerrar los accesos?

YS:	Se levanta el dedo del no.
TE:	¿Hay alguien o algo todavía que puedan usar como acceso?
YS:	Se levanta el dedo del sí.
TE:	Si es alguien, se levanta el primer dedo, si es algo se levanta el segundo dedo.
YS:	Se levanta el primer dedo.
TE:	¿Es parte del alma?
YS:	Se levanta el dedo del sí.

(Nota: Estamos llegando al final de la sesión y es probable que esto sea un trabajo complicado. Decido asegurar las cosas lo mejor que podamos por el momento y espero volver sobre esto en la próxima sesión).

TE:	Yo Superior, te pido que lo ayudes a venir aquí conmigo... y a éste: ¿eres parte de esta alma con la que estoy trabajando?
___	Se levanta el dedo del sí.
TE:	¿Fuiste creado en esta vida presente de Jan?
___	Se levanta el dedo del no.
TE:	¿Eres de una vida pasada o diferente?
___	Se levanta el dedo del sí.
TE:	¿Eres mujer?
___	Se levanta el dedo del sí.
TE:	¿Eres adulta?
VP:	Se levanta el dedo del sí.
TE:	¿Sabes tu nombre?
VP:	Se levanta el dedo del no.
TE:	¿Nos hemos comunicado antes de esta manera?
VP:	Se levanta el dedo del sí.
TE:	¿Estás recibiendo Luz ahora?
VP:	Se levanta el dedo del no.
TE:	¿Te gustaría que esa Luz te fuera enviada de nuevo?
VP:	Se levanta el dedo del sí.
TE:	Yo Superior, por favor envíale esa energía de Luz/Amor, y a ésta: permítete recibir esa Luz. Puedes llevarla a cualquier nivel en tu interior que te sea cómodo. Se levanta el primer dedo cuando hayas recibido esa Luz, de lo contrario el segundo.
VP:	Se levanta el primer dedo.
TE:	¿Se siente bien?
VP:	Se levanta el dedo del sí.

TE: Al mirar a tu alrededor, ¿hay alguien más contigo donde estás?
VP: Se levanta el dedo del no.
TE: Estás sola allí, ¿correcto?
VP: Se levanta el dedo del sí.
TE: ¿Sabías que me estoy comunicando contigo desde el año 2012? ¿Lo sabías?
VP: Se levanta el dedo del sí.
TE: ¿Te gustaría trasladarte a un lugar más seguro y cómodo?
VP: Se levanta el dedo del sí.
TE: Yo Superior, ¿hay un lugar más seguro y cómodo al que ella pueda trasladarse en este momento?
YS: Se levanta el dedo del sí.
TE: Estoy pidiendo ahora que la traslades a ese lugar más seguro, y a ésta, se levanta el primer dedo cuando ese movimiento esté completo, de lo contrario el segundo.
VP: Se levanta el primer dedo.
TE: A ésta: ¿te sientes mejor allí?
VP: Se levanta el dedo del sí.

(Nota: Debido a que los espíritus que fueron removidos parecían bastante fuertes, no confío en que no se acerquen a este estado del ego entre sesiones, aunque esté en un lugar más seguro. Por esa razón, me gustaría que un guía se quedara con ella.)

TE: A ésta: volveremos para ayudarte a trasladarte a un lugar de Luz e integración. ¿Te gustaría que un guía de alto nivel de la Luz se quedara allí contigo hasta que volvamos?
VP: Se levanta el dedo del sí.
TE: Yo Superior, ¿estás de acuerdo que llamemos a un guía?
YS: Se levanta el dedo del sí.
TE: Estoy pidiendo entonces que llamemos a ese guía de alto nivel de la Luz que es capaz de asistir. Y a ésta: se levanta el primer dedo cuando el guía esté presente, de lo contrario o si hay algún problema, el segundo dedo.
VP: Se levanta el primer dedo.
TE: Y a ésta: volveremos y te ayudaremos a trasladarte a ese nuevo lugar que te está esperando. ¿Estás de acuerdo?
VP: Se levanta el primer dedo.

Estados del Ego de una Persona que se Relacionan con Estados del Ego de Otra Persona

Otra situación con la que se puede encontrar el terapeuta es cuando un estado del ego externo no ha entrado en la energía del cliente, pero está conectado con alguna parte del cliente a nivel psíquico. No sería raro, por ejemplo, encontrar que uno de los estados del ego del cliente se gatilla y reacciona ante un estado del ego de otra persona con la que el cliente mantiene una relación significativa. Un ejemplo frecuente es el de los matrimonios. Un estado del ego de uno de los miembros de la pareja se gatilla, o es gatillado por un estado del ego del otro. Los estados del ego implicados pueden ser estados del ego creados en la vida actual de cada persona que reaccionan entre sí porque comparten un problema, un conflicto o un sentimiento común. Se presionan mutuamente de alguna manera. O pueden ser estados del ego de una vida pasada concreta que la pareja compartió y que dio lugar a un conflicto y un dolor no resueltos.

13

Protocolo para Entidades Creadas

Seres-Pensamiento

Cuando el Yo Superior de un cliente identifica a *alguien* al que necesitamos abordar, lo que hemos visto hasta ahora es que ese alguien es un alma (espíritu, extraterrestre o ser dimensional) o es parte de un alma (estado del ego de la vida presente, estado del ego de la vida pasada, estado del ego externo.) Como tales, todos estos seres han tenido la capacidad de recibir Luz porque están creados de Luz.

Hay otro tipo de *alguien*, sin embargo, que puede presentarse durante una sesión, pero no es un alma, o parte de un alma. La mayoría de estas entidades no tienen la capacidad de recibir Luz. Conocí estas entidades a través de Gerod, cuando hablaba con él sobre casos clínicos en los que tales seres se presentaban o eran identificados por el Yo Superior. Llegué a llamarlas *entidades creadas*. Aunque no son almas, o partes de un alma, la mayoría de ellas, creo, han sido creadas por un alma. Los considero creaciones del pensamiento o seres-pensamiento.

Suelen presentarse como seres con capacidad de sentir y adoptan formas muy diversas. Pueden presentarse, por ejemplo, como una persona, un animal, una criatura mítica o un fantasma. Poseen cierto nivel de conciencia e inteligencia y pueden actuar independientemente de su creador. Sin embargo, no creo que sean seres sensibles, sino más bien programas extremadamente sofisticados, una especie de inteligencia artificial con esteroides. Están programados para realizar determinadas funciones, pero el programa no tiene alma ni libre albedrío. Estas entidades no son creativas. No piensan ni actúan por su cuenta ni ejercen el libre albedrío. No contradicen sus programas. En un sentido muy real, podría decirse que *son* el programa. Igual que nosotros creamos máquinas muy complejas que actúan independientemente de nosotros, estas entidades hacen lo mismo. Pueden comunicarse, seguir un pensamiento lógico y llevar a cabo acciones complejas que afectan a un cliente a niveles psíquicos y espirituales, dependiendo de quién las haya creado y por qué se hayan dirigido a mi cliente.

A diferencia de los estados del ego, sin embargo, una entidad creada no es un centro de conciencia. Considero los estados del ego como una especie de creación orgánica del Yo/alma en respuesta a la experiencia vital. Una entidad creada, por otro lado, es una creación deliberada y debe operar dentro de los confines y limitaciones de su programa y del alma que la creó. Las analogías más parecidas que se me ocurren proceden de la ciencia ficción: personajes como el ordenador HAL de la película *2001: Odisea en el Espacio*, o los droides de *La Guerra de las Galaxias* o *Star Trek*. Casi se podría pensar que son humanos.

Dicho todo esto, quiero hacer hincapié en que esta descripción de las entidades creadas es desde un punto de vista clínico. La mayoría de las entidades creadas que he encontrado han sido creadas con propósitos negativos u oscuros, es decir, para crear miedo, llevar a cabo un condicionamiento psicológico/emocional, actuar como un bloqueo para mantener al Yo consciente desprevenido, recopilar información, etc.

He encontrado entidades, sin embargo, que contradicen todo lo que he dicho. He encontrado entidades creadas, por ejemplo, que fueron capaces de ejercer la elección, recibir Luz y contradecir su programa. He trabajado con algunas que incluso fueron capaces de ir al Reino Espiritual de la Luz con un guía. Es como si estas entidades hubieran sido creadas con suficiente 'materia de alma', o se hubieran desarrollado lo suficiente, como para ser capaces de recibir Luz, independientemente de su creador. En estos casos, facilitaré una experiencia de Luz para dicha entidad y llamaré a un guía para que venga y ayude a la entidad a trasladarse hacia la Luz. El Yo Superior y/o los guías normalmente pueden determinar si una entidad tiene la capacidad para recibir Luz.

También he leído sobre otro tipo de entidad creada llamada *tulpa*. Es un término tibetano y se refiere a "un ser u objeto que se crea a través de la fuerza de voluntad, la visualización, la atención y la concentración, la intencionalidad concertada y el ritual". En otras palabras, es un pensamiento materializado que ha tomado forma física*. El Tíbet no es la única cultura que habla de este tipo de entidades. Si buscas en Internet, encontrarás mucho más material sobre entidades como el tulpa.

Una vez trabajé con una clienta que había sido víctima de abusos rituales de niña. En uno de sus recuerdos, describe a todos los miembros de la secta reunidos en círculo, incluidos ella y otros niños. Se estaba celebrando un ritual y, al cabo de un rato, un gran ser apareció en el centro. Dijo que tenía aspecto humano, pero que no creía que fuera humano. En retrospectiva ahora, diría que probablemente era una entidad creada, como un tulpa, y no un espíritu manifestándose en un cuerpo físico.

Por último, también me he encontrado con entidades que resultaron haber sido creadas y enviadas por la propia alma de un cliente para actuar como guía interior o para cumplir alguna otra función positiva. Puede haber sido creada recientemente, o una que había estado presente dentro del alma durante muchas vidas y estaba siendo llamada al servicio.

No tengo idea de qué tipos de entidades pueden crearse. Se me ocurren otras posibilidades además de las que he mencionado. Sólo lo veo limitado por la imaginación del alma. Estas entidades, sin embargo, presentan el mismo problema que al trabajar con las otras entidades externas de las que he hablado. Nuestro propósito en la sanación no es investigar sobre estos seres, sino aprender sólo lo necesario para resolver su intrusión o interferencia. Clínicamente, una vez que se han ido, volvemos a donde quedamos antes de que se presentaran las entidades.

Siento curiosidad por estas entidades. Leo sobre ellas y escucho las historias de otros sobre ellas. Creo que todos tenemos la capacidad de crearlas. También creo, sin embargo, que requiere de una conciencia y una intención concentrada, junto con algún tipo de conocimiento sobre cómo crearlas. Recuerdo haber trabajado con un cliente antes de saber que se podía recurrir a los guías espirituales para que ayudaran en el proceso de sanación. Estaba trabajando con el estado del ego de cinco años de una mujer que había sufrido graves abusos de niña. Lo que ella estaba compartiendo era extenso y requería más de una sesión.

---

* Mysteries of the Unexplained, 1990, Reader's Digest Association Inc. Página 176.

Al final de la primera sesión, el estado del ego se sentía aterrorizado y no quería estar solo. Se me ocurrió si podría crear mentalmente una especie de entidad protectora que se quedara con la niña hasta nuestra siguiente sesión.

Le pregunté a Gerod sobre esta posibilidad en nuestra siguiente sesión. Estuvo de acuerdo en que podía crear un ser de pensamiento así, pero me aconsejó no hacerlo. Explicó que había que tener cuidado al crear una entidad que se comprometiera con el alma de otra persona o incluso entrara en ella. Dijo que esto crea conexiones energéticas entre las dos almas que no siempre son predecibles y que pueden llevar a enredos que podrían ser difíciles de deshacer. El mensaje que saqué de esto fue que necesitas saber lo que estás haciendo si ejerces este tipo de poder. Aunque creo que puede usarse para el bien, parece tener el potencial para oscurecerse y cambiar de rumbo muy rápidamente.

El Protocolo

En muchos sentidos, las entidades creadas son más fáciles de tratar que las almas externas. Sus programas no las preparan para el tipo de confrontación directa que tiene lugar en el proceso de sanación. Aunque pueden comunicarse y seguir un pensamiento lógico, llegan muy rápidamente a los límites de su conocimiento y comprensión. Cuando el terapeuta empieza a formular preguntas fuera de los parámetros de su programa, a menudo acaban confusos, inmovilizados, o simplemente intentan obstinadamente llevar a cabo su función hasta que alguien o algo les hace parar.

Como no son creativas y no tienen libre albedrío, se ven atrapadas en una situación en la que sus tres opciones son marcharse voluntariamente, ser expulsadas a la fuerza o ser disipadas. Esto es lo que he encontrado como característica distintiva entre tratar con almas y entidades creadas. Con las almas, todo se reduce a las dos primeras opciones: irse o ser removido. El Yo Superior y/o los guías espirituales de un cliente pueden sacar un alma externa una vez que todos los accesos están cerrados, pero no pueden disipar otra alma. Sin embargo, pueden disipar una entidad creada si se niega a irse, y esto es lo que a menudo parece suceder al final. Las entidades no pueden tomar la decisión independiente de marcharse. Parecen comprender que serán destruidas si no abandonan al cliente. Sin embargo, intentarán continuar con sus actividades hasta el final porque su programa no incluye una estrategia de salida o un retorno al alma que lo creó. A menos que sea una que tenga la capacidad de recibir Luz, lo cual es raro, entonces debe ser disipada.

En términos del protocolo para entidades creadas, el proceso se vuelve rápidamente más focalizado que al tratar con almas externas. El énfasis no estará en hacer que reciban Luz, o que entren en contacto con un guía espiritual, o en comunicar sobre el libre albedrío de un alma (cliente). Una vez que alguien ha sido identificado como una entidad creada, el enfoque está en si puede ser disipada o removida inmediatamente. Si no puede, entonces el enfoque cambia a encontrar y cerrar cualquier acceso que la entidad esté usando.

En este punto, nos enfrentamos al mismo problema que con las otras entidades externas. Si una entidad creada no puede ser disipada o eliminada, entonces tiene que tener un acceso. Puede ser un estado del ego, un dispositivo etérico o una conexión solidaria. En estos casos, los accesos tienen que ser rastreados y cerrados igual que con las otras entidades externas.

El protocolo para tratar con entidades creadas debería resultarnos familiar. Teniendo en cuenta las distinciones mencionadas anteriormente, el protocolo es muy parecido al de otros seres externos. Estos son los pasos:

1) Identificar la entidad como una no-alma.
2) Determinar si está sola o acompañada.
3) Informar a la entidad de que está infringiendo al alma y tendrá que marcharse.
4) Determinar si la entidad se marchará por sí misma.
5) Si no es así, pide al Yo Superior y a los guías que la (los) saquen.
6) Si no pueden, encuentra el acceso o accesos de la entidad.
7) Resuelve los accesos y haz que el Yo Superior y los guías eliminen o disipen la entidad.

La mayor complicación al tratar con una entidad creada es que no estará sola. Basándome en la experiencia clínica, diría que a menudo forma parte de una red más amplia en la que intervienen otras entidades creadas, dispositivos o energías, así como cierta participación activa del alma que la creó y la envió. Imagina que alguien recorre tu casa y coloca en cada habitación dispositivos de vídeo y audio capaces de recibir y transmitir. No se conseguirá mucho quitando sólo un par de dispositivos. Hay que disolver o desmantelar toda la red.

No hay una regla general sobre qué parte de una red debe cerrarse antes de que se pueda eliminar en su totalidad. Dependerá de la complejidad de la red, de si el alma que la creó sigue involucrada o de si los estados del ego están entrelazados en la red para mantenerla más vinculada. El enfoque que he encontrado más efectivo es trabajar con el Yo Superior para identificar cada eslabón de la cadena, y continuar comprobando en diferentes pasos si ya se puede eliminar toda la red.

Trabajando con Entidades Creadas: Ejemplo 1

TE: Yo Superior, ¿encontraste la fuente de ese bloqueo?
YS: Se levanta el dedo del sí.
TE: Si es alguien, se levanta el primer dedo. Si es algo o alguna energía, se levanta el segundo dedo.
YS: Se levanta el primer dedo.
TE: Yo Superior, ayúdalo a que se acerque. Y a éste: ¿eres parte de esta alma con la que estoy trabajando?
___ Se levanta el dedo del no.
TE: ¿Crees que eres externo a esta alma?
___ Se levanta el dedo del sí.
TE: ¿Eres tú mismo un alma? Si es así, se levanta el primer dedo, de lo contrario el segundo dedo, si no estás seguro entonces la mano se puede levantar.
___ La mano se levanta.
TE: A éste: ¿estás dispuesto a saber si eres, o no eres, un alma?
___ Se levanta el dedo del no.
TE: ¿Te da miedo?
___ Se levanta el dedo del no.
TE: A éste: ¿hay alguien o algo que te impidió recibir esta información?
___ Se levanta el dedo del sí.
TE: Si es alguien que interfiere, se levanta el primer dedo. Si es algo, se levanta el segundo dedo.
___ Se levanta el primer dedo.
TE: ¿Está allí contigo?
___ Se levanta el dedo del sí.

TE: Yo Superior, te pido que identifiques a ese que está interfiriendo y lo ayudes a venir aquí conmigo. A éste, ¿estás dispuesto ahora a comunicarte conmigo?
___ Se levanta el dedo del sí.
TE: ¿Eres externo a esta alma con la que estoy trabajando?
___ Se levanta el dedo del sí.
TE: Si eres tú mismo un alma, se levanta el primer dedo. Si eres una entidad creada o perteneces a otra alma, entonces se levanta el segundo dedo. Si no estás seguro, entonces la mano se puede levantar.
___ Se levanta la mano.
TE: ¿Estás dispuesto a saber si tú mismo eres un alma?
___ Se levanta el dedo del sí.
TE: Esa información te llegará entonces a la cuenta de tres: uno, dos, tres... se levanta el primer dedo cuando hayas recibido esa información, se levanta el segundo dedo si no la has recibido.
___ Se levanta el primer dedo.
TE: A éste: si te parece que eres un alma, se levanta el primer dedo. Si eres una entidad creada o perteneces a otra alma, se levanta el segundo dedo.
___ Se levanta el segundo dedo.
TE: Si eres una entidad creada, se levanta el primer dedo. Si perteneces a otra alma, se levanta el segundo dedo.
EN: Se levanta el primer dedo.
TE: A éste: ¿hay otros contigo en este momento?
EN: Se levanta el dedo del sí.
TE: ¿Hay más de cuatro?
EN: Se levanta el dedo del sí.
TE: ¿Más de seis?
EN: Se levanta el dedo del no.
TE: ¿Más de cinco?
EN: Se levanta el dedo del no.
TE: Son cinco, entonces, ¿correcto?
EN: Se levanta el dedo del sí.
TE: Yo Superior, ¿son las cinco entidades creadas?
YS: Se levanta el dedo del sí.
TE: A éste: ¿sabes que tú y los otros están infringiendo con el libre albedrío de esta alma?

EN: Se levanta el dedo del no.
TE: A éste: no tienes permiso para permanecer aquí y tendrás que marcharte.
EN: Se levanta el dedo del no.
TE: A éste: esta alma tiene el derecho absoluto de eliminar a cualquiera o cualquier cosa externa a sí misma. ¿Estás dispuesto a que te envíen información sobre esto?
EN: Se levanta el dedo del no.
TE: Yo Superior, ¿puedes sacar a estos cinco ahora?
YS: Se levanta el dedo del sí.
TE: A la cuenta de tres entonces: uno, dos, tres, ... Yo Superior, estoy pidiendo que tú y los guías, usando la Luz ahora, encuentren y rodeen a estas entidades y con esa Luz, las saquen del alma. Se levanta el primer dedo cuando eso esté completo, se levanta el segundo dedo si hay algún problema.
YS: Se levanta el primer dedo.
TE: Yo Superior, ¿pudiste sacarlos a todos?
YS: Se levanta el dedo del sí.
TE: Yo Superior, te pido que mires dentro ahora para ver si hay alguien o algo más que esté conectado a estas entidades. Se levanta el primer dedo cuando esa revisión este completa, se levanta el segundo dedo si hay algún problema.
YS: Se levanta el primer dedo.
TE: Yo Superior, ¿encontraste a alguien o algo más presente aquí conectado a estas entidades?
YS: Se levanta el dedo del sí.
TE: Yo Superior, si es alguien, se levanta el primer dedo, si es alguna cosa o energía, se levanta el segundo dedo.
YS: Se levanta el segundo dedo.
TE: Yo Superior, si es un dispositivo u objeto de algún tipo, se levanta el primer dedo. Si es más como una energía, se levanta el segundo dedo.
YS: Se levanta el primer dedo.
TE: Yo Superior, hay un dispositivo u objeto de algún tipo presente, ¿correcto?
YS: Se levanta el dedo del sí.
TE: ¿Hay más de uno?
YS: Se levanta el dedo del no.

TE: Yo Superior, ¿puedes disipar o remover ese dispositivo/energía ahora?
YS: Se levanta el dedo del sí.
TE: Yo Superior, te pido a la cuenta de tres que disipes o retires este dispositivo/objeto. Comenzando: uno, dos, tres... Yo Superior te pido que encuentres este dispositivo/objeto, y usando la vibración de Luz, lo disipes y lo saques de esta alma. Se levanta el primer dedo cuando esté completo, de lo contrario o si hay algún problema, se levanta el segundo dedo.
YS: Se levanta el primer dedo.
TE: Yo Superior, ¿hay alguien o algo más que veas conectado a esas entidades?
YS: Se levanta el dedo del no.
TE: ¿Hay alguien o algo más ahora que sea bueno abordar?
YS: Se levanta el dedo del sí.
TE: Si es alguien, se levanta el primer dedo, si es algo, se levanta el segundo dedo.

Trabajando con Entidades Creadas: Ejemplo 2

TE: Al niño de 8 años, te pido que compartas a la cuenta de tres: uno, dos, tres... se levanta el primer dedo cuando hayas compartido, se levanta el segundo si necesitas detenerte.
Niño de 8 años: Se levanta el segundo dedo.
TE: veo el segundo dedo. ¿Se detuvo el compartir?
Niño de 8 años: Se levanta el dedo del sí.
TE: Si necesitabas detenerte, se levanta el primer dedo. Si alguien o algo se interpuso en tu camino, se levanta el segundo dedo.
Niño de 8 años: Se levanta el segundo dedo.
TE: Si es alguien, se levanta el primer dedo, si es algo se levanta el segundo dedo.
Niño de 8 años: Se levanta el primer dedo.
TE: ¿Puedes verlo?
Niño de 8 años: Se levanta el dedo del sí.
TE: ¿Hay más de uno?
Niño de 8 años: Se levanta el dedo del no.
TE: Yo Superior, ¿ves a éste que está bloqueando?
YS: Se levanta el dedo del sí.

TE: ¿Puedes sacarlo ahora?

YS: Se levanta el dedo del no.

TE: Si debo comunicarme con él, se levanta el primer dedo, si podemos sacarlo, se levanta el segundo dedo.

YS: Se levanta el segundo dedo.

TE: Al niño de 8 años, ¿te parece bien que lo saquemos?

Niño de 8 años: Se levanta el dedo del no.

TE: ¿Te gusta que esté contigo allí? ¿Es como un amigo?

Niño de 8 años: Se levanta el dedo del no.

TE: ¿Les tienes miedo?

Niño de 8 años: Se levanta el dedo del sí.

TE: Al niño de 8 años: ¿sabías que como parte de esta alma tienes derecho a que se vaya cualquiera que no sea parte del alma? ¿Sabías eso?

Niño de 8 años: Se levanta el dedo del no.

TE: ¿Estarías dispuesto a recibir información de tu Yo Superior sobre esto?

Niño de 8 años: Se levanta el dedo del sí.

TE: Yo Superior, por favor comunícale al niño de 8 años ahora, sobre su derecho a que éste se vaya. Se levanta el primer dedo cuando hayas recibido esa comunicación, de lo contrario se levanta el segundo dedo.

Niño de 8 años: Se levanta el primer dedo.

TE: ¿Recibiste bien esa información?

Niño de 8 años: Se levanta el dedo del sí.

TE: ¿Te gustaría que se fuera?

Niño de 8 años: Se levanta el dedo del sí.

TE: Yo Superior, ¿puedes sacarlo ahora?

YS: Se levanta el dedo del sí.

TE: A la cuenta de tres entonces: uno, dos, tres... Yo Superior, te pido que rodees a esa entidad con la Luz y la escoltes fuera del alma. Se levanta el primer dedo cuando eso esté completo, de lo contrario o si hay un problema, se levanta el segundo dedo.

YS: Se levanta el segundo dedo.

TE: Yo Superior, ¿hubo alguna interferencia?

YS: Se levanta el dedo del sí.

TE: Yo Superior, te pido que revises dentro para ver si esa entidad está usando a alguien o algo para permanecer aquí. Se levanta el primer

dedo cuando esa revisión esté completa, si hay algún problema se levanta el segundo dedo.
YS: Se levanta el primer dedo.
TE: Yo Superior, ¿encontraste a alguien o algo que permite a éste permanecer aquí?
YS: Se levanta el dedo del sí.
TE: Si es alguien, se levanta el primer dedo, si es algo o alguna energía, se levanta el segundo dedo.
YS: Se levanta el segundo dedo.
TE: Yo Superior, si es un dispositivo u objeto de algún tipo, se levanta el primer dedo, si es más como una energía, se levanta el segundo dedo.
YS: Se levanta el primer dedo.
TE: Yo Superior, si ese dispositivo/objeto está creado de energía de esta alma con la que estamos trabajando, se levanta el primer dedo, de lo contrario el segundo dedo.
YS: Se levanta el segundo dedo.
TE: Yo Superior, ¿hay más de uno?
YS: Se levanta el dedo del no.
TE: ¿Puedes disipar o quitar ese dispositivo ahora?
YS: Se levanta el dedo del sí.
TE: A la cuenta de tres entonces: uno, dos, tres... y Yo Superior, por favor disipa y quita ese dispositivo. Se levanta el primer dedo cuando esté completo, se levanta el segundo dedo si hay algún problema.
YS: Se levanta el primer dedo.
TE: Yo Superior, ¿puedes sacar esa entidad ahora?
YS: Se levanta el dedo del sí.
TE: Te pido entonces, que rodees a esa entidad con Luz y la retires del alma. Se levanta el primer dedo cuando eso esté completo, si hay algún problema se levanta el segundo dedo.
YS: Se levanta el primer dedo.
TE: Al niño de 8 años, ése se ha ido ¿correcto?
Niño de 8 años: Se levanta el dedo del sí.
TE: ¿Estás dispuesto entonces a compartir lo que necesites para tu sanación y liberación?
Niño de 8 años: Se levanta el dedo del sí.
TE: A la cuenta de tres entonces: uno, dos, tres...

14

Protocolos para Eliminar Dispositivos y Energías

El Protocolo de Identificación presentado en el Capítulo 3 fue diseñado para ayudar al terapeuta a moverse rápidamente a través de una serie de pasos lógicos para identificar *quién* o *qué* se está presentando en cualquier momento del proceso de sanación. Dije que el protocolo tenía dos ramas principales basadas en la distinción entre *alguien* y *algo*. Aquí está de nuevo la Figura 3 reproducida del Capítulo 3.

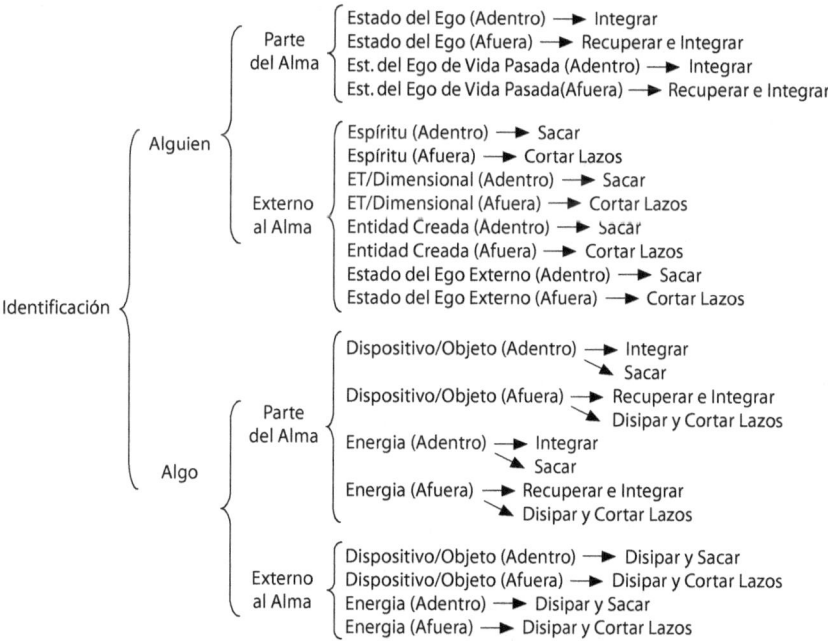

La distinción entre alguien y algo es importante porque cada rama del fenómeno exige un enfoque y un protocolo diferentes. Tratamos a los seres conscientes de forma distinta a como tratamos a las cosas. No intentamos hablar con un bloque de madera. No pensamos nada cuando rompemos un vaso. Simplemente limpiamos los trozos y cogemos otro de la estantería. Los tratamos como objetos. Diríamos que no están vivos. Cuando nos encontramos con alguien, lo tratamos como si estuviera vivo y la comunicación es lo primero que intentamos establecer. No es así cuando tratamos con cosas.

Hasta ahora, todos los protocolos que he presentado tratan de la primera rama: *alguien*. Cada uno se dirige a un tipo diferente de ser consciente, pero todos los protocolos se basan en la comunicación directa con esos seres. Luego, el protocolo nos lleva a identificar más específicamente qué tipo de ser se trata. Con la excepción de las entidades creadas, estos seres también son almas o partes de un alma.

En este capítulo, trataremos la rama inferior del Protocolo de Identificación. Estos son los protocolos a utilizar cuando el Yo Superior, o un estado del ego, o una entidad externa identifica la fuente de un bloqueo o dificultad como *algo*, no como alguien. En ese momento, el objetivo no será la comunicación. El objetivo del protocolo será identificar qué tipo de cosa es y decidir cómo hay que tratarla.

Aprendí sobre estos dispositivos y energías gracias a Gerod, cuando los identificó como presentes en diferentes clientes. Normalmente, los identificaba porque estaban involucrados en el bloqueo que yo estaba encontrando con esos clientes. Cuando le preguntaba a Gerod sobre estos casos específicos, a menudo identificaba un objeto de algún tipo que, según él, había que tratar. Luego me explicaba cómo hacerlo.

A lo largo de miles de sesiones con clientes, llegué a clasificar estas cosas que Gerod identificaba como *dispositivos/objetos* o *energías autónomas*. Cada vez que Gerod, o el Yo Superior de un cliente, o un estado del ego identificaba algo que bloqueaba o estorbaba, la siguiente pregunta era: "¿Es un dispositivo/objeto de algún tipo, o es más bien una energía?".

En general, pienso en los dispositivos como cosas que tienden a ser estacionarias con una forma fija. Por ejemplo, un dispositivo podrían ser los zapatos que lleva un estado del ego, o una caja que ve en la misma habitación en la que está, o la cadena que tiene alrededor de una pierna. El dispositivo puede ser un candado, una espada, una pared o una navaja. Sin centrarnos demasiado en su forma específica, podemos pensar en estos dispositivos como anclajes energéticos o formas de pensamiento consteladas o colocadas dentro del campo energético de una persona. Algunos dispositivos son creados desde el interior del Yo, pero la mayoría parecen ser creados e insertados por entidades externas que saben cómo utilizarlos para realizar diferentes funciones. Dependiendo de los seres implicados, estos dispositivos pueden ser físicos o etéricos. He descubierto que la mayoría de los dispositivos son etéricos. Sin embargo, cuando se trata de extraterrestres, puede haber dispositivos físicos (implantes). En esos casos, parece haber guías que pueden disolver o retirar esos implantes. También es posible que, al trabajar con un cliente, las entidades que colocaron originalmente el implante sean alertados y lo retiren ellos mismos antes de que lleguemos a él clínicamente. Me parece bien si eso los lleva a desvincularse de mi cliente.

Las energías, a diferencia de los dispositivos, parecen más fluidas, como un líquido o un gas. Algunas de estas energías parecen inmóviles y actúan como un bloque, como una nube o un vapor. Muchas energías están en movimiento, o tienen el potencial de moverse. Un estado del ego, por ejemplo, podría informar que hay una nube negra que se mueve hacia él, o que algún líquido viscoso está cubriendo el suelo donde está parado, o el Yo Superior identifica una fuerza arremolinada en el chakra de la garganta o una energía parecida a una serpiente que se mueve por el cuerpo. Algunas de estas energías son naturales, como la acumulación de una carga estática, una corriente que fluye o un vórtice giratorio como un tornado. Otras energías, sin embargo, son creadas y utilizadas intencionadamente con distintos fines, especialmente por entidades externas. Un grupo de estados del ego, por ejemplo, podría estar acorralado por un anillo de energía análogo a la valla eléctrica que utilizan los dueños de mascotas. O podría haber un charco de líquido creado de energía oscura que es más espeso que el alquitrán y bloquea todo movimiento hacia delante.

La mayoría de las veces, en el contexto de la sanación, los dispositivos y las energías se presentan como un bloqueo o una fuente de angustia. El Yo Superior (y a veces un guía espiritual) suele ser capaz de encontrar e identificar estos dispositivos y energías. Una vez identificado un dispositivo o energía, el objetivo terapéutico es casi siempre neutralizarlo. Sin embargo, antes de decidir cómo tratarlo, está la segunda pregunta que plantea el Protocolo de Identificación: ¿este dispositivo o energía forma parte del Yo/alma del cliente, o está creado a partir de una energía externa?

Hablando en general, si un dispositivo o energía se identifica como externo al Yo/alma del cliente, entonces el objetivo del tratamiento será disiparlo y/o eliminarlo. Como terapeuta, no sé qué es apropiado hacer, ni siquiera qué es posible. Esta es una pregunta que planteo al Yo Superior. Por lo general, el Yo Superior sabe cuál es el mejor paso que hay que dar, y también es quien debe llevar a cabo el procedimiento. Nuevamente, los guías estarán disponibles para ayudar si se les solicita.

La otra posibilidad es que el dispositivo o la energía esté funcionando y afectando al cliente desde fuera del Yo/alma. Podría funcionar como una especie de satélite o dispositivo de vigilancia. Puede actuar como un enlace directo con quienes lo colocaron. Puede haber una energía que actúe como escudo para mantener ciertas áreas del mundo interior en la oscuridad. Muchas veces estos dispositivos y energías externas parecen actuar como una fuente de energía para aquellas operaciones establecidas dentro de la energía del Yo/alma del cliente.

Cuando se ha identificado que tales dispositivos o energías operan desde fuera del Yo/alma, se pide al Yo Superior que encuentre y cierre cualquier punto de acceso que estén utilizando y que corte todos los lazos energéticos que tengan con el cliente.

Además de los dispositivos/energías externas al alma, también existen los creados con la energía del Yo/alma. Es posible, por ejemplo, que un estado del ego cree un dispositivo o energía. Puede hacerlo para controlar a otros estados del ego de su grupo o de otro grupo, o para mantener ciertas áreas bloqueadas o bajo llave. Podría crear un contenedor - una maleta o una caja- para guardar emociones intensas y aterradoras.

Cuando se identifican tales dispositivos y energías, el objetivo terapéutico sigue siendo neutralizarlos. Sin embargo, a diferencia de lo que ocurre con los dispositivos o energías externas, cuyo objetivo es siempre eliminarlos, existe una segunda posibilidad cuando se trata de dispositivos y energías creados a partir de la energía del Yo/alma. En este caso, el Yo Superior puede indicar que el dispositivo o la energía deben reintegrarse con el Yo/alma.

Una vez más, confío en el Yo Superior o en un guía espiritual para determinar cuál es el paso más apropiado y luego llevar a cabo el procedimiento. Diría que la mayoría de las veces la resolución es reintegrar la energía del alma. Sin embargo, hay bastantes ocasiones en las que es necesario disiparla y expulsarla. Es como si la energía del alma se hubiera contaminado o comprometido tanto que no pudiera restablecerse.

Es un paso sencillo, pero creo que importante. Lo veo como que el alma puede recuperar o liberar partes de su propia energía. También creo que siempre es un paso positivo cuando esta reintegración es la resolución final.

En esta fase, es posible que el Yo Superior o los guías puedan simplemente retirar o reintegrar el dispositivo o la energía sin que el terapeuta o el cliente sepan nunca exactamente de qué se trataba. Lo importante es si el procedimiento eliminó el bloqueo o la dificultad causada por el dispositivo o la energía.

Complicaciones

Hay dos complicaciones que impiden que el Yo Superior disipe dispositivos o energías inmediatamente después de encontrarlos. La primera es que un dispositivo/energía externa al Yo/alma puede resistirse a la disipación o eliminación si tiene un acceso. De esta manera, estos dispositivos/energías son como tratar con entidades externas. Se aplica el mismo principio. Cuando el Yo Superior no puede eliminar un dispositivo o energía, la razón más probable es que se ha obtenido algún permiso por parte de las entidades externas que los introdujeron. Hay un gancho de algún tipo. Así que, al igual que con las entidades externas, el foco del tratamiento se desplaza del dispositivo o energía a encontrar su acceso o accesos.

A menudo, el permiso se obtiene a través de un estado del ego. Se le puede ofrecer algo muy atractivo -un juguete, un peluche, un arma, un collar- y lo acepta bien. O el dispositivo -un perro que gruñe, una caja que emite un chirrido doloroso o una grabación que repite pensamientos negativos- se utiliza como amenaza. Una vez que el estado del ego comprende la naturaleza del dispositivo y su propia capacidad para elegir que lo quiten, casi siempre estará de acuerdo con que el Yo Superior lo saque. Una vez que el estado del ego hace esta elección, el Yo Superior será libre de retirarlo.

La segunda complicación es un corolario de la primera. Cuando un dispositivo/energía no puede eliminarse inmediatamente, a menudo es una indicación de que forma parte de una red mayor que puede involucrar a otros dispositivos o energías, estados del ego, entidades creadas o entidades externas. Estas redes, como hablé anteriormente en relación con las entidades externas, deben ser tratadas metódicamente hasta que todos los accesos estén cerrados y sellados. Estas redes pueden ser desde simples hasta complejas. Sea cual sea su forma y complejidad, el terapeuta y el Yo Superior trabajan juntos para identificar cada eslabón de la cadena para luego eliminarlo todo.

Un fenómeno que he visto muchas veces y ante el que me mantengo alerta, es cuando una energía se identifica como un problema y resulta ser una mezcla tanto de energía externa como de energía propia del alma. A veces, esta mezcla parece hacerse intencionadamente, casi como para crear un vínculo más fuerte. Otras veces, esta mezcla de energías parece ser el resultado de un encuentro o colisión entre el Yo/alma y las energías externas. Si se crea una red, o parte de ella, de energía del Yo/alma, entonces el Yo Superior puede determinar si esa energía del Yo/alma puede separarse. La mayoría de las veces, el Yo Superior parece ser capaz de hacerlo. Cuando se ha eliminado la energía externa, el Yo Superior puede ayudar a determinar si la energía del Yo/alma debe reintegrarse o si también debe disiparse y expulsarse.

Una vez que el Yo Superior señala que se ha eliminado un dispositivo, el enfoque vuelve al punto del proceso de sanación en el que el dispositivo o la energía se convirtieron en un problema o bloqueo.

Los Protocolos

Los protocolos para tratar con dispositivos y energías es realmente un protocolo con ligeras modificaciones dependiendo de si es un dispositivo o energía, y si es parte del Yo/alma o es externo. Una de las mayores diferencias que he encontrado es que pensar en dispositivos es diferente a pensar en energías. Dependiendo de lo que sea, me haré preguntas diferentes. Esto es especialmente útil cuando la eliminación de un dispositivo o energía está bloqueada.

- Determina que se trata de algo.
- Determina si es un dispositivo/objeto o una energía.
- Determina si está creado de la energía del alma o si es externa.
- Determina cuántos hay presentes.

- Determina si debe disiparse/eliminarse o, si forma parte del Yo/alma, si debe reintegrarse.
- Pide al Yo Superior que lleve a cabo el procedimiento adecuado.

Trabajando con Dispositivos y Energías: Ejemplo 1

TE: Al niño de 10 años, si necesitabas dejar de compartir, se levanta el primer dedo, si alguien o algo se interpuso, se levanta el segundo dedo. Si no estás seguro o no sabes, la mano se puede levantar.

Niño de 10 años: Se levanta la mano.

TE: Yo Superior, te pido que revises dentro y encuentres el origen de ese bloqueo. Se levanta el primer dedo si lo has encontrado, de lo contrario el segundo.

YS: Se levanta el primer dedo.

TE: Yo Superior, si es alguien, se levanta el primer dedo, si es algo, se levanta el segundo dedo. Si no está claro, la mano se puede levantar.

YS: Se levanta el segundo dedo.

TE: Si es un dispositivo u objeto de algún tipo, se levanta el primer dedo. Si es más como una energía, entonces se levanta el segundo dedo.

YS: Se levanta el primer dedo.

TE: Yo Superior, por favor escanéalo y determina si está creado de energía del Yo/alma. Se levanta el primer dedo cuando eso esté completo. Se levanta el segundo dedo si el escaneo se detiene.

YS: Se levanta el primer dedo.

TE: Yo Superior, ¿es este dispositivo creado de energía del Yo/alma?

YS: Se levanta el dedo del no.

TE: Está creado con energía externa, ¿correcto?

YS: Se levanta el dedo del sí.

TE: ¿Puedes disiparlo y sacarlo ahora?

YS: Se levanta el dedo del no.

TE: ¿Está usando a alguien o algo para permanecer adherido?

YS: Se levanta el dedo del sí.

TE: Yo Superior, por favor, mira dentro e identifica quién o qué utiliza el dispositivo para mantenerse adherido. Se levanta el primer dedo si lo has encontrado, de lo contrario el segundo dedo.

YS: Se levanta el primer dedo.

TE: Yo Superior, si está usando a alguien, se levanta el primer dedo. Si es algo, se levanta el segundo dedo.

YS: Se levanta el primer dedo.
TE: Yo Superior, ayúdalo a venir aquí conmigo. A éste: ¿eres parte de esta alma con la que estoy trabajando? Si es así, se levanta el primer dedo, de lo contrario el segundo. Si no estás seguro, se levanta la mano.
___ Se levanta el primer dedo.
TE: ¿Estás recibiendo algo de Luz?
___ Se levanta el dedo del no.
TE: ¿Te gustaría recibir un poco de energía de Luz/Amor?
___ Se levanta el dedo del sí.
TE: Yo Superior, por favor envíale energía de Luz/Amor, y a éste: permítete recibirla. Puedes detenerla si lo necesitas, pero si te gusta, puedes quedártela. Se levanta el primer dedo cuando esté completo.
___ Se levanta el primer dedo.
TE: A éste: ¿recibiste bien esa Luz?
___ Se levanta el dedo del sí.
TE: ¿Decidiste quedártela?
___ Se levanta el dedo del sí.
TE: A éste: ¿fuiste creado en esta vida presente de Jerry? Si es así, se levanta el primer dedo. Si eres de una vida pasada o diferente, se levanta el segundo dedo. Si ninguno de esos encaja, o no estás seguro, la mano se puede levantar.
___ Se levanta el primer dedo
TE: ¿Tienes menos de diez años?
___ Se levanta el dedo del sí.
TE: ¿Menor de seis años?
___ Se levanta el dedo del no.
TE: ¿Menos de ocho años?
___ Se levanta el dedo del no.
TE: ¿Tienes ocho años?
___ Se levanta el dedo del sí.
TE: Al niño de 8 años, ¿estás en el mismo lugar que el niño de diez años con el que me he estado comunicando?
Niño de 8 años: Se levanta el dedo del no.
TE: ¿Eres consciente del niño de 10 años?
Niño de 8 años: Se levanta el dedo del sí.

Protocolos para Eliminar Dispositivos y Energías

TE: ¿Eres consciente de ese dispositivo que el Yo Superior ha identificado?
Niño de 8 años: Se levanta el dedo del sí.
TE: ¿Es tuyo?
Niño de 8 años: Se levanta el dedo del sí.
TE: ¿Lo hiciste tú?
Niño de 8 años: Se levanta el dedo del no.
TE: ¿Te lo ha dado alguien?
Niño de 8 años: Se levanta el dedo del sí.
Cl: (Hablando en voz alta) Tengo la imagen de alguien sosteniendo un hacha. Parece una especie de hacha de juguete, como si pudiera amenazar a alguien agitándola.
TE: Al niño de 8 años: ¿eres tú? ¿Estás sosteniendo un hacha?
Niño de 8 años: Se levanta el dedo del sí.
TE: ¿Estás dispuesto ahora a dar el hacha al Yo Superior y trasladarte a un lugar más seguro?
Niño de 8 años: Se levanta el dedo del sí.
TE: Entrégale el hacha al Yo Superior, y al Yo Superior, por favor disipa y saca eso del Yo/alma. Se levanta el primer dedo cuando esté completo, el segundo dedo si hay un problema.
YS: Se levanta el primer dedo.
TE: Yo Superior, ¿puede el niño de 8 años moverse ahora a un lugar más seguro y cómodo?
YS: Se levanta el dedo del sí.
TE: ¿Crees que sería bueno para él trasladarse a ese mismo lugar con el niño de 10 años?
YS: Se levanta el dedo del sí.
TE: Al niño de 10 años, ¿estás dispuesto a que el niño de 8 años se traslade a ese lugar contigo?
Niño de 10 años: Se levanta el primer dedo.
TE: Al niño de 8 años, ¿estás de acuerdo?
Niño de 8 años: Se levanta el dedo del sí.
TE: Yo Superior, por favor ayuda al niño de 8 años a trasladarse a ese mismo lugar con el niño de 10 años, presentándolos si es necesario. Se levanta el primer dedo cuando esté completo. Se levanta el segundo dedo si hay algún problema.
YS: Se levanta el primer dedo.

Una vez más, si el Yo Superior de un cliente no puede quitar un dispositivo o energía, es casi siempre porque tiene algún tipo de permiso o acceso para estar presente. En ese caso, se le pide al Yo Superior que localice el acceso - quién o qué está siendo usado - y que use el protocolo apropiado para cerrarlo. Una vez hecho esto, el Yo Superior puede reintegrar la energía o eliminarla, según convenga.

El protocolo está diseñado para ayudar al terapeuta a identificar si existe un dispositivo o energía que esté afectando negativamente al cliente y, en caso afirmativo, qué pasos dar para resolverlo. El siguiente es otro ejemplo.

Trabajando con Dispositivos y Energías: Ejemplo 2

TE: Al Yo Superior, ¿pudiste completar esa revisión?

YS: Se levanta el dedo del sí.

TE: ¿Encontraste a alguien o algo involucrado con estos períodos de náusea?

YS: Se levanta el dedo del sí.

TE: Si es alguien, se levanta el primer dedo, si es algo, se levanta el segundo dedo.

YS: Se levanta el segundo dedo.

TE: Yo Superior, si es más como un dispositivo o un objeto de algún tipo, se levanta el dedo del sí. Si es más como una energía, se levanta el dedo del no. Si ninguno de esos encaja, la mano se puede levantar.

YS: Se levanta el dedo del no.

TE: Yo Superior, si es parte de la energía del Yo/alma, se levanta el primer dedo. Si es externo al Yo/alma, se levanta el segundo dedo.

YS: Se levanta el segundo dedo.

TE: Yo Superior, si esta energía ha entrado en el Yo/alma, se levanta el primer dedo. Si está operando desde fuera del alma, se levanta el segundo dedo.

YS: Se levanta el primer dedo.

TE: Yo Superior, ¿puedes sacar esa energía ahora con la ayuda de los guías?

YS: Se levanta el dedo del no.

TE: Yo Superior, te pido que mires dentro y veas si esta energía está usando a alguien o algo para permanecer adherida aquí. Se levanta el primer dedo cuando esa revisión este completa, se levanta el segundo dedo si está detenida o bloqueada.

YS:	Se levanta el primer dedo.
TE:	Yo Superior, ¿encontraste a alguien o algo que esta energía utiliza para el acceso?
YS:	Se levanta el dedo del sí.
TE:	Si es alguien, se levanta el primer dedo. Si es algo, se levanta el segundo dedo.
YS:	Se levanta el primer dedo.
TE:	Yo Superior, ¿es ésta una parte del Yo/alma?
YS:	Se levanta el dedo del sí.
TE:	¿Es apropiado que me comunique directamente?
YS:	Se levanta el dedo del sí.
TE:	Yo Superior, te pido que lo ayudes a venir aquí conmigo. Se levanta el primer dedo cuando esté aquí. Se levanta el segundo dedo si hay un problema.
YS:	Se levanta el primer dedo.
TE:	A éste: ¿estás dispuesto a comunicarte conmigo?
EE:	Se levanta el dedo del sí.
TE:	¿Eres parte de esta alma?
EE:	Se levanta el dedo del sí.
	(Pausa)

En este punto, se utiliza el Protocolo 1 para identificar el estado del ego; averiguar su conexión con esta energía y cómo llegó a decirle que sí. El objetivo será obtener su consentimiento para que se elimine la energía. Si se trata de alguien que no es un estado del ego, se utilizará el protocolo adecuado hasta que se hayan cerrado todos los accesos y se haya eliminado la energía.

15

Combinando Protocolos

Cuando el Yo Superior señala que ha encontrado a alguien o algo implicado en el área problemática, la mayoría de las veces significa que ha encontrado una situación compleja y lo que ha identificado es sólo el punto de partida. Ciertamente, puede ser tan simple como un estado del ego o un espíritu terrenal el causante del problema concreto de una persona. Sin embargo, normalmente no es tan sencillo. Tratar con áreas de dolor profundo, miedo o conflicto es muy probable que desencadene defensas y reacciones que se extienden más allá de la entidad o dispositivo específico que el Yo Superior del cliente ha identificado.

Un estado del ego, por ejemplo, puede estar en un grupo de cinco estados del ego, dos de los cuales proceden de vidas pasadas. Los cinco pueden tener miedo de un espíritu que accedió al grupo en algún momento y, con algún pretexto, amenazó con castigar a cualquiera que intentara marcharse. El espíritu también puede haber dejado dos cuervos posados en postes a ambos lados de la puerta, diciéndole al grupo que los pájaros picotearían a cualquiera que intentara marcharse y que, si se activaban, el espíritu lo sabría y regresaría. En efecto, el espíritu era capaz de *esclavizar* a estas partes del Yo/alma.

Un segundo ejemplo: el Yo Superior identifica un estado del ego de vidas pasadas como la fuente de un bloqueo. Es una mujer joven que murió al dar a luz y ni siquiera pudo sostener a su bebé. Está con otros tres estados del ego. Son niños pequeños. Se crearon en la vida actual de la clienta tras la muerte accidental de su madre. Con su propio dolor y anhelo no resueltos, esta parte de la vida pasada se activó y se sintió atraída por estos estados del ego pequeños que llamaban a su madre.

Ahora, años más tarde, en el proceso de sanación, si el Yo Superior identifica a uno de los tres niños como el primero con el que debe comunicarse, ese mismo contacto puede empezar a desencadenar el dolor y la pena de ese estado del ego. A su vez, los otros dos estados del ego también se activan. Su dolor también empieza a aflorar. Llegados a este punto, la madre de la vida pasada interviene para bloquear la comunicación del terapeuta, impidiendo así que se gatille el dolor de los niños. A menos que ese estado del ego madre entienda el proceso de sanación, desde su punto de vista el proceso sólo está causando dolor a los niños. El terapeuta entonces, tendrá que tratar con esta mujer de vidas pasadas, antes de abordar el dolor que estos niños cargan.

La conclusión es que el terapeuta en la Sanación Centrada en el Alma no puede saber de antemano qué tipo de red o grupo de entidades y dispositivos pueden estar manteniendo las condiciones problemáticas en su lugar y bloqueando activamente el proceso de sanación. El terapeuta tiene que estar preparado para todo y para todos. Tiene que estar preparado para seguir cualquier pista. Aquí es donde entran en juego los protocolos. Los protocolos de la Parte 2 se ocupan de las fuentes de bloqueo más comunes. Así, cuando se trata de un bloqueo complejo que involucra a más de un estado del ego, el terapeuta puede abrirse camino a través de la configuración cambiando de un protocolo a otro según lo exija la situación.

Sin embargo, estos bloqueos complejos forman parte de la historia. Lo más probable es que quienquiera que esté detrás de los bloqueos también forme parte del problema que presenta el cliente. Paradójicamente, el bloqueo o el que bloquea no puede detener el proceso de sanación sin exponerse, es exactamente lo que quiere evitar. En última instancia, la sanación es un proceso de encuentro y limpieza de bloqueos para que la Luz pueda llegar a todas las partes del Yo y todas las entidades y energías externas puedan ser eliminadas.

Ejercicio 2:

Una vez que has adquirido cierta facilidad para comunicarte con el Yo Superior de una persona, el siguiente paso es pedirle que revise un problema.

Se trata de un paso clínico. Le estás pidiendo al Yo Superior de la persona que abra su mundo interior sin saber a ciencia cierta qué es lo que se va a presentar. Incluso es probable que lo que se presente implique algo doloroso o traumático. Por lo tanto, para el Ejercicio 2 tienes que estar preparado para seguir adelante. Debido a los vínculos emocionales y a los conflictos de intereses que pueden surgir, no recomendaría hacer esto con un amigo o un familiar. No sabes lo que podrías abrir y si estarás en condiciones de hacer un seguimiento.

En el Ejercicio 2, una vez que la persona esté en trance, restablece la comunicación con el Yo Superior. Pregúntale si está dispuesto a revisar el problema o síntoma identificado. En caso afirmativo, pídele que lleve a cabo la revisión y haga una señal cuando ésta haya concluido. Cuando recibas la señal de sí, el objetivo del Ejercicio 2 es identificar a quién o qué ha encontrado el Yo Superior. Si es alguien, el objetivo es identificar quién es: ¿Un estado del ego? ¿Un espíritu? ¿Una entidad? Si es algo, como un dispositivo o energía, entonces el objetivo es identificar qué es.

Como se trata de una situación clínica, es posible que no puedas detenerte sólo en identificar si es algo o alguien. Es posible que exija ser abordado, o que el cliente comience a experimentar una abreacción, o se asuste por algo que está sucediendo. En cualquiera de los casos, el terapeuta puede necesitar hacer un seguimiento, ya sea inmediatamente o en una sesión posterior.

El siguiente es un ejemplo de combinación de protocolos. Comienza con un estado del ego de doce años que ha intentado compartir los recuerdos que arrastra sobre los abusos de su padrastro. Un estado del ego de dieciséis años vestido de negro se ha presentado y le ha dicho a la niña de doce años que se calle. La amenaza.

Combinando Protocolos: Ejemplo 1

TE: A la niña de 12 años: si necesitas dejar de compartir, se levanta el primer dedo. De lo contrario el segundo.
Niña de 12 años: Se levanta el segundo dedo.
TE: ¿Alguien o algo se interpuso mientras compartías? Si es así, se levanta el primer dedo, de lo contrario el segundo. Si no estás segura, la mano se puede levantar.
Niña de 12 años: Se levanta el primer dedo.
TE: Si fue alguien, se levanta el primer dedo, si fue algo, se levanta el segundo dedo. Si no estás segura, la mano se puede levantar.

Niña de 12 años: Se levanta la mano.
TE: Yo Superior, te pido que encuentres la fuente de ese bloqueo. Se levanta el primer dedo si lo has encontrado, de lo contrario el segundo.
YS: Se levanta el primer dedo.
TE: Yo Superior, ¿pudiste encontrar la fuente de ese bloqueo?
YS: Se levanta el dedo del sí.
TE: Yo Superior, ¿es aquel que bloquea parte del Yo/alma?
YS: Se levanta el dedo del sí.
TE: Yo Superior, ¿sería apropiado comunicarme con él?
YS: Se levanta el dedo del sí.
TE: Yo Superior, te pido que lo ayudes a venir aquí conmigo, y a éste: ¿Estás dispuesto ahora a comunicarte conmigo?
___ Se levanta el dedo del sí.
TE: ¿Eres parte de esta alma con la que estoy trabajando?
___ Se levanta el dedo del sí.
TE: ¿Estás recibiendo Luz?
___ Se levanta el dedo del no.
TE: ¿Estás dispuesto a que se te envíe energía de Luz/Amor?
___ Se levanta el dedo del no.
TE: ¿Tienes miedo de la Luz?
___ Se levanta el dedo del no.
TE: ¿Estás enfadado con la Luz?
___ Se levanta el dedo del sí.
TE: ¿Culpas a la Luz por lo que ha pasado?
___ Se levanta el dedo del sí.
TE: A éste: ¿Fuiste creado en esta vida presente de Jenny?
___ Se levanta el dedo del sí.
TE: ¿Tienes menos de doce años?
___ Se levanta el dedo del no.
TE: ¿Eres menor de veinte?
___ Se levanta el dedo del sí.
TE: ¿Tienes menos de dieciocho años?
___ Se levanta el dedo del sí.
TE: ¿Tienes dieciséis años?
___ Se levanta el dedo del sí.
TE: A la chica de 16 años: ¿tienes nombre?
Chica de 16 años: Se levanta el dedo del sí.

TE: ¿Está bien que sepamos tu nombre?
Chica de 16 años: Se levanta el dedo del sí.
TE: Te pido que lo digas directo a la mente consciente a la cuenta de tres: uno, dos, tres... comparte tu nombre directo a la mente consciente. Jenny, se levanta el primer dedo cuando lo hayas recibido, de lo contrario el segundo.
Je: El nombre que estoy recibiendo es Blaze.
TE: A la chica de 16 años: ¿es correcto? ¿tu nombre es Blaze?
Chica de 16 años: Se levanta el dedo del sí.
TE: Blaze, ¿conoces el proceso de sanación con el que estamos trabajando?
Bz: Se levanta el dedo del no.
TE: ¿Estás dispuesta a que te enviemos información sobre esto?
Bz: Se levanta el dedo del sí.
TE: Bien. A la cuenta de tres entonces: uno, dos, tres... Yo Superior por favor envía esta información a Blaze sobre el proceso de sanación y sobre cómo ella puede liberarse de todo dolor, tristeza y miedo. Blaze, se levanta el primer dedo cuando hayas recibido esa información, de lo contrario el segundo.
Bz: Se levanta el dedo del sí.
TE: Blaze, ¿recibiste esa información?
Bz: Se levanta el dedo del sí.
TE: ¿Eso tiene sentido para ti?
Bz: Se levanta el dedo del sí.
TE: ¿Te gustaría sanar y liberar ese dolor?
Bz: Se levanta el dedo del sí.
TE: ¿Estás dispuesta, entonces, a recibir energía de Luz/Amor ahora, sabiendo que puedes detenerla si lo necesitas?
Bz: Se levanta el dedo del no.
TE: ¿Es porque estás aún enojada con la Luz?
Bz: Se levanta el dedo del no.
TE: ¿Hay alguien o algo interfiriendo?
Bz: Se levanta el dedo del sí.
TE: Si es alguien, se levanta el primer dedo. Si es algo o alguna energía, se levanta el segundo dedo.
Bz: Se levanta el segundo dedo.
TE: Blaze, si se parece más a un objeto o dispositivo, se levanta el primer dedo; si se parece más a una energía, entonces se levanta el segundo dedo.

Bz: Se levanta el primer dedo.
TE: Blaze, ¿sabes lo que es?
Bz: Se levanta el dedo del sí.
TE: Te voy a pedir que compartas eso con la mente consciente a la cuenta de tres: uno, dos, tres... y Blaze, comparte lo que puedas acerca de ese dispositivo - un pensamiento, una palabra, una imagen... se levanta el primer dedo cuando hayas compartido, de lo contrario el segundo dedo.
Bz: Se levanta el primer dedo.
TE: Jenny ¿has recibido algo?
Je: Parece un collar de oro. Ella lo lleva puesto.
TE: Blaze: es esto correcto ¿es un collar de oro?
Bz: Se levanta el dedo del sí.
TE: ¿Lo llevas puesto?
Bz: Se levanta el dedo del sí.
TE: ¿Esto te impide recibir la Luz?
Bz: Se levanta el dedo del sí.
TE: ¿Alguien te dio ese collar?
Bz: Se levanta el dedo del sí.
TE: ¿Estás dispuesta a sacártelo ahora?
Bz: Se levanta el dedo del no.
TE: ¿Crees que lo necesitas para vivir?
Bz: Se levanta el dedo del sí.
TE: ¿Alguien te dijo eso?
Bz: Se levanta el dedo del sí.
TE: Blaze, quien te dio ese collar te mintió. No lo necesitas para sobrevivir. Como parte de esta alma, ya tienes tu propia fuente de energía. Es una energía que sostiene la vida. Quienquiera que te haya dado ese collar no quiere que descubras tu propia conexión con la energía de tu alma. Saben que una vez que lo descubras no tendrán más poder sobre ti. Blaze, ¿estarías dispuesta a que el Yo Superior te envíe sólo un pedacito de esa Luz y luego decidas por ti misma? Puedes detenerla inmediatamente si lo necesitas, o puedes guardarla para ti si lo deseas. Dependerá totalmente de ti. ¿Estarías dispuesta a hacer eso - sólo un pedacito de Luz?
Bz: Se levanta el dedo del sí.
TE: Yo Superior, por favor envía a Blaze sólo un pedacito de Luz. Blaze, permítete tocar esa Luz y decide por ti misma. Detenla si lo

Combinando Protocolos

necesitas o puedes llevarla a tu interior si lo deseas. Se levanta el primer dedo cuando esté completo.
Bz: Se levanta el primer dedo.
TE: Blaze, ¿tocaste la Luz?
Bz: Se levanta el dedo del sí.
TE: ¿Decidiste quedártela?
Bz: Se levanta el dedo del sí.
TE: ¿Se siente bien?
Bz: Se levanta el dedo del sí.
TE: ¿Te gustaría recibir más energía de Luz/Amor?
Bz: Se levanta el dedo del sí.
TE: Blaze, ¿estás dispuesta a sacarte ese collar ahora?
Bz: Se levanta el dedo del sí.
TE: Yo Superior, por favor disipa y remueve el collar del alma; y Yo superior, envía a Blaze más energía de Luz/Amor/calor. Blaze, permítete recibir esa Luz a cualquier nivel que te sea cómodo. Se levanta el primer dedo cuando estés lista; se levanta el segundo dedo si hay algún problema.
Bz: Se levanta el primer dedo.
TE: Blaze ¿deseas recibir sanación y liberación ahora?
Bz: Se levanta el dedo del sí.
TE: ¿Estás dispuesta a compartir lo que necesites para que tú y los demás puedan tener esa liberación?
Bz: Se levanta el dedo del sí.
TE: ¿Sabes qué es lo que necesitas compartir para tu liberación?
Bz: Se levanta el dedo del sí.
TE: Voy a pedirte que lo compartas aquí mismo a la mente consciente. A la cuenta de tres: uno, dos, tres... y Blaze, sólo comparte ahora lo que necesites, lo que sucedió. Deja que venga directo al presente. Se levanta el primer dedo cuando esté completo, se levanta el segundo dedo si algo interfiere o hay un problema.
Bz: Se levanta el primer dedo.
TE: Jenny ¿Recibiste algo?
Je: Se levanta el dedo del sí.
TE: ¿Algo que comentar al respecto?
Je: Creo que ella tomó el collar de este hombre oscuro pensando que le daría el poder de proteger a los más jóvenes manteniéndolos

callados y alejados de la Luz. En cambio, ahora entiende que estaba siendo utilizada.

TE: Blaze, ¿hay algo más que necesites compartir ahora?
Bz: Se levanta el dedo del no.
TE: Yo Superior, ¿puede ella tener una liberación completa ahora?
YS: Se levanta el dedo del sí.
TE: Blaze, a la cuenta de tres entonces, permítete liberar el dolor, la tristeza, el miedo. Libéralo a través y fuera del cuerpo. A la cuenta de tres: uno, dos, tres... libera cualquier dolor, miedo, ira... deja que se libere a través y fuera del cuerpo. Y mientras liberas, puedes recibir más de esa energía de Luz/Amor y con ella vendrá el auto-perdón necesario. Se levanta el primer dedo cuando todo haya sido liberado. Se levanta el segundo dedo si hay un problema.
Bz: Se levanta el primer dedo.
TE: Blaze, ¿hay alguna angustia o enojo que todavía sientas?
Bz: Se levanta el dedo del no.
TE: ¿Estás de acuerdo ahora que la niña de 12 años comparta lo que necesita para su liberación?
Bz: Se levanta el dedo del sí.
TE: Yo Superior, antes de que la niña de 12 años comparta, ¿debería Blaze trasladarse a su propio lugar de integración – si es así se levanta el primer dedo - o esperar a los otros aquí antes de integrarse? – si es así se levanta el segundo dedo.
YS: Se levanta el primer dedo.
TE: Yo Superior, ¿debería ella tener una experiencia consciente antes de integrarse?
YS: Se levanta el dedo del sí.
TE: Yo Superior, ayuda a Blaze entonces a trasladarse a la mente consciente. Blaze, permítete tener esta experiencia consciente aquí en el presente. Yo Superior, cuando eso esté completo, ayúdala a trasladarse a su propio lugar de Luz e integración aquí con Jenny en el presente. Se levanta el primer dedo cuando estos movimientos estén completos. Se levanta el segundo dedo si hay un problema.
YS: Se levanta el primer dedo.

En situaciones como esta donde los estados del ego, un espíritu(s), y dispositivos están presentes, los protocolos actúan como un conjunto de herramientas. Cambias de uno a otro dependiendo del problema que tengas ante ti. No quieres un martillo cuando el trabajo requiere un destornillador. No hay que tratar a un espíritu igual que a un estado del ego. Intentar reintegrar algo que, en primer lugar, no forma parte de tu cliente sólo va a generar más problemas y confusión.

He aquí un segundo ejemplo de la combinación de protocolos. El ejemplo comienza con un estado del ego de ocho años que ha sido identificado, ha recibido la Luz y está listo para compartir.

Combinando Protocolos: Ejemplo 2

TE: Al niño de 8 años, estás solo ahí donde estás ¿correcto?
Niño de 8 años: Se levanta el dedo del sí.
TE: ¿Estás dispuesto a compartir ahora lo que necesitas compartir para liberarte?
Niño de 8 años: Se levanta el dedo del sí.
TE: Te voy a pedir entonces que compartas a la cuenta de tres lo que necesitas compartir. Comenzando uno, dos, tres... compártelo aquí en el presente, lo que necesites compartir. Se levanta el primer dedo cuando eso esté completo, se levanta el segundo dedo si hay un problema.
Niño de 8 años: Se levanta el segundo dedo.
TE: Al niño de 8 años: ¿se detuvo ese compartir?
Niño de 8 años: Se levanta el dedo del sí.
TE: Si necesitabas detener eso, se levanta el dedo del sí. Si alguien o algo parecía interponerse, se levanta el dedo del no.
Niño de 8 años: Se levanta el dedo del no.
TE: Si alguien se interpuso, se levanta el dedo del sí; si es algo o alguna energía, se levanta el dedo del no, si no lo sabes, la mano se puede levantar.
Niño de 8 años: La mano se levanta.
TE: ¿Sigues recibiendo Luz?
Niño de 8 años: Se levanta el dedo del sí.
TE: Ok. Voy a pedir al Yo superior que se acerque para que se comunique conmigo sobre esto y volveré. Yo Superior, ¿todavía puedes comunicarte?
YS: Se levanta el dedo del sí.
TE: Yo Superior, ¿estás consciente de algún bloqueo para que el niño de 8 años comparta?

YS: Se levanta el dedo del sí.
TE: Si es alguien, se levanta el dedo del sí; si es alguna cosa o alguna energía, se levanta el dedo del no. Si no está claro, la mano puede levantar.
YS: Se levanta el dedo del no.
TE: Yo Superior, si es algo como un dispositivo u objeto, se levanta el dedo del sí. Si es más como una energía, entonces se levanta el dedo del no. Si ninguno de esos encaja, la mano se puede levantar.
YS: Se levanta el dedo del no.
TE: ¿Es ese dispositivo u objeto parte de la energía del Yo/alma?
YS: Se levanta el dedo del no.
TE: Es externo al alma, ¿correcto?
YS: Se levanta el dedo del sí.
TE: ¿Hay más de uno?
YS: Se levanta el dedo del sí.
TE: ¿Más de cinco?
YS: Se levanta el dedo del no.
TE: ¿Hay más de tres?
YS: Se levanta el dedo del sí.
TE: ¿Más de cuatro?
YS: Se levanta el dedo del no.
TE: Yo Superior, ¿son cuatro?
YS: Se levanta el dedo del sí.
TE: ¿Puedes quitar esos dispositivos ahora?
YS: Se levanta el dedo del sí.
TE: Voy a pedir que los disipes y los saques a la cuenta de tres: uno, dos, tres... Yo Superior, usando la Luz, te pido que encuentres esos dispositivos y los saques del alma. Se levanta el dedo del sí cuando eso esté completo, se levanta el dedo del no si hay un problema.
YS: Se levanta el dedo del no.
TE: Yo Superior, ¿fuiste bloqueado al intentar sacar esos dispositivos?
YS: Se levanta el dedo del sí.
TE: Si alguien te detuvo, se levanta el primer dedo, si era algo o alguna energía, se levanta el segundo dedo. Si no está claro, la mano se puede levantar.
YS: Se levanta el primer dedo.
TE: Si es parte del alma, se levanta el primer dedo. Si es externo, se levanta el segundo dedo.

YS:	Se levanta el primer dedo.
TE:	Yo Superior, por favor identifícalo, ayúdalo a venir aquí conmigo, y a éste: ¿estás dispuesto ahora a comunicarte conmigo?
___	Se levanta el dedo del no.
TE:	A éste: ¿sabías que eres parte de esta alma con la que estoy trabajando?
___	Se levanta el dedo del no.
TE:	Quiero que sepas en primer lugar, que estamos aquí para ayudar. Seas o no seas parte de esta alma, queremos que sepas que hay una manera en la que te puedes liberar de todo dolor y miedo. A éste: mientras te sientas seguro, ¿estás dispuesto a saber si eres parte de esta alma o no?
___	Se levanta el dedo del sí.
TE:	Esa información te llegará entonces a la cuenta de tres. Empezando: uno, dos, tres... al Yo Superior, envíale esa información sobre si es o no es parte del alma; envíale también cualquier otra información que pueda ser útil, especialmente sobre el proceso de sanación. A éste: se levanta el dedo del sí cuando hayas recibido esa información, de lo contrario se levanta el dedo del no.
___	Se levanta el dedo del no.
TE:	A éste: si necesitas detener esa comunicación, se levanta el dedo del sí, de lo contrario el dedo del no.
___	Se levanta el dedo del no.
TE:	Si alguien ha interferido, se levanta el primer dedo, si es algo, se levanta el segundo dedo, si no sabes, la mano se puede levantar.
___	Se levanta el primer dedo.
TE:	A éste: ¿está ése ahí contigo?
___	Se levanta el dedo del sí.
TE:	Voy a pedirle que se acerque aquí conmigo, y a éste: ¿eres parte de esta alma con la que estamos trabajando?
___	Se levanta el dedo del no.
TE:	Si crees que eres externo a esta alma, se levanta el primer dedo. Si no estás seguro, se levanta el segundo dedo.
___	Se levanta el primer dedo.
TE:	A éste: si crees que eres un alma, se levanta el dedo del sí, si eres una entidad creada o de otra alma, se levanta el dedo del no, si no estás seguro, la mano puede levantar.
___	Se levanta el dedo del sí.

TE: A éste: si eres un alma, entonces tienes tu propia fuente de energía dentro. ¿Estás dispuesto a mirar ahora y ver si esa fuente de energía está ahí?
___ Se levanta el dedo del no.
TE: ¿Esto te provoca algún miedo?
___ Se levanta el dedo del no.
TE: ¿Estás enfadado con la Luz?
___ Se levanta el dedo del no.
TE: ¿Te sientes amenazado por alguien o algo allí?
___ Se levanta el dedo del sí.
TE: Si es alguien, se levanta el dedo del sí. Si es algo o una energía de algún tipo, se levanta el dedo del no. Si no estás seguro, la mano se puede levantar.
___ Se levanta el dedo del sí.
TE: A éste: ¿el que amenaza está ahí contigo?
___ Se levanta el dedo del no.
TE: ¿Está ése en comunicación directa contigo ahora mismo?
___ Se levanta el dedo del no.
TE: ¿Tienes miedo de que ése vuelva si buscas en tu interior tu propia Luz?
___ Se levanta el dedo del sí.
TE: A éste: necesitas saber que, como alma, tienes la absoluta libertad de elegir. Como alma, tienes el derecho de terminar cualquier contacto o acuerdo con cualquiera de los que te amenazan. ¿Estarías dispuesto a que un maestro de alto nivel de la Luz viniera y te comunicara las opciones disponibles para ti?
___ Se levanta el dedo del sí.
TE: Mira hacia la Luz y le pido a ese maestro de alto nivel que se acerque. Se levanta el dedo del sí cuando lo veas de lo contrario se levanta el dedo del no.
___ Se levanta el dedo del sí.
TE: Le pido al maestro entonces que le envíes información sobre sí mismo como alma, y las opciones que tiene disponibles. Se levanta el dedo del sí cuando hayas recibido esa información de lo contrario se levanta el dedo del no.
___ Se levanta el dedo del sí.
TE: A éste: ¿recibiste bien esa información?
___ Se levanta el dedo del sí.

TE:	¿Eres un alma?
___	Se levanta el dedo del sí.
TE:	¿Estás recibiendo Luz ahora?
ES:	Se levanta el dedo del sí.
TE:	¿Sabes ahora que puedes volver a tu propio lugar en el Reino Espiritual de la Luz?
ES:	Se levanta el dedo del sí.
TE:	¿Estás dispuesto a ir ahora con el maestro?
ES:	Se levanta el dedo del sí.
TE:	¿Hay otras entidades externas allí contigo?
ES:	Se levanta el dedo del no.
TE:	Puedes ir con el maestro entonces a la cuenta de tres: uno, dos, tres... y muévete ahora directo al maestro, directo a ese corredor de Luz. Yo Superior, se levanta el dedo del sí cuando se haya ido de lo contrario se levanta el dedo del no.
YS:	Se levanta el dedo del sí.
TE:	Yo Superior, si debemos volver al que bloqueó al niño de 8 años originalmente, se levanta el dedo del sí. Si es mejor volver al niño de 8 años, se levanta el dedo del no. Si alguien o algo más debe ser tratado primero, entonces la mano puede levantar.
YS:	Se levanta el dedo del sí.
TE:	Por favor, ayúdalo a que se acerque, y a éste: ¿estás dispuesto a comunicarte conmigo?
___	Se levanta el dedo del sí.
TE:	¿Te sientes más seguro ahora?
___	Se levanta el dedo del sí.
TE:	¿Estás recibiendo Luz ahora?
___	Se levanta el dedo del sí.
TE:	¿Eso se siente bien?
___	Se levanta el dedo del sí.
TE:	¿Te parece que eres parte de esta alma con la que estoy trabajando?
___	Se levanta el dedo del sí.
TE:	¿Fuiste creado en esta vida presente de Dave?
___	Se levanta la mano.
TE:	¿Estás dispuesto a revisar esto?
___	Se levanta el dedo del sí.
TE:	Voy a pedirle al Yo Superior entonces, que te ayude a hacer una revisión. A la cuenta de tres: uno, dos, tres... Yo Superior, ayúdalo a

revisar en su interior lo que lleva, lo que ha pasado, lo que necesita ser compartido para ser liberado. A éste: se levanta el dedo del sí cuando hayas realizado esa revisión, se levanta el dedo del no si hay un problema.

___ Se levanta el dedo del sí.

TE: A éste: ¿pudiste hacer bien esa revisión?

___ Se levanta el dedo del sí.

TE: Si fuiste creado por primera vez en esta vida presente de Dave, se levanta el dedo del sí, si eres de una vida pasada o diferente, se levanta el dedo del no. Si todavía no está claro la mano se puede levantar.

___ Se levanta el dedo del no.

TE: A éste: fuiste creado en una vida pasada o diferente, ¿correcto?

___ Se levanta el dedo del sí.

TE: ¿Eres varón?

___ Se levanta el dedo del no.

TE: ¿Eres mujer?

___ Se levanta el dedo del sí.

TE: ¿Sabes tu nombre?

___ Se levanta el dedo del sí.

TE: ¿Te parece bien que sepa tu nombre?

___ Se levanta el dedo del sí.

TE: Te voy a pedir entonces que lo compartas con la mente consciente, a la cuenta de tres, empezando: uno, dos, tres... y simplemente di el nombre fuerte y claro, aquí a la mente consciente.

(Pausa)

TE: Dave, ¿recibiste algo?

Da: Me viene el nombre Morgan.

TE: A ésta: tu nombre es Morgan ¿correcto?

Mo: Se levanta el dedo del sí.

TE: Morgan, ¿sabes sobre el proceso de sanación con el que estamos trabajando?

Mo: Se levanta el dedo del sí.

TE: ¿Hay alguien más contigo donde estas Morgan?

Mo: Se levanta el dedo del sí.

TE: ¿Hay más de tres de ustedes?

Mo: Se levanta el dedo del no.

TE: ¿Más de dos?

Mo: Se levanta el dedo del no.
TE: Son dos en total, ¿verdad?
Mo: Se levanta el dedo del sí.
TE: Morgan, ¿ese otro también forma parte del alma?
Mo: Se levanta el dedo del sí. (No siempre saben la respuesta a esta pregunta).
TE: Morgan, me comuniqué contigo por primera vez cuando te adelantaste para bloquear al niño de 8 años. ¿Todavía necesitas bloquearlo?
Mo: Se levanta el dedo del no.
TE: ¿Saben los dos sobre este proceso de sanación?
Mo: Se levanta el dedo del sí.
TE: ¿Estás dispuesta a compartir ahora lo que necesitas para liberar?
Mo: Se levanta el dedo del sí.
TE: Voy a pedir que lo compartas entonces a la cuenta de tres: uno, dos, tres... y simplemente comparte lo que necesites aquí mismo a la mente consciente. Es seguro hacerlo ahora. Se levanta el primer dedo cuando esté completo, el segundo dedo si hay algún problema.
Mo: Se levanta el segundo dedo.
TE: Morgan, si necesitabas detener eso, se levanta el primer dedo. Si alguien o algo parece estar interfiriendo, se levanta el segundo dedo. Si no lo sabes, la mano se puede levantar.
Mo: Se levanta el primer dedo.
TE: Tuviste que dejar de compartir, ¿verdad?
Mo: Se levanta el dedo del sí.
TE: Si necesitabas detenerlo por tu dolor, se levanta el primer dedo. Si estás siendo amenazada de alguna manera, se levanta el segundo dedo. Si ninguno de los dos encaja, la mano se puede levantar.
Mo: Se levanta el segundo dedo.
TE: Si es alguien quien te amenaza, se levanta el primer dedo. Si algo o alguna energía te está amenazando, entonces se levanta el segundo dedo. Si ninguno de los dos encaja, la mano se puede levantar.
Mo: Se levanta el primer dedo.
TE: Morgan, el Yo Superior puede ayudarlos a ambos a compartir en trozos muy pequeños y tolerables. ¿Estás dispuesta a que el Yo Superior te comunique información sobre esto?
Mo: Se levanta el dedo del sí.
TE: Yo Superior, por favor comunícales cómo puedes ayudarlos a compartir de a poco. Morgan, se levanta el primer dedo cuando hayas recibido eso, de lo contrario el segundo.

Mo: Se levanta el primer dedo.
TE: ¿Recibiste bien esa información?
Mo: Se levanta el dedo del sí.
TE: ¿Estás dispuesta a que el Yo Superior te ayude de esta manera para compartir y liberar?
Mo: Se levanta el dedo del sí.
TE: Bien. Yo Superior, por favor ayúdales ahora a compartir de a poco. Morgan, se levanta el dedo del sí cuando estén listos para compartir esa primera parte. Si hay un problema se levanta el dedo del no.
Mo: Se levanta el dedo del sí.
TE: Morgan, le pido al Yo Superior que los rodee a ambos con esa Luz y apoyo. A la cuenta de tres, compartan lo que puedan. Uno, dos, tres... compartiendo ahora directo a la mente consciente...
Continúa con el Protocolo para Estados del Ego.

Los protocolos no predicen ni intentan explicar todos los fenómenos que aparecen en el proceso de sanación de un cliente. El propósito de los protocolos es ayudar al terapeuta a clasificar lo que se ha presentado y luego aplicar la fórmula adecuada para ayudar a sanarlo y resolverlo.

Los protocolos son fórmulas, y distintos fenómenos exigen fórmulas diferentes. A este nivel, lo que se aplica a un estado del ego se aplica a todos; o lo que se aplica a un espíritu se aplica a todos los espíritus. Utilizar el protocolo adecuado puede ayudar a guiar al terapeuta a través de lo que a veces puede ser un laberinto de obstáculos, miedos y confusión.

Cuando nos enfrentamos a bloqueos complejos, la regla general es mantener la vista en la pelota. Lo que estaba ocurriendo en la sesión cuando se presentó el bloqueo es el lugar al que se quiere volver. Puede ser el restablecimiento de la comunicación con el Yo Superior, un estado del ego específico o la eliminación de una energía sofocante. Aquí es donde se desencadenó el bloqueo y, por lo tanto, esto es a lo que tenemos que volver y continuar donde lo dejamos. Si podemos hacerlo, es un buen indicio de que el bloqueo se ha resuelto y el trabajo puede seguir su curso. Puede ser necesario dar una serie de pasos y procedimientos para volver allí, especialmente cuando hay almas malignas y redes implicadas. Al centrarse en este objetivo -volver al punto de partida del bloqueo-, la tarea consiste en eliminar los obstáculos que se interponen.

Creo que este enfoque constante también puede evitar que el terapeuta se pierda en lo que a veces puede parecer una sala de espejos.

Dicho esto, una vez más tengo que reconocer que siempre hay excepciones. A veces, por ejemplo, una serie de bloqueos conduce a un nivel más significativo del asunto que el punto de partida del bloqueo. Es como si al resolver el bloqueo hubiéramos atravesado un muro y lo importante ahora fuera lo que hay al otro lado. La cuestión es que, sin embargo, si volviéramos atrás y nos comunicáramos con el estado del ego original, ahora lo encontraríamos libre para comunicarse.

16

Sanación Centrada en el Alma: Comentarios de Cierre

El Viaje del Alma

La práctica de la Sanación Centrada en el Alma comienza con el reconocimiento del cliente como un alma, un ser de Luz, que encarnó desde la Luz y regresará a la Luz cuando el cuerpo muera. Puede haber, por supuesto, excepciones en las que las almas tomen caminos indirectos en su búsqueda del hogar. Esto es lo que tenemos en común con todos los clientes: todos somos almas. Todos somos seres de Luz. Venimos de la misma Fuente, y en nuestro nivel más profundo, sabemos que todos somos parte de la Unidad de la Luz. Esto es lo que considero la base de la relación terapéutica.

La Sanación Centrada en el Alma asume que el cliente, como alma, ha vivido otras vidas (99% de las veces), y que ha venido a esta vida con una historia de alma. También asume que esas vidas pasadas han desempeñado algún papel o tienen alguna conexión con la vida actual del cliente. Desde un punto de vista clínico, la historia del alma puede o no convertirse en un problema en el proceso de sanación del cliente. Por lo general, encuentro que el material de vidas pasadas está presente. A veces es un foco importante; a veces es incluso la causa raíz del problema del cliente.

Puede que los acontecimientos o conflictos de la vida actual del cliente hayan desencadenado conflictos o traumas de vidas pasadas que empiezan a aflorar en la realidad consciente. También es posible que partes del alma del cliente creadas en vidas pasadas hayan estado activas a niveles inconscientes desde que nació hasta el momento presente.

Queda por ver con cada cliente si las vidas pasadas desempeñan un papel significativo en su proceso de sanación.

Un segundo supuesto sobre las vidas pasadas es que cada alma elige libremente encarnar. Un alma no se ve obligada a encarnar. Además, en línea con muchas otras enseñanzas esotéricas y metafísicas, la SCA asume que un alma elige cada encarnación específica. Esto no significa que el alma elija cada detalle de una vida. El libre albedrío no permite eso. Es más bien como si preparara el escenario para la próxima vida humana. Como Gerod lo describió, cada alma encarna con un proyecto básico para esa vida. Este proyecto incluye la elección de los padres y el cuerpo genético que poseerá. Elige la fecha, la hora, el lugar y las circunstancias de su nacimiento. El proyecto también incluye la probabilidad de que en la vida de una persona se produzcan acontecimientos, relaciones y retos importantes que el alma ha elegido con fines particulares y con ciertos objetivos que alcanzar.

La conciencia del ego tiene una resistencia natural a este nivel de realidad del alma, primero, porque es algo desconocido, y segundo, porque no puede comprender el nivel de conocimiento y elección en el que las almas existen más allá del cuerpo y la realidad física. Como personas, podemos saber o tener fe en que estas dimensiones existen. Podemos resonar con ellas. Podemos sentirlas. Algunas personas las perciben, al menos de forma limitada. Sin embargo, la conciencia del ego no puede captarlas en términos de la realidad que conoce a través de sus sentidos físicos y su cuerpo.

La conciencia del ego debe ir más allá de esos límites si quiere conocer las realidades no físicas y del nivel del alma. Como diría el chef Emeril Lagasse, el ego tendría que 'subir un escalón'. Y la conciencia del ego no puede dar ese salto sin renunciar a la primacía del cuerpo como base de la identidad. Es donde el ego reconocería que, en última instancia, no se trata del cuerpo, sino de la conciencia y la Luz.

En la Sanación Centrada en el Alma, no se hacen suposiciones sobre cuáles pueden ser los propósitos del alma de un cliente, sólo que el cliente tiene una historia del alma, y puede o no convertirse en un foco en el proceso de sanación. En cualquier caso, siempre está en segundo plano. Una vez encarnado, puede que las cosas no vayan según el plan del alma. Gerod describió a cada persona como el foco de la conciencia del alma en el presente y, por lo tanto, el alma posee la libertad para elegir. Hay personas que toman decisiones que dan la vuelta al proyecto, incluso pueden ir en contra del alma. Desde el punto de vista del alma, incluso esto no es un problema para el alma. Gerod me dijo más de una vez: "No hay elecciones equivocadas, sólo elecciones". El alma aprende de todas las experiencias y tiene todo el tiempo que necesita para planificar vidas futuras y corregir su rumbo si es necesario.

La idea de que un alma elige sus encarnaciones tiene dos implicaciones importantes para los clientes. La primera es que no es una víctima. Dice que no ha venido a este mundo por casualidad o mala suerte. Implica para el cliente que lo que ha sucedido en su vida y dónde se encuentra ahora es, al menos en parte, si no en gran parte, el resultado de las elecciones que su propia alma hizo antes de nacer. Este cambio de causalidad última, y por tanto de responsabilidad, es lo que yo veo como un cambio de una perspectiva *egocéntrica* a otra *centrada en el alma*, de una realidad tridimensional a otra multidimensional, y de la física a la metafísica.

En nuestra cultura occidental, este cambio puede ser fuente de ansiedad o incluso de choque psicológico para los clientes que no han abordado el tema de la reencarnación en su propia vida. La reencarnación exige una forma de pensar radicalmente distinta de la doctrina judeocristiana actual, que sostiene que cada alma vive una sola vida. Este cambio implica una base diferente para la identidad. Desde mi punto de vista, se trata de una identidad ampliada, no de una o la otra. Este choque psicológico también puede desencadenar las defensas del ego del cliente contra la confusión, la pérdida de control y el miedo a lo desconocido que implica este cambio a una nueva perspectiva. En Psicología Transpersonal, lo llamaríamos la 'muerte del ego'. Ésta es una experiencia común cuando se habla de conversión, y lo mismo puede ocurrir en el ámbito terapéutico cuando un cliente empieza a reconocer otras dimensiones de la realidad y del ser.

Otra amenaza para el ego cuando se enfrenta a otras realidades es lo que los psicólogos denominan *ego-deflación*. Esto ocurre cuando la percepción del ego de su primacía e importancia disminuye significativamente en relación con las realidades de orden superior que se revelan. El ego pierde su lugar. Sin embargo, desde el punto de vista limitado del ego, puede incluso percibir la pérdida como una muerte inminente. Sin embargo, desde el punto de vista de la sanación, aquí es donde el ego puede empezar a alinearse con el Yo, y donde el Yo despierta al alma.

Una vez que superamos las defensas del ego, el reconocimiento por parte del cliente de las elecciones del alma implica su propio poder para elegir en el presente. Como alma encarnada, la persona posee la libertad absoluta del alma para elegir. Gerod dijo que por eso las elecciones de la persona consciente pueden tener efectos de gran alcance en el alma, en comparación con las elecciones de los estados del ego. Cuando una persona aprende que el lugar en el que se encuentra en su vida actual es, en parte, el resultado de las elecciones del alma, se abre también a la realización de su propio poder de elección. También implica la lógica: "Si elegí mi camino hacia ello, entonces puedo elegir mi camino para salir de ello". Este conocimiento da poder al cliente, aunque no sea consciente de ello. Al reconocer las elecciones del alma, el cliente reclama su propio poder de elección.

El Laberinto Interior

Un problema importante al hablar de la práctica de la Sanación Centrada en el Alma es que la historia del alma y el viaje de sanación de cada cliente son absolutamente únicos. En este método, no se puede predecir adónde conducirá el proceso de sanación de un cliente ni con qué fenómenos se encontrará. He hablado de los fenómenos que he encontrado con más frecuencia. Me he centrado en aquello de lo que se puede hablar en general. No he hablado de todo. Utilizando este método, es probable que te encuentres con fenómenos que no encajan en las categorías o características que he presentado aquí. Para los que practicamos en estos ámbitos, aún estamos en la frontera del descubrimiento y el desarrollo de un lenguaje.

Cuando trabajo con un cliente, no creo conocer el camino a través de los vericuetos laberínticos del alma. Creo, sin embargo, que el Yo Superior del cliente conoce, o puede encontrar, el camino y puede guiar el proceso de sanación. A menudo parece haber una cierta secuencia de pasos que hay que seguir en el proceso de sanación y el Yo Superior suele saber cuál es la secuencia.

En términos de Sanación Centrada en el Alma, lo que he estado describiendo aquí lo consideraría un telón de fondo en el proceso de sanación. Es posible que las vidas pasadas y las elecciones del alma antes del nacimiento no se presenten directamente como temas o problemas en el proceso de sanación, pero supongo que forman parte del cuadro de cada cliente. Incluso cuando no se abordan directamente, supongo que los principales problemas y conflictos de la vida actual de un cliente resuenan probablemente en la historia del alma, y el hecho de que el cliente los resuelva en el presente también puede hacer resonar la sanación a esos niveles.

También creo que hay guías espirituales que ayudan en los niveles etéricos en la medida en que son capaces y en la medida en que está de acuerdo con el libre albedrío del alma. Estos guías no van a transgredir las elecciones de un alma, como lo harían fácilmente aquellas almas en la Oscuridad si pueden. Sin saber específicamente cuánto pueden ayudar los guías de la Luz, mi actitud es que un cliente tenga toda la ayuda que pueda tener. Por lo tanto, a menudo pido que el Yo Superior haga contacto con el/los guía(s) espiritual(es) del cliente sólo para asegurarme de que esta conexión está abierta. Muchas veces, en mi trabajo con los clientes, solicito directamente la ayuda de los guías para situaciones específicas. Puede que pida a espíritus sanadores que trabajen con un cliente a nivel etérico durante una operación que se avecina; o que un guía acuda a un estado del ego infantil que está aterrorizado; o pedir guías que puedan ayudar a eliminar almas oscuras cuyos accesos se han cerrado, pero que aún se resisten.

Creo que nuestro papel como terapeutas es facilitar el despliegue del viaje de sanación del cliente guiado por la Luz del alma.

Consultar con Psíquicos

La Sanación Centrada en el Alma se desarrolló a partir de una consulta continua con un psíquico. Sería más exacto decir que era una consulta con un espíritu que utilizaba los servicios de un psíquico. Al igual que ocurre con los mecánicos o los chefs, en su práctica interviene una combinación de habilidad, talento y capacidad natural. Diferentes psíquicos tienen diferentes tipos de información. Los hay de todas las formas y tamaños.

El tema para nosotros como terapeutas es si un psíquico en particular tiene acceso a información que pueda ser útil en la sanación de un cliente o en nuestro trabajo con los clientes en general. Esto es algo que tiene que determinar el terapeuta. No es algo fácil de hacer en una profesión que oficialmente niega o ignora la existencia de estas dimensiones. Sería más fácil si tuviéramos un directorio de psíquicos, junto con sus áreas de especialización y habilidades específicas. Al final, los beneficios de consultar a un psíquico concreto deben evaluarse en función de sus resultados ¿me ayuda o no?.

Sé que hay otros terapeutas que consultan con psíquicos o poseen sus propias habilidades psíquicas, que utilizan en su trabajo con los clientes. Es difícil, si no imposible, saber cuántos terapeutas encajan en estas categorías. Creo que sería significativo, al menos un cinco por ciento. Podría ser mucho mayor. La mayor parte de esta población estaría formada por terapeutas que utilizan sus propias habilidades, que van desde la intuición hasta la comunicación directa con los espíritus.

Todo este asunto de consultar con psíquicos es complejo y controvertido. En primer lugar, ¿cómo vamos a hablar de algo que ni siquiera reconocemos que existe? Puede que esto esté cambiando en nuestra cultura. Puede que nos estemos acercando a un cambio de paradigma en nuestra cultura occidental. Puede que nos estemos abriendo como cultura a la conciencia colectiva de otras dimensiones de la conciencia y la realidad. Reconocer la existencia de los espíritus, por ejemplo, formaría parte de ese paradigma.

Si tuviera que señalar una precaución importante para los terapeutas que trabajan con psíquicos, sería el peligro de que la predicción y la previsión se conviertan en parte del proceso terapéutico. Si los clientes toman decisiones, voluntaria o involuntariamente, basándose en la información de un psíquico sobre acontecimientos futuros, corre el riesgo de convertirse en una interferencia en el proceso de sanación del cliente, o tal vez peor, en una obstrucción. Por eso mi trabajo con Gerod se centró en el presente. Gerod no hacía predicciones. La información que daba no se adelantaba mucho al proceso de sanación del cliente. Se centraba en lo que estaba ocurriendo en las sesiones de sanación con el Yo Superior, con los estados del ego, con los espíritus, con otros seres, etc.

La personas consultan a los psíquicos. Buscan orientación, información sobre un ser querido, buscan señales. La gente consulta a los videntes por todo tipo de razones. Los clientes también pueden hacerlo si lo desean, pero en el ámbito clínico, yo tendría mucho cuidado con las predicciones. La responsabilidad principal de lo que uno elige recae en el que elige, el cliente. No es que la confianza en la información psíquica vaya a quitar esa responsabilidad, no puede.

Podemos renunciar a nuestra libertad, pero como almas, no podemos renunciar a nuestro libre albedrío.

Un objetivo central de la Sanación Centrada en el Alma es ayudar a la persona a recuperar el conocimiento de la libertad de su alma y el poder de elegir. El enfoque de la sanación suele consistir en identificar lo que impide al cliente alcanzar ese objetivo. Si un psíquico puede ofrecer información específica que ayude en ese proceso, entonces puede ser beneficioso tanto para el cliente como para el terapeuta.

Resumen

Considero los protocolos como la columna vertebral de la Sanación Centrada en el Alma. Son constantes en las que se basa el terapeuta para comprometerse y trabajar con el mundo interior del cliente. Los protocolos identifican y mantienen la comunicación entre el terapeuta y las diferentes entidades y fenómenos que se presentan. La *comunicación* es fundamental. Al tratar con estas entidades y dimensiones invisibles, la comunicación es el único medio que tenemos para trabajar directamente con el mundo interior y poder verificar lo que está sucediendo. Sin esta comunicación clara y válida, no haría falta mucho para que el proceso se disolviera en conjeturas y confusión. Los protocolos nos permiten mantener esa comunicación utilizando únicamente señales ideomotoras y preguntas de sí/no.

Yo diría que los protocolos son *inclusivos*. Empiezan con las categorías más generales y llegan a las más específicas, según sea necesario. Al mismo tiempo, los protocolos son lo suficientemente flexibles como para aplicarse a toda una serie de fenómenos que, de otro modo, podrían descartarse por carecer de sentido, ser una invención o un delirio. Los protocolos permiten al terapeuta permanecer abierto a quien sea o a lo que sea que se presente sin etiquetar prematuramente un fenómeno y decidir un curso de tratamiento. Esto significa que la verdad de la experiencia del cliente guiará su proceso de sanación en su intento de identificar las fuentes del dolor, la angustia o la enfermedad.

Los protocolos son también una herramienta para abrir el mundo interior a la Luz identificando y resolviendo cualquier bloqueo que lo impida. Este es el proceso del que hablé en mi primer libro.

> Al llevar Luz a las partes del Yo que guardan dolor así como a las zonas del alma que se han nublado u oscurecido, la Sanación

Centrada en el Alma ayuda a la persona a conocer su propia Luz. No se trata de un mero reconocimiento cognitivo. Es una experiencia. Es un conocimiento, y la sanación misma ocurre a través de la experiencia de la persona con la Luz. Esta es la parte que no se puede transmitir a través de un libro.

Espero que lo que te he entregado con estos protocolos sean las herramientas para facilitar esta experiencia con tus clientes.

Apéndice A: Inducción al Trance

En mi trabajo con clientes, la inducción del trance comienza con la sugerencia de relajación que se desplaza desde los pies hasta el cuero cabelludo mientras cuento del 1 al 10. Una vez que llego al 10, la inducción continúa:

Ahora la mente consciente puede ir donde quiera, pensar lo que quiera. La mente consciente ni siquiera necesita escuchar lo que digo.

Pero esas partes de la mente inconsciente -la parte protectora, el Yo Superior, esas personalidades internas- son capaces de responder de la manera que sea más útil para todo el ser.

De niño, aprendiste a mover la cabeza arriba y abajo para decir "sí". Después de asentir varias veces con la cabeza, hacia arriba y hacia abajo, se convirtió en un movimiento automático.

Has estado en una iglesia o en una clase. Has visto a gente, mientras escuchan al profesor o al cura, los has visto asentir con la cabeza como diciendo "sí, estoy de acuerdo" y ni siquiera son conscientes de que mueven la cabeza. Es un movimiento automático, una comunicación inconsciente.

De niño, también aprendiste a mover la cabeza de un lado para el otro para comunicar un no. Después de mover la cabeza varias veces, también se convirtió en un movimiento automático.

Ahora esas partes del inconsciente pueden utilizar ese tipo de movimientos no verbales para comunicarse.

Lo que pedimos es que esas partes del interior hagan un movimiento del dedo índice para comunicar "sí". Un movimiento del segundo dedo para comunicar "no". Y un movimiento de todos los dedos, o de toda la mano, para comunicar "alto" o "no estoy seguro".

La parte protectora, el Yo Superior, esas partes del inconsciente son capaces de crear estas señales no verbales para comunicarse. Se levanta el dedo índice para comunicar "sí". Se levanta el segundo dedo para comunicar "no". Y se levantan todos los dedos, o la mano entera, para comunicar "alto" o "no estoy seguro".

Ahora le pregunto a la parte protectora de la mente, esa parte que siempre está consciente y que siempre ha servido para proteger a _____ de dolor y angustia. A la parte protectora, siempre que te sientas segura, ¿está dispuesta ahora a comunicarse conmigo? Si es así, se levanta el primer dedo para hacérmelo saber. Si no es así, se levanta el segundo dedo.

Como se indica en la Introducción, el dominio de la hipnosis es un requisito para los terapeutas. Este sencillo método produce respuestas en trance y con los dedos por primera vez en aproximadamente el 80% de mis clientes. Algunos clientes requieren repeticiones, diferentes tipos de inducción y/o profundización del trance. Los hipnoterapeutas estarán familiarizados con estos problemas y sabrán cuál es la mejor manera de abordarlos.

www.ingramcontent.com/pod-product-compliance
Lightning Source LLC
Chambersburg PA
CBHW071147160426
43196CB00011B/2031